AF251526

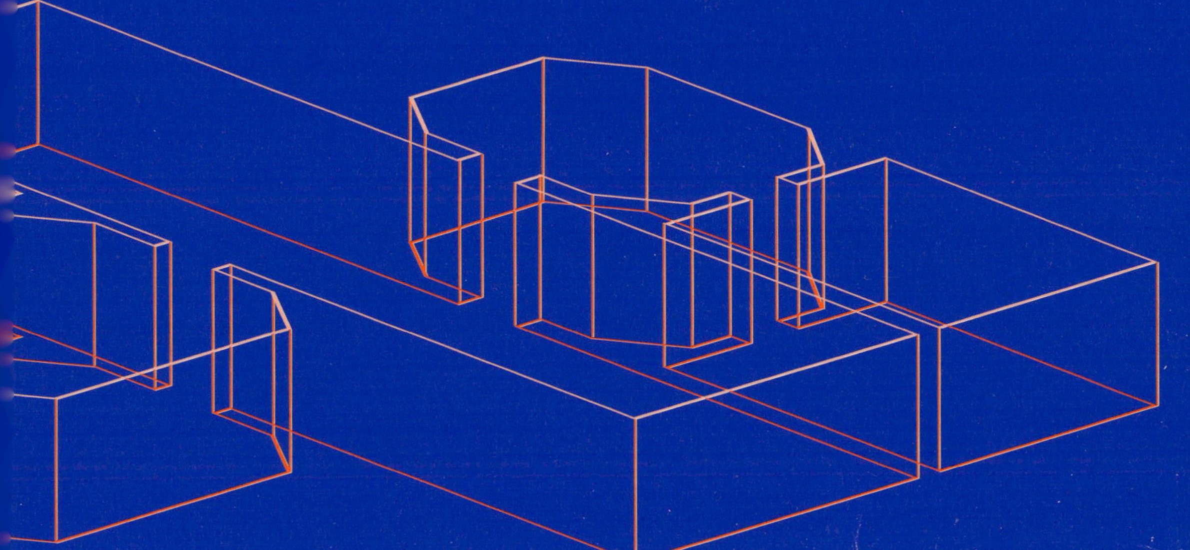

homebase

Das Interieur in der Gegenwartskunst
The Interior in Contemporary Art

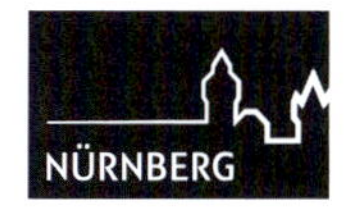

Inhalt/Content

Ellen Seifermann | Monika Schnetkamp

Vorwort

Ausgangspunkt für die Ausstellung *Homebase. Das Interieur in der Gegenwartskunst* war die Beobachtung, dass das Interieur als kunsthistorisches Genre der Malerei nahezu abgeschlossen scheint, jedoch in anderen Medien wie Fotografie und Film, Installation und Skulptur omnipräsent wirkt. Es dient häufig als Metapher für psychologische Innenwelten, gesellschaftlichen Wertewandel und die Reflexion über die sich zunehmend auflösenden Grenzen zwischen innen und außen, Privatsphäre und Öffentlichkeit. Der Begriff Interieur bezeichnet ebenso eine Auswahl an Mobiliar wie allgemein den privaten Wohn- und Lebensraum eines Individuums. Es ist ein Ort, der dem einzelnen Menschen Schutz und Zuflucht bietet und seit Jahrhunderten als Gegenpol zur Arbeitswelt und der Bewegung im öffentlichen Raum definiert wird. Doch was ist heute noch privat, wenn man die Arbeit von Zuhause aus online erledigen kann oder wenn intelligente Technik in der Lage ist, unsere individuellen Bedürfnisse und Gewohnheiten zu analysieren und zu bedienen, ohne dass wir auch nur einen Schritt vor die Tür gehen müssen? Die Zukunftsvorstellungen des Philosophen Paul Virilio basierten noch auf einem festen Standort, einem Zuhause, in das – dank modernster Übertragungstechniken – die Welt in Echtzeit eindringt. Sie stehen in diametralem Gegensatz zu heutigen Gesellschaftsmodellen, in denen – ebenfalls dank intelligenter Technik – der zeitgemäße Mensch flexibel und mobil ist, die Standorte jedoch wechseln und austauschbar werden. Dieser Spannungsbogen bildet den Hintergrund für unsere Ausstellung *Homebase. Das Interieur in der Gegenwartskunst*, die sich mit dem Interieur unter dem Aspekt

4
—
5

Susa Templin
Fenster, Türen, Berlin,
2013/14 (Detail)

des Heims oder des Wohnens heute beschäftigt. *Homebase* ist übrigens auch der Name einer Kette von Möbelhäusern und Gartencentern mit 323 Warenhäusern in Großbritannien und Irland, die zuletzt einen Rekordumsatz für das Geschäftsjahr 2013/14 meldete. Wohnen ist schließlich auch ein enormer Wirtschaftsfaktor …

Eine ungeahnte Aktualität erhält das Thema Heimat, wie der englische Begriff homebase auch übersetzt wird, im Herbst 2015 durch die Flucht hunderttausender Menschen aus Kriegs- und Krisengebieten, die nach einem sicheren Ort für sich und ihre Familien suchen. In den Nachrichten sehen wir Bilder von Notunterkünften und provisorischen Behausungen, in denen Menschen Fotografien oder persönliche Erinnerungsstücke an die Wände kleben und versuchen, sich mit diesen minimalen Repräsentanten ihrer eigenen Identität inmitten der Menschenmassen einen privaten Ort zu schaffen. Denn „Wohnen" ist mehr als die Erfüllung der primären funktionalen Bedürfnisse und eine temporäre Unterkunft ist noch lange kein Heim. Und so setzen sich die künstlerischen Positionen in der Ausstellung mit verschiedenen Aspekten des Wohnens auseinander: von den urbanen Basiseinheiten Marjetica Potrčs bis hin zu der ironischen Spiegelung gutbürgerlicher Klischees in der Installation von Andreas Schulze.

Wir danken vor allem den Künstlerinnen und Künstlern, die sich auf unsere Ausstellung eingelassen haben, für ihre engagierte und konstruktive Beteiligung: Laurenz Berges, Franz Burkhardt, Francisca Gómez, Patricia Lambertus, Zilla Leutenegger, Marjetica Potrč, Jörg Sasse, Gregor Schneider, Andreas Schulze, Marcus Schwier, Taryn Simon, Erik Steinbrecher, Susa Templin und Claudia Wieser.

Dass wir uns über fünf neue, raumbezogene Installationen freuen dürfen, verdanken wir Franz Burkhardt, Patricia Lambertus, Zilla Leutenegger, Andreas Schulze und Claudia Wieser. Ermöglicht wurden die Raumkompositionen von Andreas Schulze und Claudia Wieser in zwei Räumen der Kunsthalle Nürnberg durch eine großzügige Förderung von Contemporaries e.V. – vereint für die Kunsthalle Nürnberg. Für die finanzielle Unterstützung der raumbezogenen Arbeit von Zilla Leutenegger sowie den Installationen von Erik Steinbrecher danken wir der Schweizer Kulturstiftung Pro Helvetia von ganzem Herzen.

Für die Unterstützung bei der Vorbereitung der Ausstellung geht ein großer Dank an die Galerien Marianne Boesky, FeldbuschWiesner, Konrad Fischer, Gagosian, Hübner & Hübner, Peter Kilchmann, Nordenhake, Rupert Pfab, Thomas Rehbein, Sies + Höke, Sprüth Magers, Stampa, Wilma Tolksdorf und Zwinger. Der Sammlung von Kelterborn danken wir für die freundliche Leihgabe der Fotografien von Taryn Simon und Francisca Gómez;

aus der Sammlung Monika Schnetkamp kommen die Arbeiten von Marjetica Potrč sowie einige Keramik-objekte, die Andreas Schulze in seine neue Rauminstallation integriert hat.

Der relativ hohe Anteil neuer Arbeiten und Installationen ist nicht zuletzt der intensiven Zusammen-arbeit zwischen unseren Kuratoren und den beteiligten Künstlerinnen und Künstlern zu verdanken. Ludwig Seyfarth und Harriet Zilch haben mit großem Engagement ein spannendes Konzept für die Ausstellung *Homebase. Das Interieur in der Gegenwartskunst* entwickelt und realisiert, das in hohem Maße anregt, über die Bedingungen des Wohnens als prägenden Teil unseres Lebens zu diskutieren. Für die mit großem Ein-satz getragene Arbeit danken wir den Kuratoren von ganzem Herzen, wobei Harriet Zilch auch diesen Katalog redaktionell betreut hat. Unterstützt wurde sie beim Lektorat von Angela Lohrey, die auch die Presse- und Öffentlichkeitsarbeit für die Kunsthalle Nürnberg verantwortet, und Janina Schuler sowie von Julia Schleis und Marion Eisele von KAI 10 | Arthena Foundation in Düsseldorf. Ein ganz besonderer Dank geht bei dieser aufwendigen Ausstellung an den Registrar Wolfgang Schimmer sowie an die Techniker Thomas Christochowitz und Michael Erdmann (Nürnberg), die mit etlichen Helfern nicht nur über 200 m² Holz verbaut, sondern auch für jede Fragestellung eine kreative Lösung gefunden haben. Großer Dank gilt gleichermaßen dem KAI 10-Team in Düsseldorf mit Marion Eisele, Susanne Kalf-Muhtaroglu, Nora Krause und Julia Schleis.

Die Publikation, die unsere Ausstellungen in Nürnberg und Düsseldorf begleitet, enthält ausführliche Essays der beiden Kuratoren zur Ausstellung sowie einen Einblick in den philosophischen Diskurs über den Bedeutungswandel des Privaten und seine Reflexion in der Kunst von Elena Zanichelli. Daniel Schreiber verfasste einen fesselnden Überblick über die Geschichte des Interieurs in Kunst und Kultur. Die umfang-reichen Künstlerseiten enthalten informative Kurztexte von Marion Eisele, Susanne Kalf-Muhtaroglu, Julia Schleis, Ludwig Seyfarth und Harriet Zilch.

Den Autorinnen und Autoren sei an dieser Stelle ebenso gedankt wie Heather Allen, Samuel Dowd und Lucinda Rennison für die souveränen Übersetzungen. Für die gelungene Gestaltung des Katalogs danken wir Martin Küchle sehr herzlich. Er geht in seiner Gestaltung des Covers von den unterschiedlichen Grundrissen der Kunst-halle Nürnberg und von KAI 10 | Arthena Foundation aus und verweist damit auch auf die Anpassung der Aus-stellung an die jeweilige Homebase. Wir freuen uns über die gelungene, partnerschaftliche Zusammenarbeit und darüber, dass diese schöne Publikation nun im Kerber Verlag erscheint.

The starting point for the exhibition *Homebase. The Interior in Contemporary Art* was the observation that in painting, the interior appears almost finished as an art-historical genre, while seemingly omnipresent in other media such as photography and film, installation and sculpture. It often functions as a metaphor for inner, psychological worlds or changes in social values, and reflects upon the rapidly dissolving boundaries between inside and outside, the private and the public spheres. The word "interior" refers to a selection of furnishings as well as more generally to the individual's private living space. This is a place offering a person protection and refuge; one that has been defined for centuries as the opposite pole to the working world and movement within public space. But what does privacy still signify today, when it is possible to do one's work online from home and intelligent technology is capable of analysing our individual needs and habits and attending to them without us necessarily even taking one step outside the door? Philosopher Paul Virilio's visions of the future were still based on a fixed location, a home into which – thanks to the latest broadcasting technology – the world penetrated in real time. They are diametrically opposite to today's social models, in which – also thanks to intelligent technology – modern man is flexible and mobile, but locations change and are interchangeable. This exciting spectrum forms the background to our exhibition *Homebase. The Interior in Contemporary Art*, which deals with the interior from the aspect of home or living today. Homebase is also, by the way, the name of a chain of furnishing stores and garden centres with 323 shops in Great Britain and Ireland. The chain recently reported a record turnover for the business year 2013/14. After all, "living" is also a huge economic factor …

The concept of the homebase was given extra, unexpected relevance in autumn 2015 by the flight of hundreds of thousands of people from war and crisis areas, now searching for a safe place for themselves and their families. In the news we see images of emergency accommodation and provisional dwellings, where people stick photos or personal souvenirs onto the walls, attempting to create a private place for themselves among the masses of humanity with these minimal indicators of their own identity. "Living, it seems, is more than the fulfilment of primary functional needs, and temporary housing is by no means a home. And so the artistic standpoints in the exhibition investigate various aspects of living: from Marjetica Potrč's basic urban units to the ironic reflection of petit-bourgeois clichés in Andreas Schulze's installation.

First and foremost, we would like to thank the artists who agreed to become part of our exhibition for their committed, constructive participation: Laurenz Berges, Franz Burkhardt, Francisca Gómez, Patricia Lambertus, Zilla Leutenegger, Marjetica Potrč, Jörg Sasse, Gregor Schneider, Andreas Schulze, Marcus Schwier, Taryn Simon, Erik Steinbrecher, Susa Templin and Claudia Wieser.

We are indebted to Franz Burkhardt, Patricia Lambertus, Zilla Leutenegger, Andreas Schulze and Claudia Wieser for the opportunity to enjoy five new, space-related installations. The spatial compositions by Andreas Schulze and Claudia Wieser in two rooms of Kunsthalle Nürnberg were facilitated by generous sponsorship from Contemporaries e.V. – vereint für die Kunsthalle Nürnberg. We also owe an immense debt of gratitude to the Swiss cultural foundation Pro Helvetia for its financial support of the spatial work by Zilla Leutenegger and of Erik Steinbrecher's installations.

We are very grateful to the galleries Marianne Boesky, FeldbuschWiesner, Konrad Fischer, Gagosian, Hübner & Hübner, Peter Kilchmann, Nordenhake, Rupert Pfab, Thomas Rehbein, Sies + Höke, Sprüth Magers, Stampa, Wilma Tolksdorf and Zwinger for their support in preparing the exhibition. Thanks to the Von Kelterborn collection for his kind loan of the photographs by Taryn Simon and Francisca Gómez; the works by Marjetica Potrč and some ceramic objects which Andreas Schulze integrated into his new spatial installation originate from the Monika Schnetkamp collection.

The relatively large proportion of new works and installations is due not least to the intense and success-ful cooperation between our curators and the participating artists. Ludwig Seyfarth and Harriet Zilch have developed and realized an exciting concept for the exhibition *Homebase. The Interior in Contemporary Art*, showing great commitment, and also stimulating discussion about living conditions as an influential aspect of human existence. We would like to thank our curators very much indeed for their considerable engagement; Harriet Zilch also for the editing of this catalogue. In Nuremberg they have been assisted in this context by Angela Lohrey, who is also responsible for press and publicity work at Kunsthalle Nürnberg, and by Janina Schuler, in Düsseldorf by Julia Schleis and Marion Eisele from KAI 10 | Arthena Foundation. This often complex and difficult exhibition means that special thanks go to the registrar Wolfgang Schimmer

Franz Burkhardt
Ausst.-Ansicht/installation view
DEHORS DEDANS
Galerie Rupert Pfab, Düsseldorf, 2014

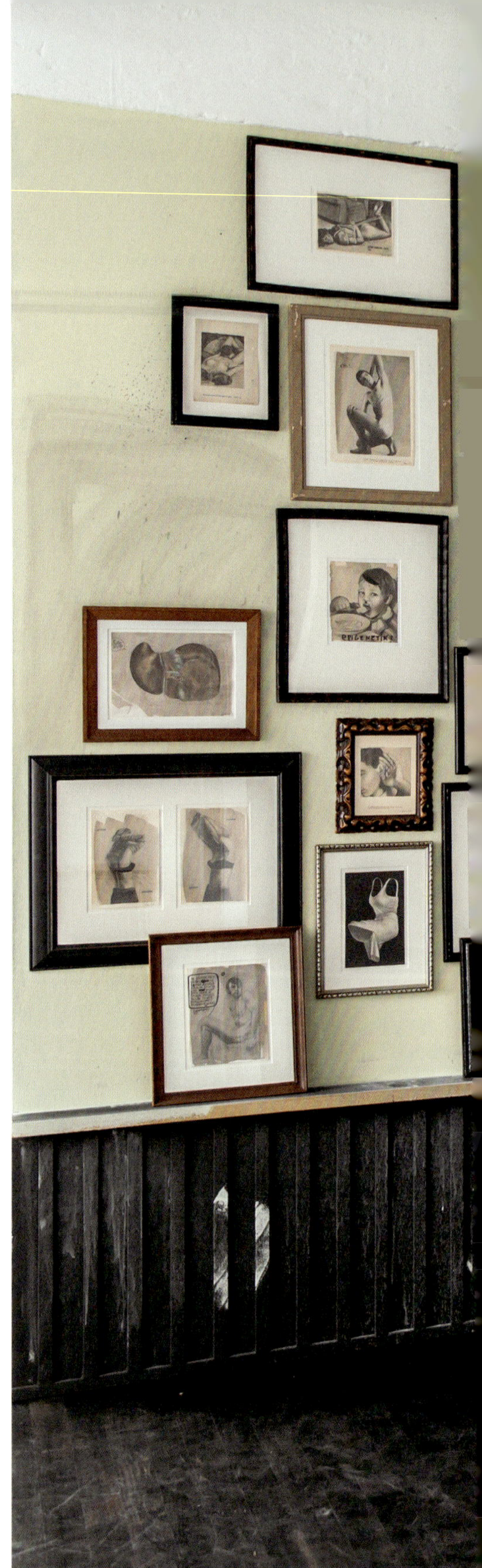

and technicians Thomas Christochowitz and Michael Erdmann (Nuremberg); along with many helpers, they not only used more than 200 m² wood in construction but also found creative solutions for every issue that arose. Equal thanks go to the KAI 10 team in Düsseldorf – Marion Eisele, Susanne Kalf-Muhtaroglu, Nora Krause and Julia Schleis.

The publication to accompany our exhibitions in Nuremberg and Düsseldorf contains detailed essays on the exhibition by the two curators, and an insight by Elena Zanichelli into the philosophical discourse on privacy's changing significance and its reflection in art. Daniel Schreiber has written a fascinating survey of the history of the interior in art and culture. The extensive pages about each artist include short informative texts by Marion Eisele, Susanne Kalf-Muhtaroglu, Julia Schleis, Ludwig Seyfarth and Harriet Zilch.

We would like to take this opportunity to thank the authors, and also Heather Allen, Samuel Dowd and Lucinda Rennison for their excellent translations. Our warmest appreciation also goes to Martin Küchle for his successful catalogue design. His cover design starts out from the different floor plans of Kunsthalle Nürnberg and KAI 10 | Arthena Foundation and so references the adaptation of the exhibition to the homebase. We are grateful for the successful and congenial cooperation and delighted that this attractive publication is now published by Kerber Verlag.

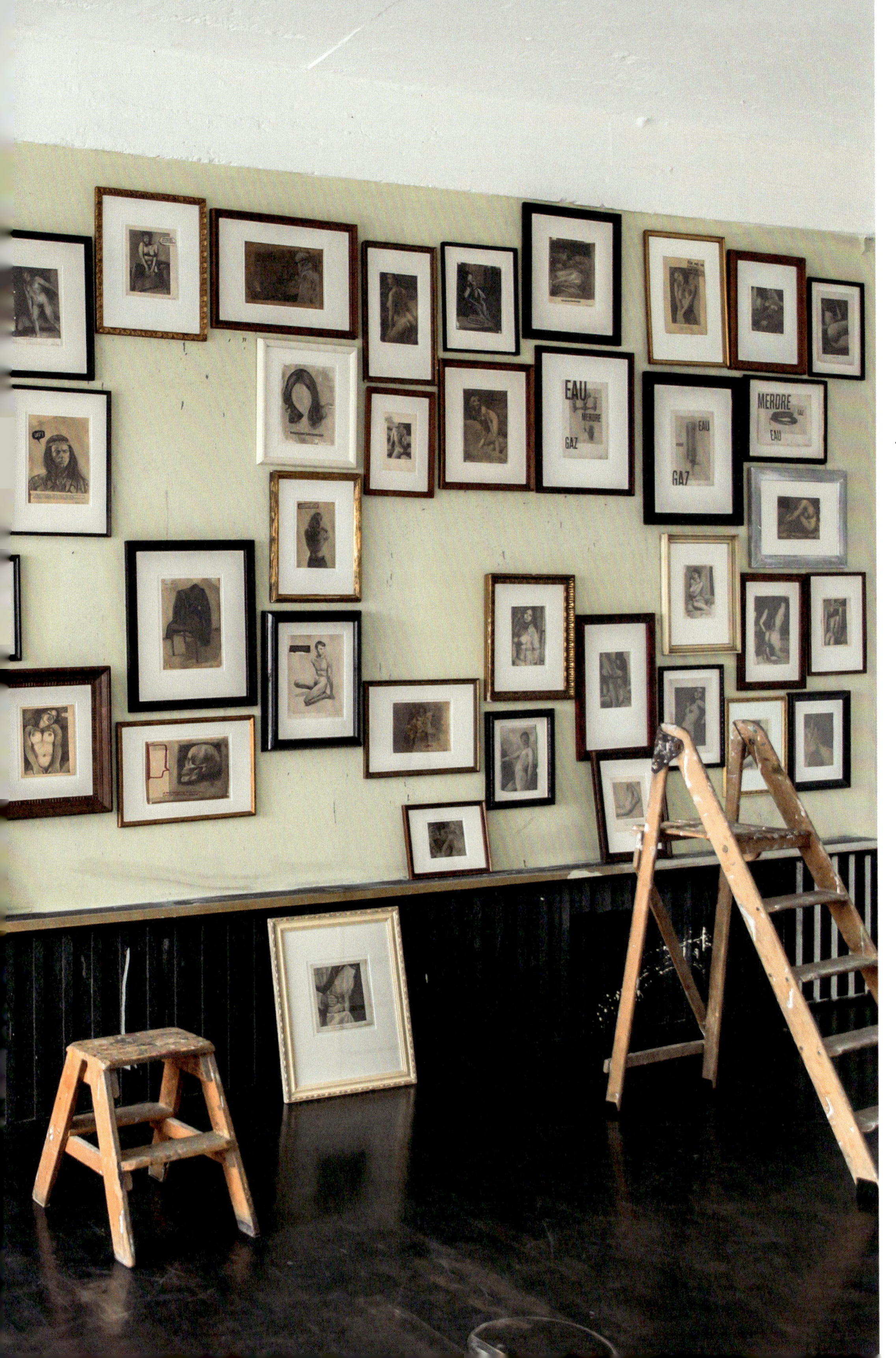

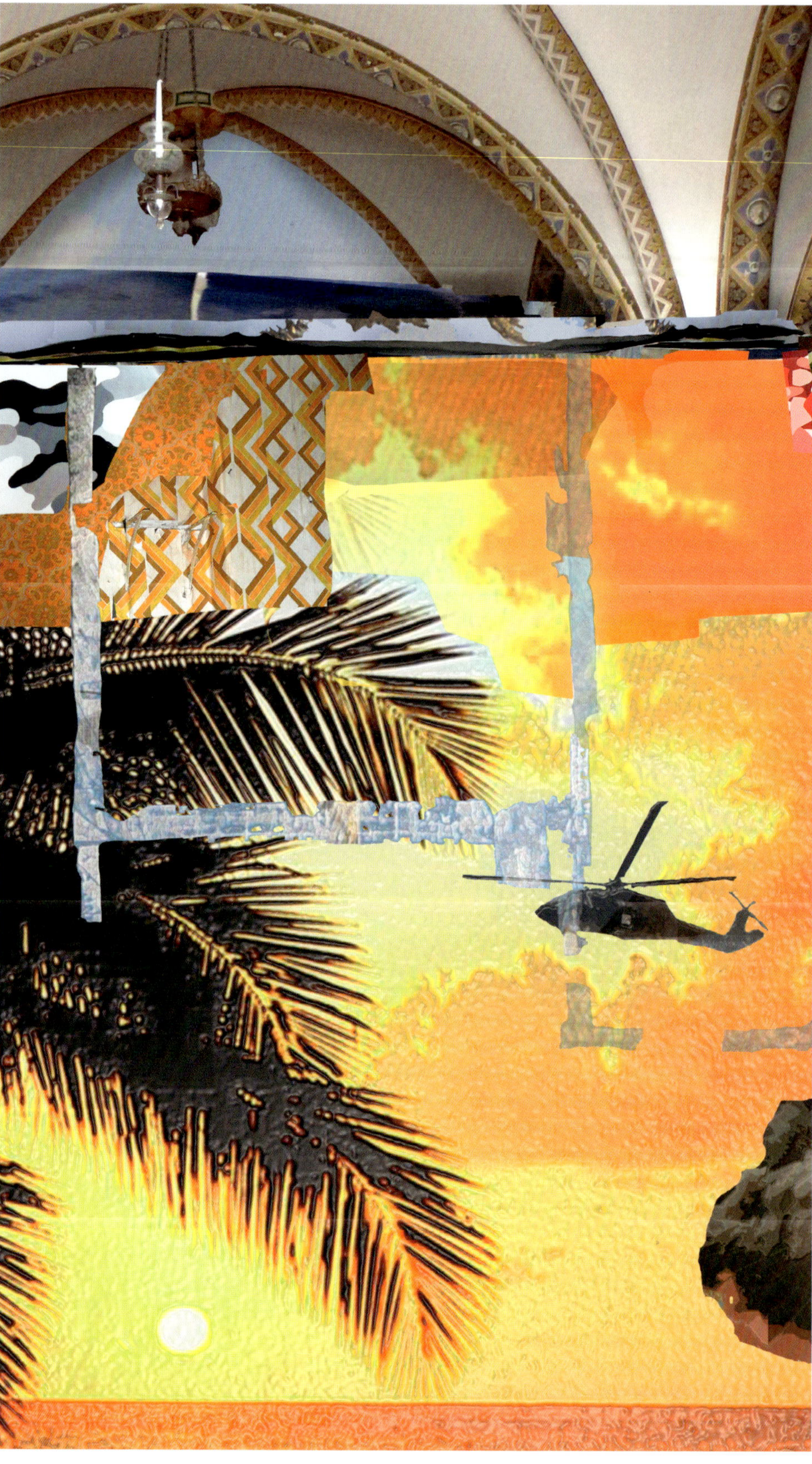

udwig Seyfarth

Interieur ohne Menschen Zur Ausstellung Homebase

In den meisten Interieurs, die auf Werken der Kunstgeschichte dargestellt sind, halten sich Menschen auf. Sie sind mit häuslichen Tätigkeiten beschäftigt, zeigen sich stolz vor ihren Besitztümern, können aber auch versunken in die Lektüre eines Buches sein.

So ist es auf den niederländischen Interieurbildern des 17. Jahrhunderts, die als erster Höhepunkt der Gattung gelten können. Auch wenn sie keine objektiven Dokumente sind, geben die Genrebilder, wie die Bildgattung des Interieurs mit Menschen gemeinhin heißt, einen reichen Einblick in das private Leben ihrer Zeit.

Ähnlich wie die Landschaft war das Interieurbild ursprünglich keine eigene Bildgattung, sondern eingebunden in die Darstellung biblischer und mythologischer Themen. So tauchen „reine" Interieurs vor dem 17. Jahrhundert nur sporadisch auf.

Relativ selten bleiben für lange Zeit auch Innenräume, auf denen keine Menschen zu sehen sind. Unter den 139 Katalognummern der Ausstellung *Innenleben* im Frankfurter Städel 1998, die sich dem *Interieur von Vermeer bis Kabakov* widmete, war nur rund ein Dutzend Bilder, auf denen keine Figuren dargestellt sind, und diese stammten überwiegend aus dem 20. Jahrhundert. Gezeigt wurden auch menschenleere Installationen[1] von Bruce Nauman und Ilya Kabakov, die Räume nicht bildlich darstellen, sondern im Realraum inszenieren, sodass nicht dargestellte Menschen, sondern Ausstellungsbesucher diese Räume temporär bevölkern.

In der Ausstellung *Homebase* sind Gemälde, Fotografien und Installationen, Darstellungen, Dokumentationen und Inszenierungen von Räumen zu sehen, aber – abgesehen von den Besuchern – keine Menschen, die in ihnen agieren. Manche der Interieurs wurden vorgefunden und fotografisch dokumentiert. Sie sprechen für sich

Patricia Lambertus
hidden door,
2015 (Detail)

beziehungsweise von den Menschen, die sie bewohnen oder bewohnt haben, von ihren individuellen Vorlieben, ihrem sozialen Status und kulturellen Kontext. Dies gilt beispielsweise für die Fotografien von **Laurenz Berges**, die Wohnungen im Ruhrgebiet zeigen, welche von den Bewohnern im Zuge des Abbaus von Produktionsstandorten der Schwerindustrie verlassen wurden. Berges' Bilder lediglich als historische Dokumente zu lesen, würde allerdings ihren ästhetischen Eigenwert außer Acht lassen. Die gezeigten Raumausschnitte ergeben sorgfältige, flächig gegliederte Bildkompositionen. Dies gilt auch für die noch ausschnitthafteren Fotos *Privater Räume* von **Jörg Sasse**, auf denen Einzelheiten wie Steckdosen, Lampen oder Herdplatten fast wie arrangierte Stillleben wirken. Auch wenn die klare Ästhetik ihnen eine Form der Allgemeingültigkeit verleiht, verraten die Bilder viel über bundesdeutsche Wohnkulturen seit den 1980er-Jahren.

Susa Templin erzielt durch die fotografische Nahsicht gänzlich andere Effekte. Das Interieur verliert seine Konturen, scheint sich atmosphärisch aufzulösen. Die auf den Fotos fehlende räumliche Orientierung wird durch eine installative Erweiterung ergänzt, welche den Maßen der engen Wohnung der Künstlerin entspricht.

Bei **Gregor Schneider** folgt die fotografische und filmische Dokumentation den baulichen Eingriffen, die der Künstler bereits als Teenager in den 1980er-Jahren in seinem Wohnhaus in Mönchengladbach-Rheydt vorzunehmen begann. Hier ist die Nahsicht unvermeidbar, denn auf Distanz zu gehen, ist in diesem klaustrophobischen Universum schon physisch unmöglich. Fast immer wird die beklemmende Atmosphäre eines Tatorts suggeriert.

Einen Assoziationsraum zwischen Beklemmung und Heiterkeit eröffnet die surreale Inszenierung eines Wohnzimmers durch **Andreas Schulze**, die eher eine Parodie klein- bis gutbürgerlicher Interieurs darstellt. Das Arrangement der Gemälde, Skulpturen und Möbel wirkt wie eine dreidimensionale Collage, was auch für **Claudia Wiesers** raumfüllendes Ensemble gilt. Die Verbindung vergrößerter kunsthistorischer Motive mit einer konstruktivistischen Ornamentik erinnert eher an einen musealen Raum denn an ein Privatzimmer. Auch bei **Patricia Lambertus** werden die Wände zu umfangreichen Bildträgern, auf denen sich verschiedene historische Zeiten und Orte begegnen. Anklänge an barocke Dekorationssysteme verbinden sich mit heutigen Bildwelten aus dem Kino und den Nachrichten.

Dass Barock und Gegenwart sich auch zu realen Collagen verbinden können, führt uns **Marcus Schwier** vor, indem er barocke Schlossräume fotografiert, die durch heutige Bewohner genutzt werden und deren Lebens- und Einrichtungswelten sich in dem historischen Ambiente ähnlich surreal ausnehmen wie das Sammelsurium von Utensilien, die sich in einem Künstleratelier befinden.

Das Atelierbild wäre ein eigenes Ausstellungsthema,[2] während bei *Homebase* eher der private Wohnraum im Fokus steht, der aber auch an eine künstlerische Inszenierung erinnern kann. So in seiner großbürgerlichen Variante um 1900: „[…] das Zimmer wimmelt zuletzt nach dem Vorbild des Künstler-Ateliers von Stoffen nicht nur, sondern auch von Bildern, Staffeleien, Vasen, Waffen, Trophäen, Fellen, ausgestopften Adlern und Pfauen, getrockneten Pflanzen, malerisch verstreuten Geschirren und Büchern."[3] Das Interieur des Fin de Siècle, das Dolf Sternberger in seinem Buch *Panorama oder Absichten vom 19. Jahrhundert* anschaulich beschreibt, ist völlig zugestellt mit diversen Möbeln und Accessoires. Die Konturen des Raums verschwinden zudem in einem diffusen Dämmerlicht, Mädchen und Frauen huschen fast unbemerkt vorbei.[4] Jede von außen einfallende Helligkeit würde die Stimmung stören. Die Fenster, die den Romantikern noch den in die Ferne schweifenden Ausblick boten, werden verhängt und verdeckt.

Die Architektur der Moderne räumte damit zwar gründlich auf, ließ die Menschen in nackten, geometrischen Baukörpern wohnen, aber wirklich frische Luft herrschte nur dort, wo die Bewohner sich großzügig angelegte Bungalows von Frank Lloyd Wright oder Ludwig Mies van der Rohe mit großen Fensterflächen leisten konnten. Alle anderen mussten sich mit der „Containerisierung des Lebensraumes im Interesse des Kapitalismus"[5] abfinden, gegen die sich die Gebäudeschnitte Gordon Matta-Clarks und auch viele Arbeiten Dan Grahams in den 1960er- und 1970er-Jahren richteten. Seine 1978 ersonnenen *Alteration to a Suburban House* beschrieb Graham selbst so: „Die Front-Fassade eines konventionellen Vorstadthauses im ‚Ranch-Stil' wurde vollständig entfernt und durch eine transparente Glasscheibe ersetzt. Der hintere Teil des Hauses ist vom vorderen durch eine Spiegelwand getrennt. Hinter dem Spiegel liegen die privaten Schlaf- und Badezimmer verborgen, davor liegen sichtbar Küche, Diele, Vorratsraum und Wohnzimmer. […] Der Vorschlag kann als Architektur aufgefasst werden, und zwar vom Architekten gleichermaßen wie vom allgemeinen Publikum. Er kann aber auch als ‚Do-it-yourself'-Umbau seitens des Eigenheim-Besitzers gelten. Von seinen architektonischen Bezugsgrößen […] unterscheidet er sich allerdings insofern, als meine Variante des Hauses durch den ins Private eindringenden und vom Privatraum auf die Straße führenden Blick jene Codierungen und Eigentumsgrenzen radikal aufbricht, mit deren Hilfe privater und öffentlicher Raum säuberlich voneinander getrennt werden."[6]

Die von Graham benannte Grenze privat/öffentlich verläuft nicht kongruent mit derjenigen zwischen Innen- und Außenraum, wie Elena Zanichelli[7] in ihrer Darstellung der Begriffsgeschichte des Privaten aufzeigt. **Zilla Leutenegger** macht die Ambivalenz dieser Grenze durch eine paraventartige Struktur deutlich, die einen Innenraum mehr markiert als definiert, fast wie eine Zeichnung im Raum, in dem sich ausnahmsweise ein Mensch, das Alter Ego der Künstlerin, befindet. Das Ganze wirkt wie ein Gedankenbild, das sich räumlich materialisiert hat und von innen wie von außen zu betrachten ist. Bei **Franz Burkhardt** erscheint das Interieur ganz aus der Außenperspektive – oder gerade nicht, denn er führt uns eine Reihe lebensgroßer Fassaden vor, hinter denen wir Innenräume vermuten, die uns jedoch verborgen bleiben.

Bei **Taryn Simon** führt die Auseinandersetzung mit Sicht- beziehungsweise Unsichtbarkeit in die politische Sphäre. Ihre Fotos zeigen Räume, die öffentlich nicht zugänglich, aber auch nicht privat sind, denn sie bleiben aus Sicherheitsgründen der Allgemeinheit verborgen. Dahinter stehen nicht zuletzt massive wirtschaftliche Interessen, die auch für die „Unsichtbarkeit" der Menschen gesorgt haben, die sonst auf den *Black Portraits* von **Francisca Gómez** zu sehen wären. Diese befinden sich in ihren Wohnungen in Detroit, die allerdings dunkel sind, weil den überschuldeten Bewohnern der Strom abgestellt wurde. Ökonomische Verwerfungen, die dazu führen, dass immer mehr Menschen sich kein Dach über dem Kopf mehr leisten können, sind in *Homebase* nicht so direkt adressiert wie beispielsweise in der aktuellen Ausstellung und Veranstaltungsreihe zur *Wohnungsfrage* im Haus der Kulturen der Welt in Berlin. Das in Zukunft sicher immer drängendere Problem, auch außerhalb der vom Markt angebotenen Wohnungen menschenwürdige Behausungen zu schaffen, steht hinter den Projekten, die **Marjetica Potrč** seit Jahren in verschiedenen Ländern der Welt initiiert. Sie bringt ihre künstlerische Kompetenz in kommunale Projekte ein.

Assoziativ auf Obdachlosigkeit und Nomadentum verweist **Erik Steinbrechers** Ensemble *Coyoten* aus einem Zelt, Schlafsäcken und Konservendosen. Wie bei einer Basisstation auf einer Expedition hat sich das Interieur ins Freie verlagert, während die raumfüllende Installation *HALO ERIK* zwar entfernt an die Einrichtung einer Wohnung erinnert, aber eher in Form einer funktionslos gewordenen Ruinenlandschaft. Steinbrechers rudimentäre Szenarien lassen sich als Allegorien auf ein Zeitalter lesen, in dem man nichts mehr außer einer Schlafstatt braucht, um zu arbeiten und in alle Orte der Welt zu kommunizieren, was Harriet Zilch[8] als ein Zeichen unserer Zeit anschaulich macht. Wird aus dem Interieur ohne Menschen am Ende der Mensch ohne Interieur, der überall auf der Welt temporär wohnt und alles, was einst die heimischen Regale füllte, einer digitalen Wolke (i-cloud) anvertraut hat? Daniel Schreiber[9] glaubt das nicht, denn wir werden uns immer in Interieurs aufhalten und das tun, was wir dort immer schon gemacht haben: wohnen.

People linger in most of the interiors we find in art history. They are busy with household tasks, stand proudly in front of their possessions, or they may be absorbed in reading a book, as in the Dutch interiors of the 17th century, which can be seen as the first high point of the genre. Even if they are not objective documents, these genre paintings, as interiors inhabited by people generally became known, offer a wealth of insights into private life at that time.

Similar to landscapes, interiors were not originally a genre but were a means to present biblical and mythological themes. For this reason "pure" interiors appear only sporadically before the 17th century.

Long periods in which people are absent in interiors are relatively seldom. Among the 139 catalogue numbers for the 1998 exhibition, *Innenleben. Interieur von Vermeer bis Kabakov* {Inner Life} in the Frankfurt Städel Museum that addressed the interior from Vermeer to Kabakov, only around a dozen works did not contain any figures, and these came predominantly from the 20th century. Deserted installations[1] from Bruce Naumann and Ilya Kabakov were also exhibited, not as pictorial representations but as stagings in real spaces that were temporarily inhabited not by figurative representations but by the exhibition's visitors.

The exhibition *Homebase* contains paintings, photographs and installations; representations, documentations and stagings of spaces, but – apart from the visitors – there is no one acting within them. Some of the interiors already existed and were photographically documented. They speak for themselves and also for the people who inhabit or have inhabited them, their individual preferences, social status and cultural context. We see this, for example, in the photographs of **Laurenz Berges**, which show interiors from flats in the Ruhr region, abandoned by their inhabitants as a result of the dismantling of heavy industry production sites. To see these as simply historical documents would be to disregard their intrinsic aesthetic value. The spatial details on show produce careful, flatly-jointed pictorial compositions. This also applies to the even more segmented photos of the *Private Räume* {private spaces} of **Jörg Sasse**, in which details such as sockets, lamps or hotplates appear almost as arranged still lifes. Even if the clear aesthetic lends them a kind of generality, the images reveal a lot about West German home decor since the 1980s.

Susa Templin achieves completely different effects by using photographic close-ups. The interior loses its contours and appears to melt into something atmospheric. The spatial orientation missing in the photos is created by additional installation elements which follow the dimensions of the artist's narrow flat.

Gregor Schneider's photographic and film documentation records the structural interventions he began as a teenager in the 1980s in his house in Mönchengladbach-Rheydt. The close-up view here is unavoidable, it is physically impossible to get any distance in this claustrophobic universe. Time and again one can sense the oppressive atmosphere of a crime scene.

The surreal staging of a living room by **Andreas Schulze** opens up an associative space between oppression and joviality, presenting rather a parody of lower-middle-class to bourgeois interiors. The arrangement of paintings, sculptures and furniture looks like a three-dimensional collage, which is also the case in **Claudia Wieser's** large-scale ensembles. The combination of enlarged art historical motifs and constructivist ornamentation resembles more a museum space than a private room. In **Patricia Lambertus's** work, too, the walls become extensive carriers of images in which different historical times and places meet. Echoes of Baroque decorative systems combine with images from contemporary cinema and news reports.

Marcus Schwier demonstrates that the Baroque and the contemporary can also be combined into a real collage when he photographs actual castle rooms showing the accoutrements of their current residents, whose living environment and furniture appear as surreal in this historical ambience as the conglomeration of utensils to be found in an artist's studio.

The artist's studio would be an exhibition theme on its own[2], but *Homebase* focuses more on private living spaces, which can also, however, resemble an artistic staging. Dolf Sternberger describes an upper-class room around 1900: "[...] as in the example of the artist's studio, the room is crowded not only with cloths, but also with pictures, easels, vases, weapons, trophies, furs, stuffed eagles and peacocks, dried plants, picturesquely arrayed crockery and books."[3] The interior at the Fin de Siècle, that Dolf Sternberger so colourfully describes in his book, *Panorama oder Absichten vom 19. Jahrhundert* {Panorama or Tendencies from the 19th Century}, is completely crowded with diverse furniture and accessories. The room's contours disappear in a diffuse twilight, girls and women scurry through almost unnoticed.[4] Every beam of light from outside would disturb the atmosphere. The windows, which offered the Romantics a sweeping view into the distance, were hung and covered.

Then thoroughly cleaned up, Modernist architecture let people live in naked, geometric blocks, but real fresh air, however, was only available to residents who could afford the generously constructed bungalows of Frank Lloyd Wright or Ludwig Mies van der Rohe. Everyone else had to make do with the "containerisation of living space in the interests of capitalism"[5], towards which the sliced buildings of Gordon Matta-Clark and many works by Dan Graham were directed in the 1960s and 1970s. Graham described his 1978 conceived *Alteration to a Suburban House* thus: "The entire facade of a typical suburban house has been removed and replaced by a full sheet of transparent glass. Midway back and parallel to the front glass facade, a mirror divides the house into two areas. The front section is revealed to the public, while the rear, private section is not disclosed. As the mirror faces the glass facade and the street, it reflects not only the house's interior but also the street and the environment outside the house. The reflected images of the facades of the two houses opposite the cut-away 'fill in' the missing facade. [...] The altered house could be read alternatively as art or as architecture. In the context of its residential surrounding, it might be read simply as an eccentric, do-it-yourself home modification. [...] The difference between *Alteration to a Suburban House* and 'high' architecture is that while 'high' architects' works deconstruct an existing vernacular house or take the existence of surrounding vernacular meaning into their compositions, their works do not disturb existing public and private codes. Their works, unlike the *Alteration to a Suburban House*, do not specifically attempt to alter, decompose, disquiet, or affect the surrounding environment."[6]

The boundaries defined by Graham as private/public are not congruent with those between inner and outer spaces, as Elena Zanichelli[7] points out in her presentation of the history of the term, "private". **Zilla Leutenegger** makes the ambivalence of this border clear with a room divider which marks rather than defines an interior space in which a figure, an alter ego of the artist, is exceptionally present. The whole piece seems like a mental image that has materialised in space and can be seen from the inside and outside. The interior by **Franz Burkhardt** is seen wholly from an outer perspective – or not exactly. He presents us with a series of life-size facades which we assume have interior spaces behind them although they are hidden from us.

Taryn Simon takes the exploration of visibility and non-visibility into the political sphere. Her photos are of rooms that are not publicly accessible but are also not private. They remain concealed for security reasons. Massive economic interests play a role in the background, which they also have in the "invisibility" of the people who would otherwise have been seen in **Francisca Gómez's** *Black Portraits*. These pictures were taken in flats in Detroit that certainly are dark; the electricity was cut off because the residents were heavily in debt. Economic reactions that lead to this state of affairs, that ever more people have no roof over their heads, is not directly addressed in *Homebase* as it is in the current exhibition and series of events *Wohnungsfrage* {A Question of Housing} in the Haus der Kulturen der Welt in Berlin. For years **Marjetica Potrč** has initiated projects in different countries around the world dealing with the increasingly pressing problem of creating houses or flats fit to live in, within and without the housing market. She brings her artistic competence to communal projects.

Erik Steinbrecher's ensemble of a tent, a sleeping bag and canned foods, *Coyoten,* refers more associatively to homelessness and nomadism. Like a base station of an expedition, its interior has spread to the outside, while the large-scale installation, *HALO ERIK,* may be a distant reminder of a furnished living space but takes the shape of a functionless, ruined landscape. Steinbrecher's rudimentary scenarios can be read as an allegory of an age in which one now needs only somewhere to sleep to be able to work and communicate world-wide, which Harriet Zilch[8] makes clear is a sign of our times. Will the interior without people become people without an interior who live temporarily all over the world and now trust to a digital cloud what once stood in their shelves at home? Daniel Schreiber[9] does not believe this, for we will always spend time in interiors and do what we have always done there: live.

1 In diese trotz aller theoretischen Bemühungen ziemlich unscharf gebliebene Kategorie der zeitgenössischen Kunst fallen alle raumfüllenden Arrangements in Ausstellungsräumen, auch diejenigen, die wir in *Homebase* zeigen. Inszenierte Interieurs sind also landläufig „Installationen". Dieser Begriff kann phänomenologisch verstanden werden, wie in der 1999 (MIT Press) erschienenen, phänomenologisch vorgehenden Differenzierung der *Spaces of Installation Art*, bei der Julie H. Reiss „Environments", „Situations", „Spaces" und „Installations" unterscheidet. Claire Bishops 2005 (Tate Modern Press, London) veröffentlichte *Critical History* der *Installation Art* unterscheidet unterschiedliche Formen der Installationen nicht anhand der Rauminszenierung, sondern differenziert Weisen der mentalen und physischen Involvierung der Betrachter („viewer"), die bei Installationen grundsätzlich mehr als das seien. „dream scene", „heightened perception", „mimetic engulfment" und „activated spectatorship" sind hier die Leitlinien, die sich auch an verschiedenen Subjekttheorien orientieren. Das rezipierende Subjekt ist involviert, aber auch dezentriert: psychoanalytisch, phänomenologisch, libidinös oder im Sinne eines poststrukturalistisch definierten politischen Subjekts.

2 Z. B. *Mythos Atelier* 2012/13 in der Staatsgalerie Stuttgart.

3 Dolf Sternberger: *Panorama oder Absichten vom 19. Jahrhundert*, Frankfurt am Main 1974 (zuerst 1938), S. 167.

4 Vgl. ebd., S. 169.

5 Zit. nach Dan Graham: *Ausgewählte Schriften*, hrsg. von Ulrich Wilmes, Stuttgart 1994, S. 114.

6 Ebd., S. 245f.

7 Siehe S. 101 in diesem Band.

8 Siehe S. 43 in diesem Band.

9 Siehe S. 179 in diesem Band.

1 In spite of all theoretical efforts to define this still diffuse category of contemporary art practice, all space-filling arrangements in exhibition rooms, including those shown in *Homebase*, fall into this category. Staged interiors are thus in general "installations". This term can be understood phenomenologically, as in Julie H. Reiss, *From Margin to Center: The Spaces of Installation Art*, (MIT 1999) in which she differentiates between "Environments", "Situations", "Spaces" and "Installations" from a phenomenological perspective. Claire Bishop published *Installation Art: A Critical History* in 2005 (Tate Modern Press, London) in which she defines different types of installation art not on the basis of spatial staging but on differentiated ways of involving the viewer, who is more than that in the case of installations. Her guidelines are "dream scene", "heightened perception", "mimetic engulfment" and "activated spectatorship", which she relates to different subject theories. The receiving subject is involved but is also off-centre: psychoanalytically, phenomenologically, libidinally or in the sense of a poststructurally defined political subject.

2 E.g. *Mythos Atelier* 2012/13 in Staatsgalerie Stuttgart.

3 Dolf Sternberger: *Panorama oder Absichten vom 19. Jahrhundert*, Frankfurt am Main 1974 (first 1938), p. 167. Translation H.A.

4 Cf. ibid., p. 169.

5 Quote from Dan Graham: *Rock my Religion. Writings and Art Projects 1965–1990*, ed. By Brian Wallis, Cambridge, Mass., MIT Press 1993, p. 197.

6 Ibid, pp. 206, 207.

7 See p. 108 in this catalogue.

8 See p. 50 in this catalogue.

9 See p. 186 in this catalogue.

*1966 in Cloppenburg (DE), lebt und arbeitet/lives and works in Düsseldorf (DE)

Laurenz Berges

Die enge Beziehung zwischen Wohnung und Bewohner unterliegt den wechselnden Bedürfnissen der Menschen, aber auch dem Wirken von gesellschaftlichen und politischen Kräften. Laurenz Berges spürt diesen Beziehungen in seinen Fotografien nach, ohne dass die Bewohner selbst zu sehen sind. Die Aufnahmen zeigen keine wohnlich eingerichteten Eigenheime, wie man sie etwa aus frühen Interieurs von Thomas Ruff kennt, wie Berges ein Schüler Bernd und Hilla Bechers. Selten setzt Berges gesamte Räume und räumliche Durchblicke ins Bild, sondern der Blick richtet sich auf tapezierte Wände und verschmutzte Fußböden, die in ihren Details die Spuren der ehemaligen Bewohner als Leerstellen offenbaren. In der Serie *Etzweiler* dokumentiert Berges bei nüchterner und kühler Ausleuchtung leerstehende Wohnräume der namensgebenden Ortschaft, die für den Braunkohletagebau verlassen und inzwischen abgerissen wurden.

Dem Verfall von Wohnraum als Zeichen einer sich verändernden Gesellschaft spürt der Künstler auch in der Serie *Kaiser-Wilhelm-Str.* nach. Die ausschnitthaften Fotografien stammen aus einer Reihe, die Berges in den Duisburger Stadtteilen Bruckhausen und Marxloh machte. Deutliche Spuren der Benutzung zeichnen die Wände. Der Leere des Raums stellen sie das Leben gegenüber, das dort einmal stattfand – zugleich zeitlos und vergangen. Die Aufnahmen sind Platzhalter für die persönlichen Erinnerungen und Erfahrungen der Betrachter. Laurenz Berges' Fotografien machen auf die identitätsbildende Funktion von Räumen aufmerksam, ohne jedoch konkrete Geschichten zu erzählen. Thomas Weski spricht bei Berges' Fotografie von „indirekter Erzählung".

Der Kontrast aus Licht- und Schattenbereichen durch das einfallende Tageslicht modelliert den Raum und erzeugt eine nüchterne Atmosphäre. Die Bilder erzählen von Vergänglichkeit und Verlust, ohne dabei sentimental zu wirken, und verleihen dem konkreten Ort eine Allgemeingültigkeit. Darin liegt ein wesentlicher Unterschied zu einer rein dokumentarischen Fotografie, die von den sozialen Veränderungen im Ruhrgebiet direkt „berichten" würde. *JS*

Kaiser-Wilhelm-Str. I, 2011
S./p. 24 *Kaiser-Wilhelm-Str. III*, 2011
S./p. 25 *Kaiser-Wilhelm-Str. IV*, 2012

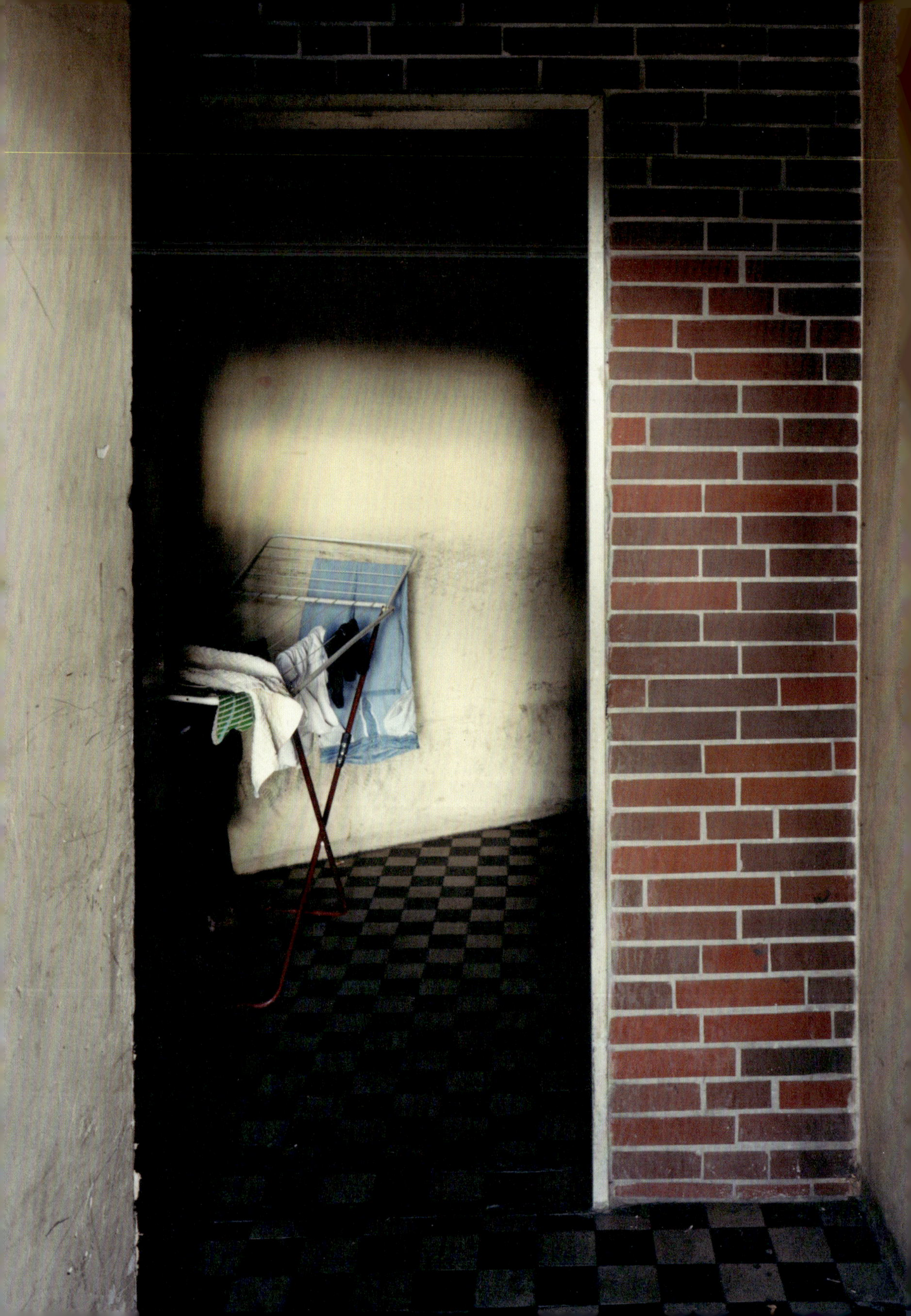

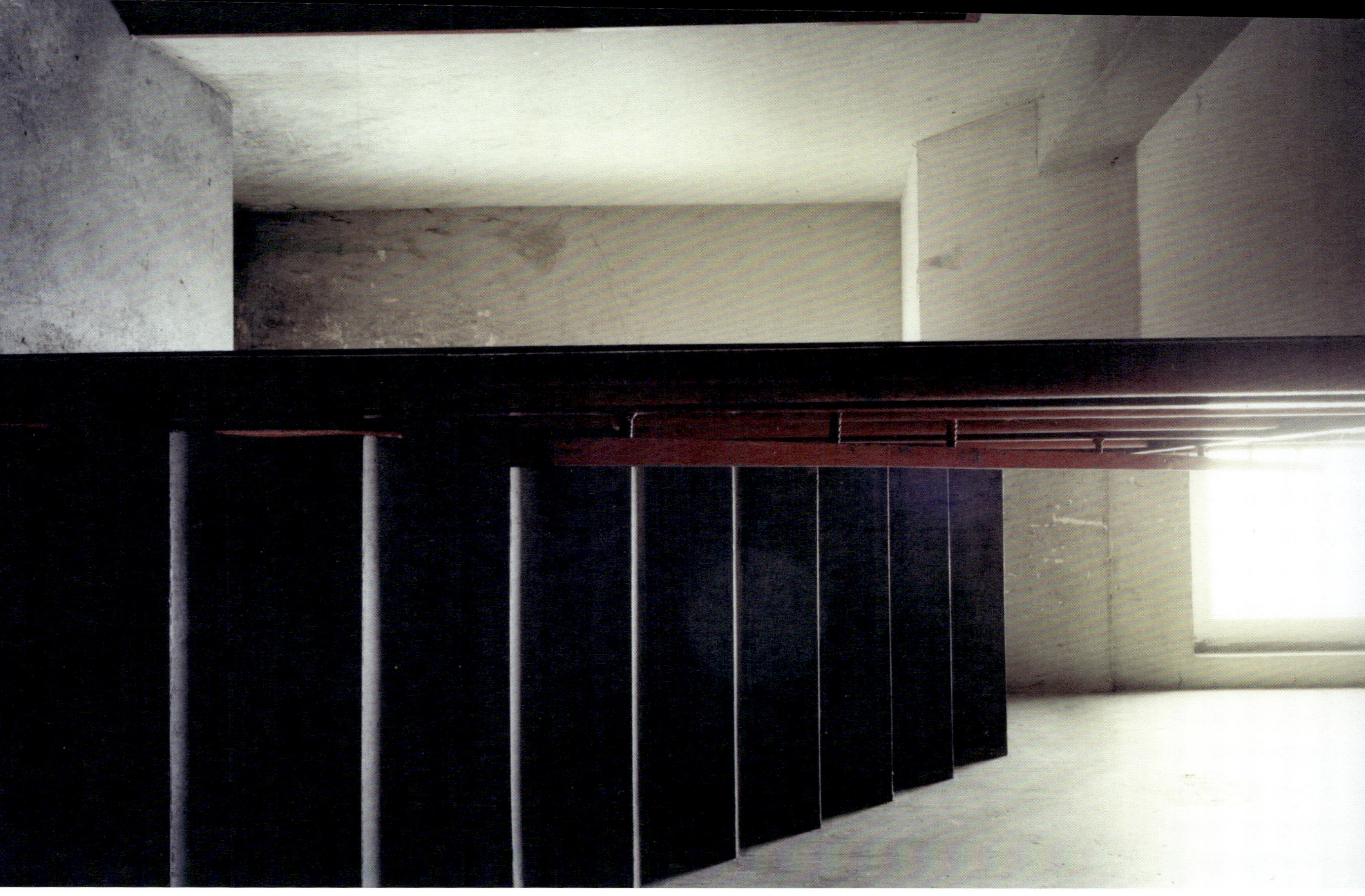

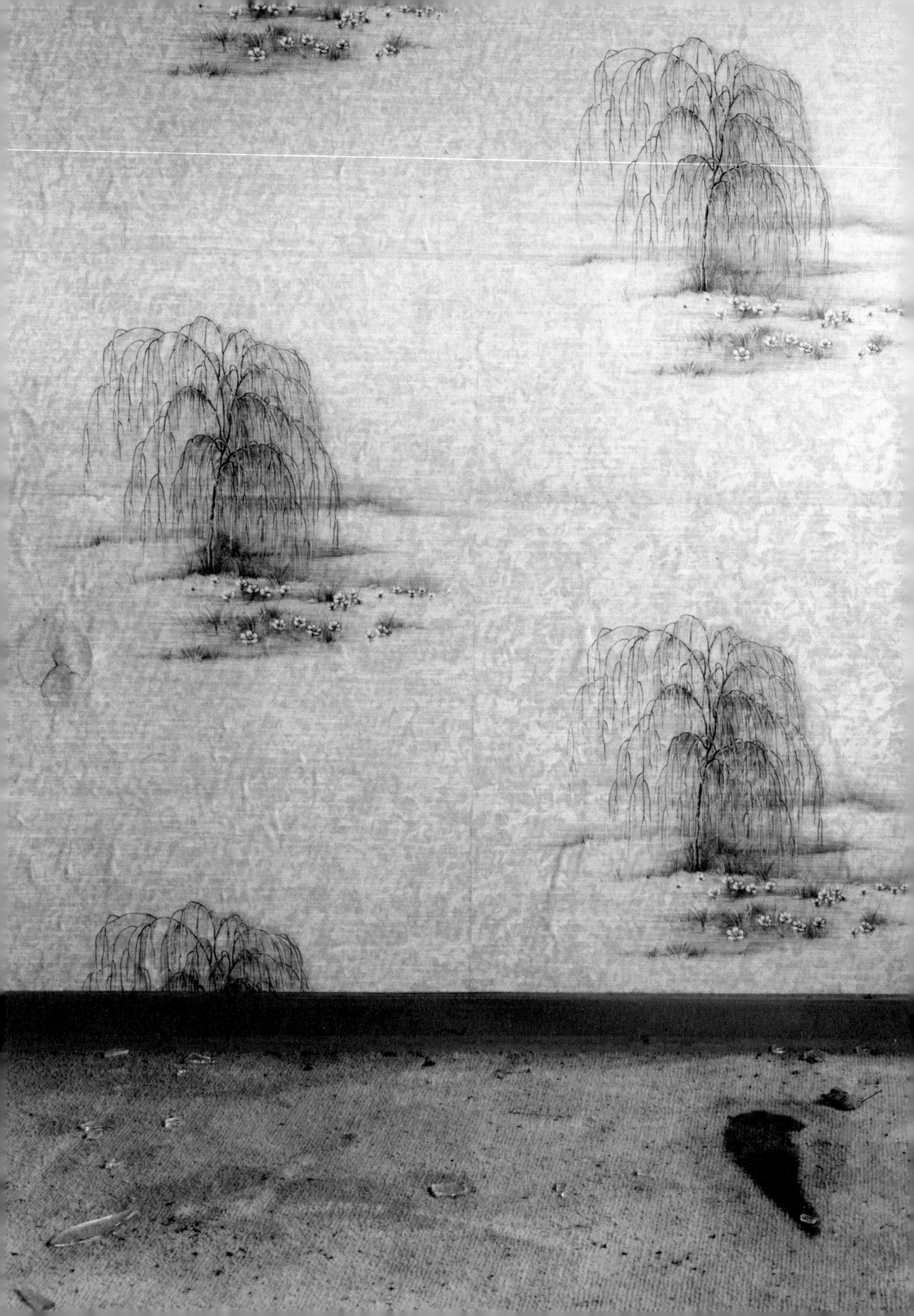

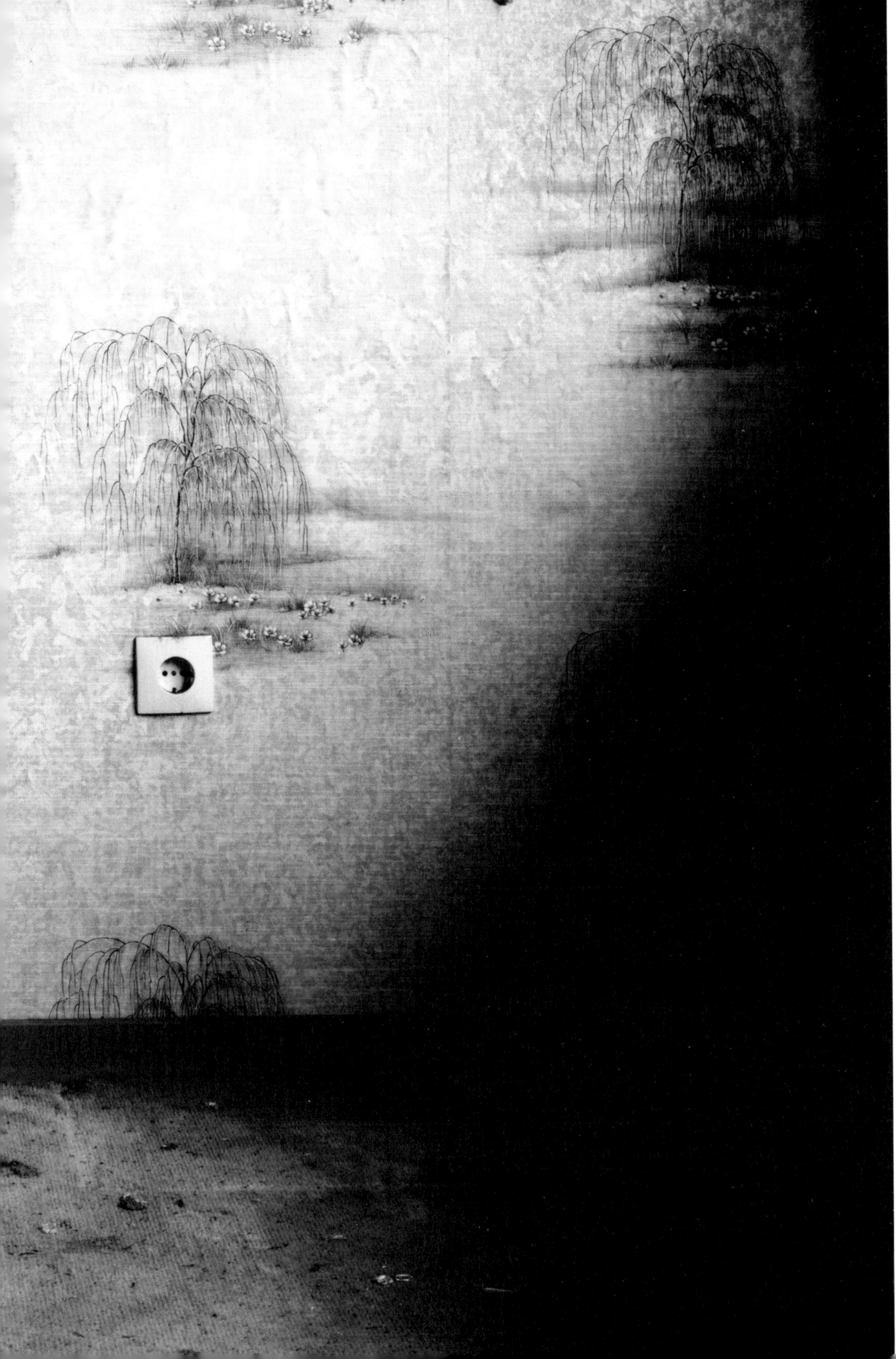

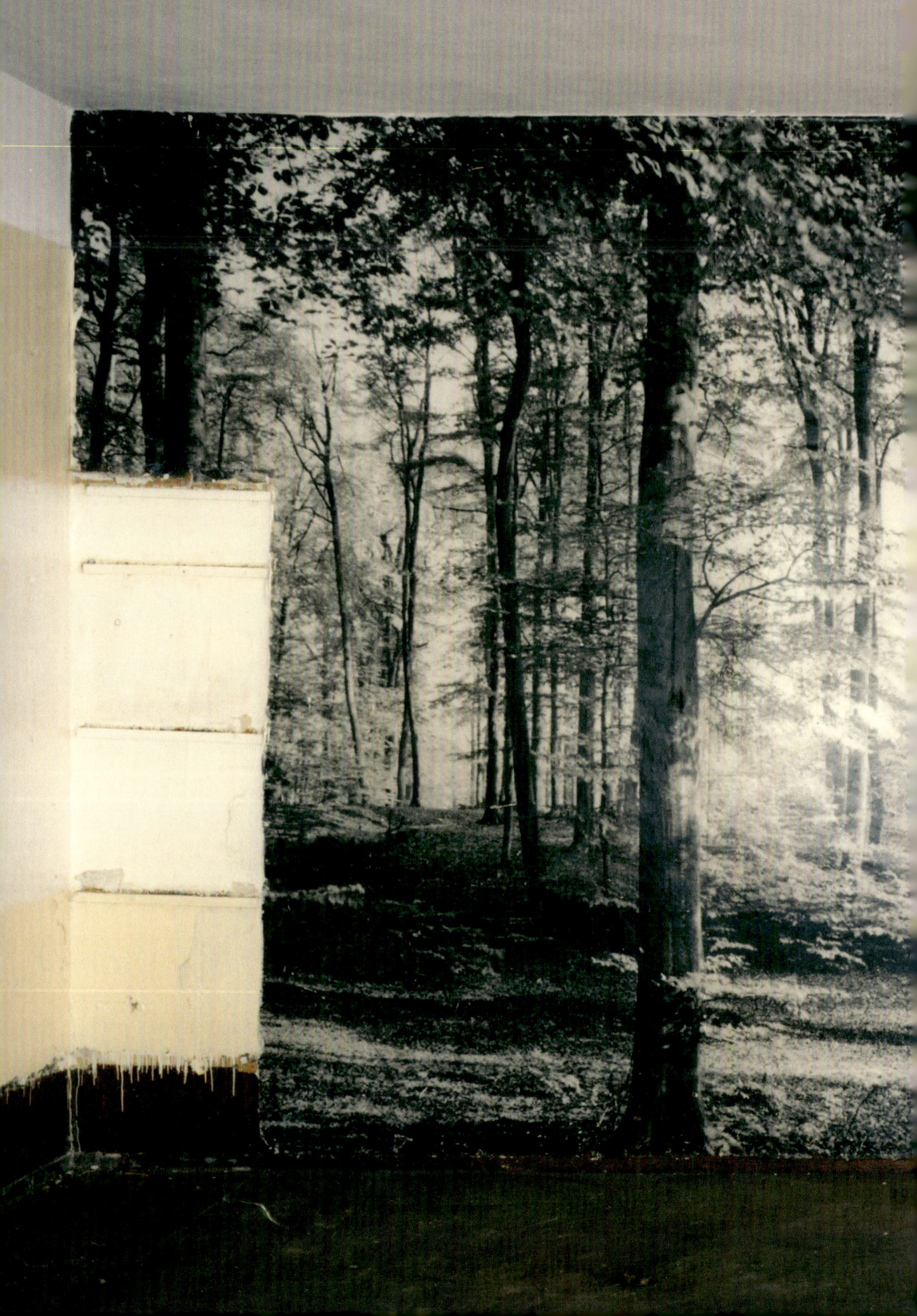

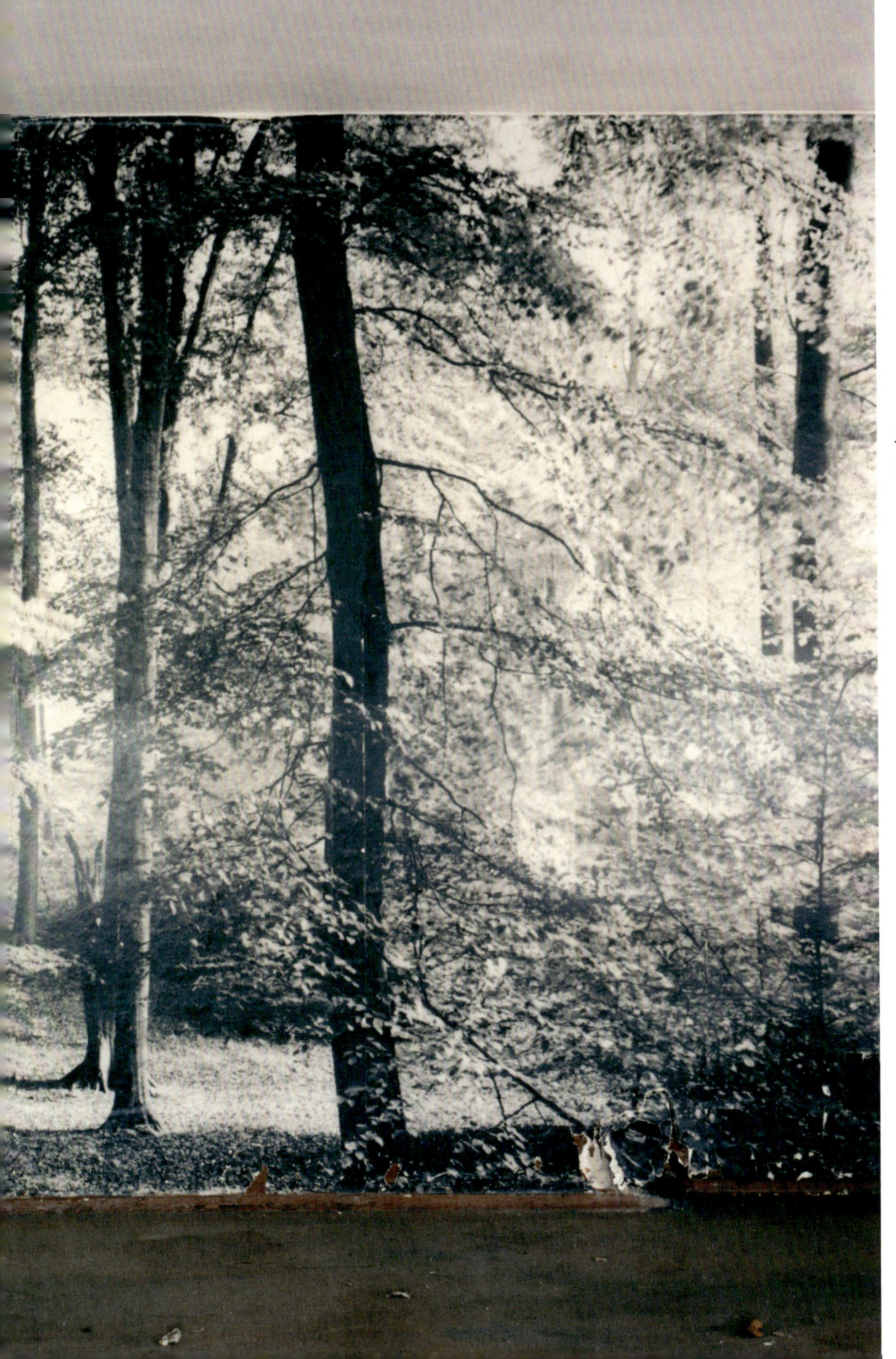

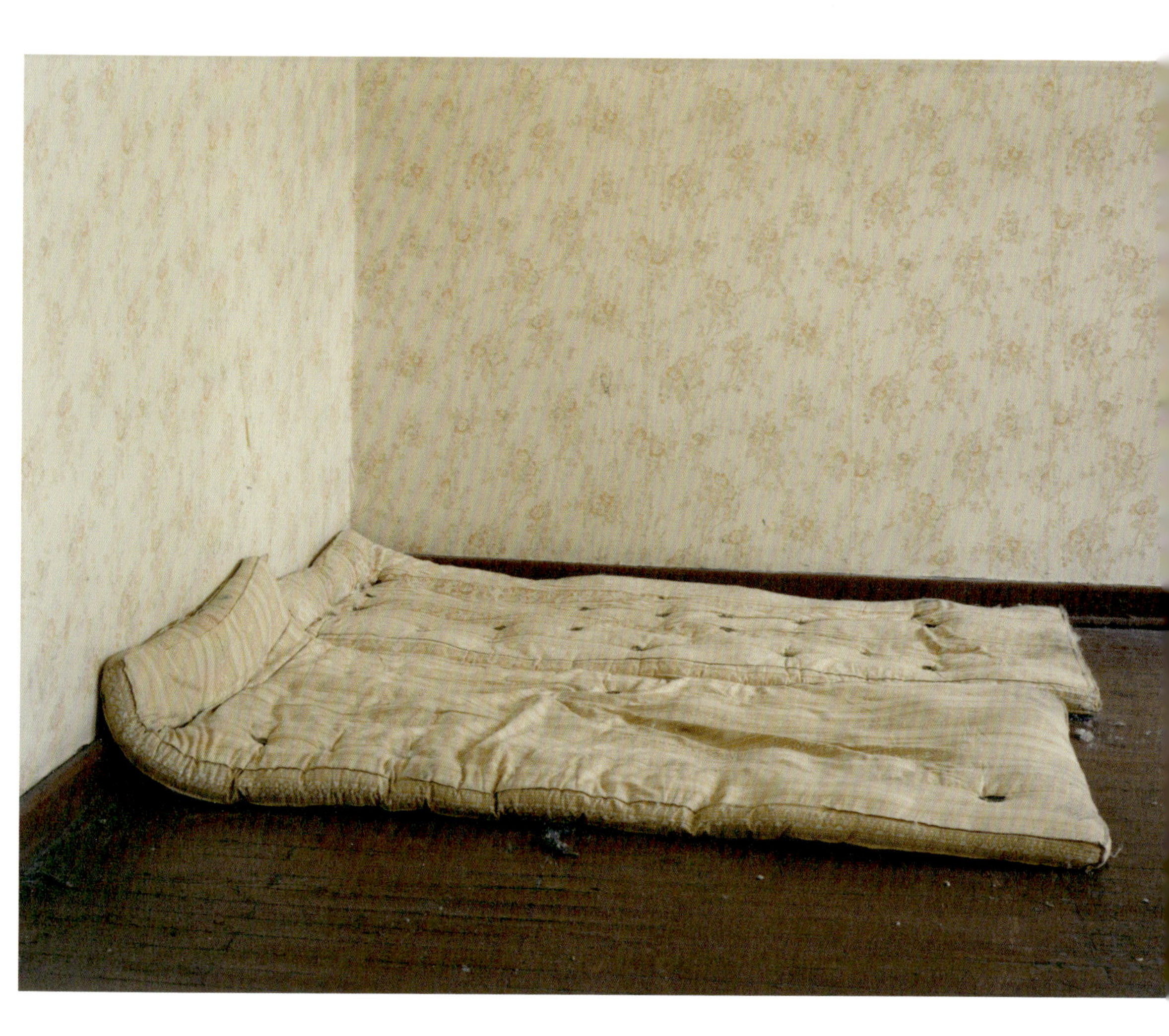

The close link between a dwelling and its residents is subject to people's changing needs but also to the impact of social and political forces. Laurenz Berges explores these relationships in his photographs, albeit without depicting the inhabitants themselves. The shots do not show domestic furnishings in privately owned homes, like those familiar to us from early interiors by e.g. Thomas Ruff, who – like Berges – was Bernd and Hilla Becher's student. It is rare for Berges to picture complete rooms or spatial perspectives; instead he directs our view towards papered walls and dirty floors, whose details disclose traces of former inhabitants as empty spaces. In the series *Etzweiler* Berges uses sober, cool lighting to document homes standing empty in the place of the title, which were abandoned to make way for lignite mining and have been demolished in the meantime.

The artist also traces the decay of living space as the sign of a changing society in the series *Kaiser-Wilhelm-Str.* The apparently fragmentary photos come from a series Berges made in Bruckhausen and Marxloh, two districts of Duisburg. Obvious traces of use scar the walls. They set the emptiness of the room against the life that took place there once, simultaneously timeless and past. They are place markers for the viewer's personal memories and experiences. Laurenz Berges' photos draw attention to the identity-creating function of rooms without telling concrete stories. Thomas Weski speaks of "indirect narrative" with respect to Berges' photographs. Contrasting areas of light and shade are created by the daylight falling into the room, modelling the space and generating a sober atmosphere. These images tell of transience and loss without appearing sentimental and lend a universal validity to the concrete location. It is here that we see the essential difference to a purely documentary photograph, which would "report" directly on social changes in the Ruhr region. *JS*

Potsdam V, 1994
S./pp. 26/27 *Etzweiler,* 2001
S./pp. 28/29 *Karlshorst VIII,* 1995

*1966 in Wolfenbüttel (DE), lebt und arbeitet/lives and works in Montzen (BE)

Franz Burkhardt

Die raumgreifende oder besser raumerschaffende Installation von Franz Burkhardt ist ein Zwitterwesen, das zwischen drinnen und draußen oszilliert, einen Übergang zwischen musealem Eingangsbereich und Ausstellung schafft. Sie ist zugleich das erste Ausstellungsstück der Schau *Homebase* in Nürnberg. Den 7 Meter breiten Raum verknappt der Künstler auf 2,5 Meter Breite und lässt ihn so zu einer Durchgangsschleuse werden, die den Besucher dennoch innehalten und den Aufbau genau betrachten lässt. Die handwerklich beeindruckende Verschalung verblendet die dahinterliegenden Wände komplett. Die Illusion eines privaten, in die Jahre gekommenen Hausflurs wird durch die Beleuchtung mit nackten Glühbirnen perfekt abgeschlossen.

Franz Burkhardt achtet auf kleinste Details, um den neu geschaffenen Raum abgenutzt und schmuddelig wirken zu lassen und zugleich eine Art Vertrautheit zu erzeugen. Sein Aufbau erschöpft sich dabei nicht in einer bloßen Kopie von Realität. Burkhardt hinterfragt damit die Rolle von Kunst als Mimikry, denn trotz aller Detailverliebtheit integriert er Irritationen, die zum Nachdenken einladen. Mit Vorliebe nutzt er dafür Sprache – Zitate, gerne auch abgewandelt, die im neuen Kontext als Sinnstifter fungieren. Dies bedeutet nicht, dass die Sprüche eine unmittelbare Erklärung bieten, auf den ersten Blick scheinen sie so gar nicht zu dem zu passen, womit sie kombiniert werden. Aber sie verleihen der Fake-Architektur sowie den Zeichnungen eine zusätzliche Ebene, mal humorvoll, mal kritisch.

So akribisch wie die Konstruktion des Hausflurs sind auch Burkhardts Zeichnungen. Er kopiert Bilder vornehmlich aus pornografischen Heftchen, aber auch aus Comics und ähnlichen Publikationen der 1950er- und 1960er-Jahre. Durch die Übersetzung der Fotos in Zeichnungen, die fein säuberlich gerahmt die Wand zieren, werden sie nobilitiert. Burkhardt holt sie aus dem Kontext des Heimischen heraus und macht die Betrachtung öffentlich. So kreiert er auch hier einen Dualismus zwischen privat und öffentlich – drinnen und draußen. *SK*

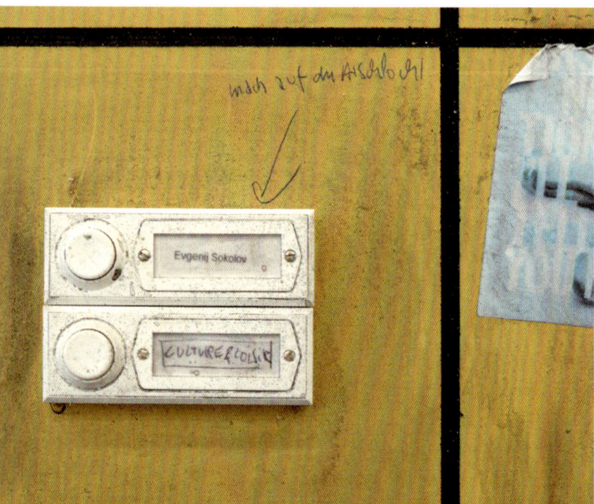

Nr. 5, culture & loisir, 2014 (Details)
S./pp. 34/35 Ausst.-Ansicht/installation view
Canal Street, Arlesheim/Basel, 2015

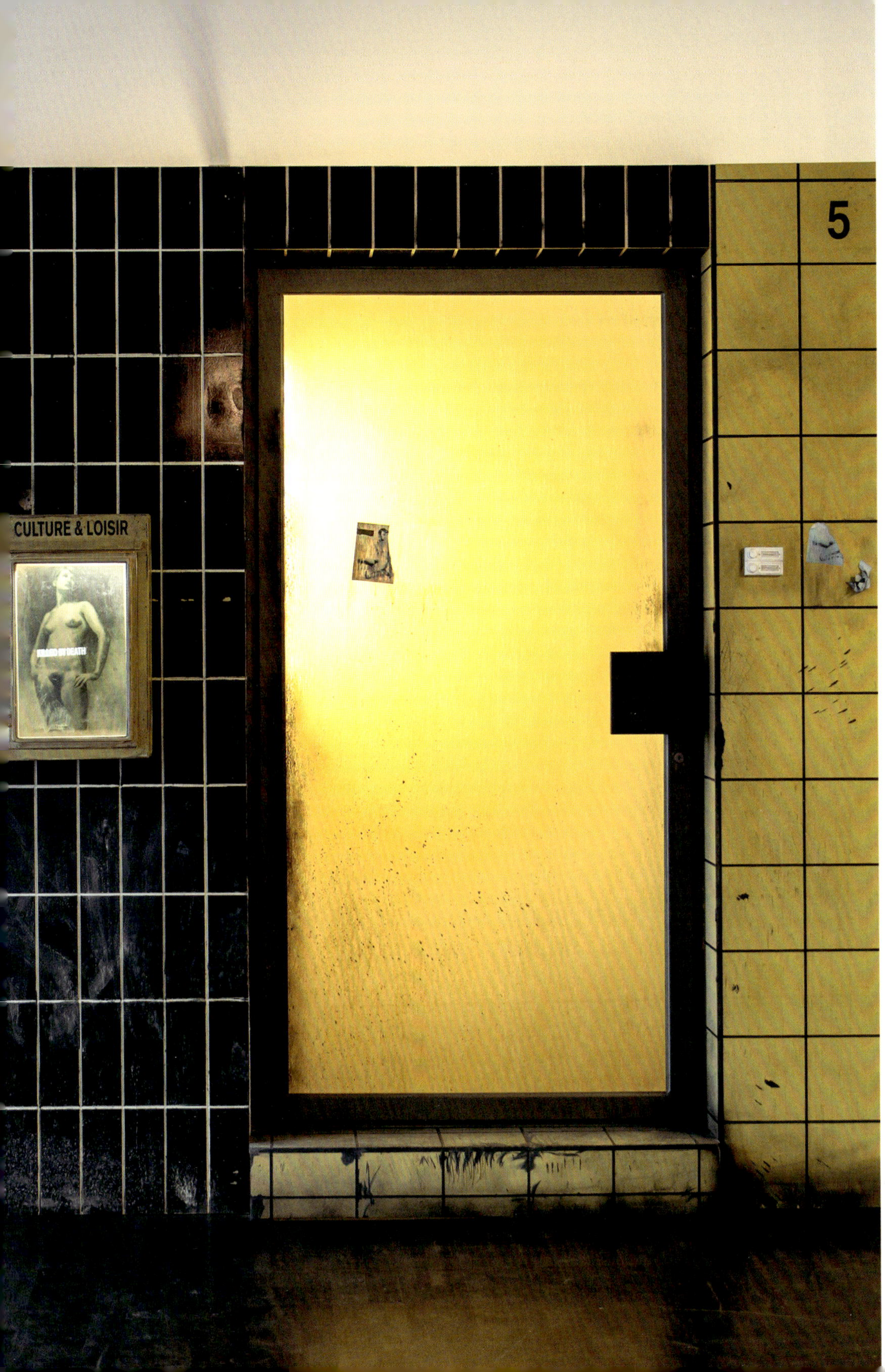

CULTURE & LOISIR
5

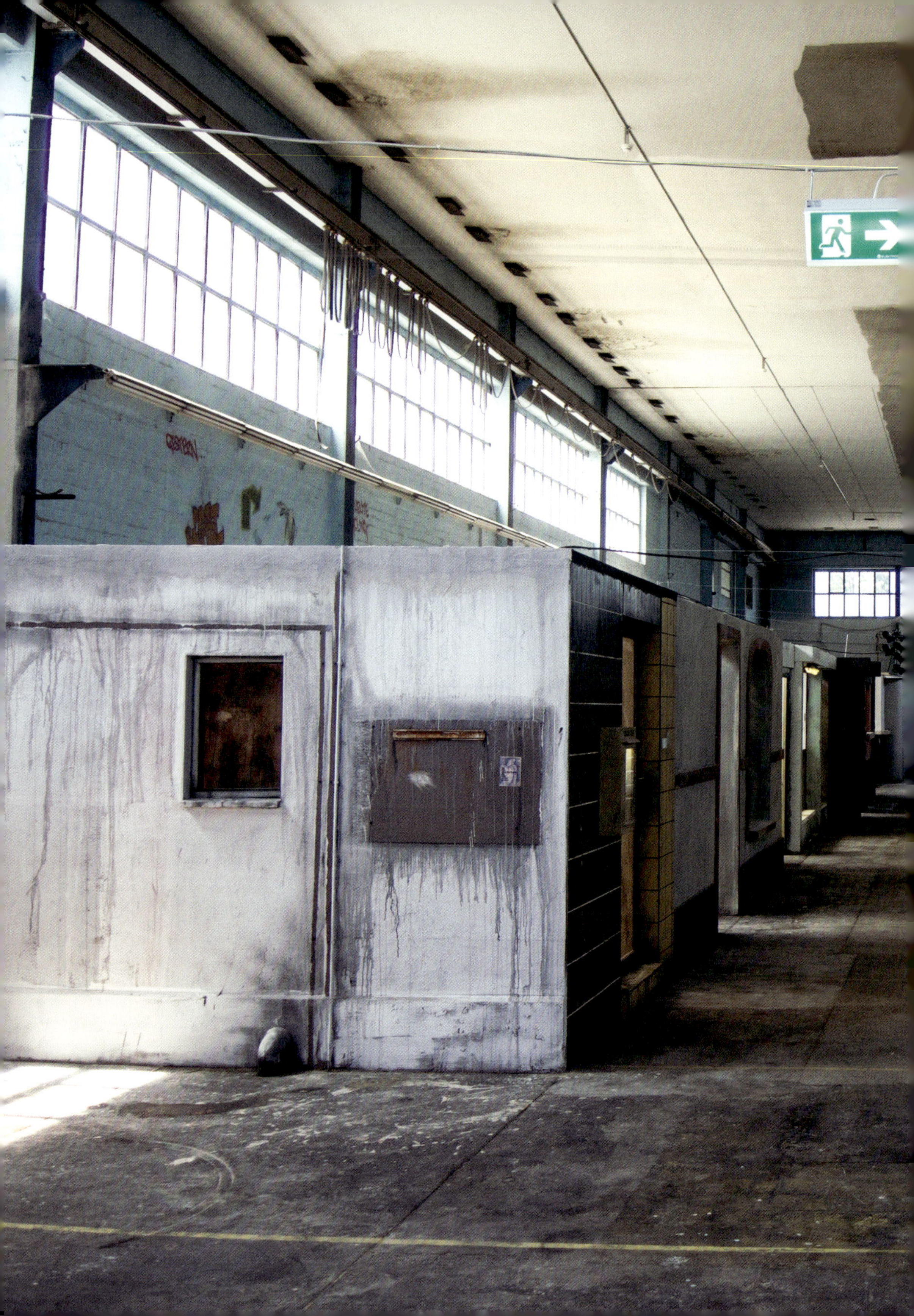

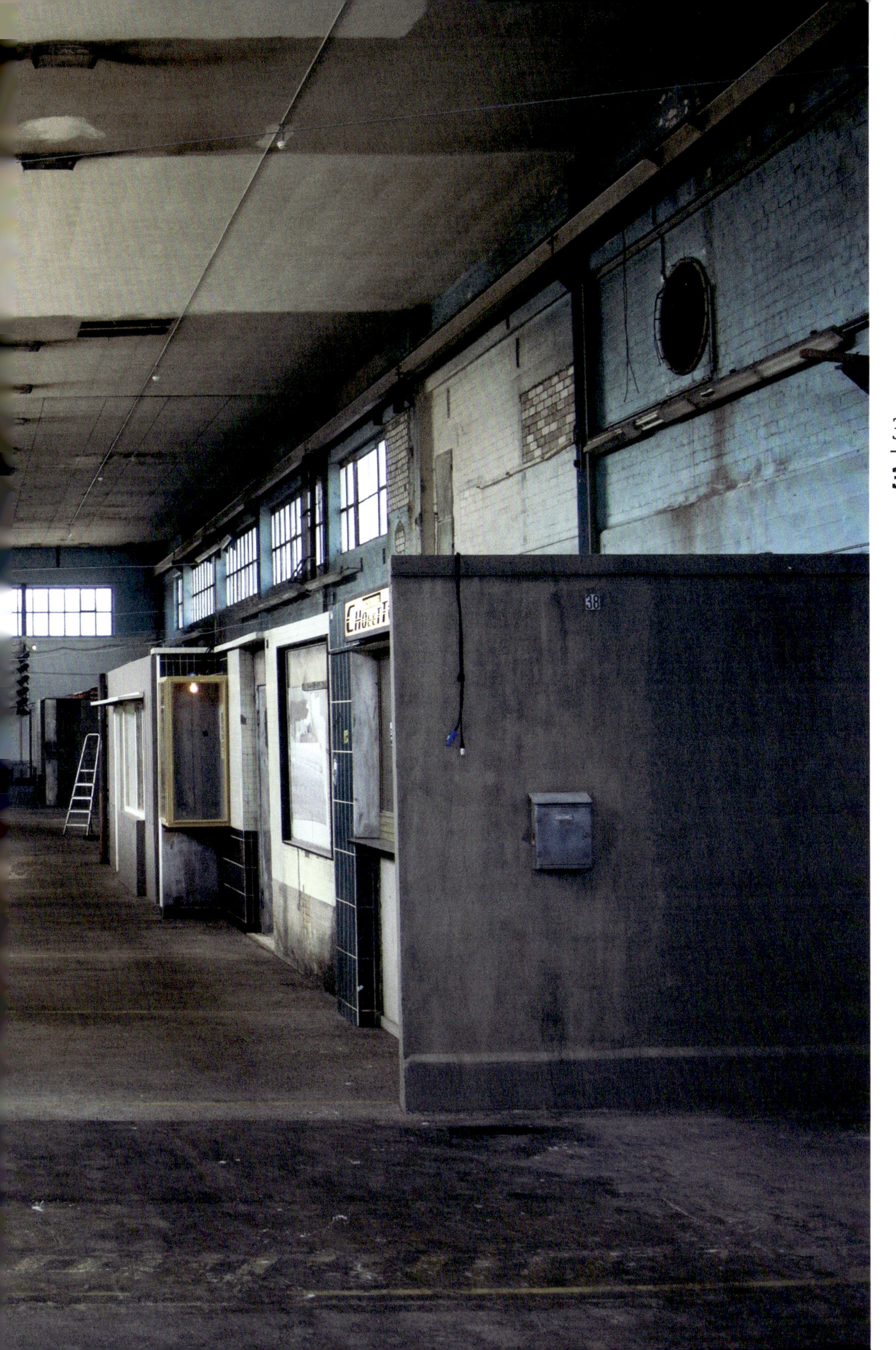

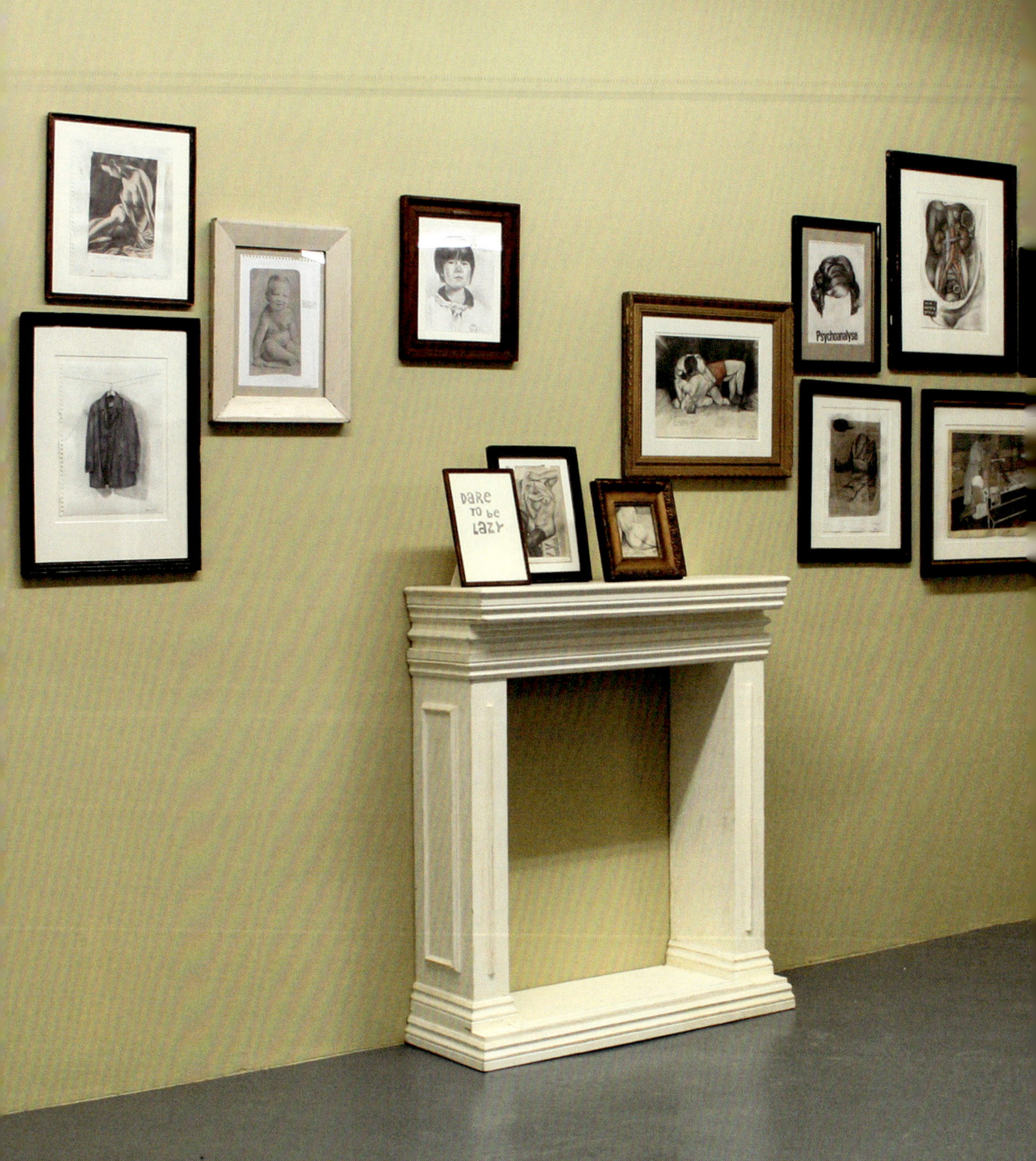

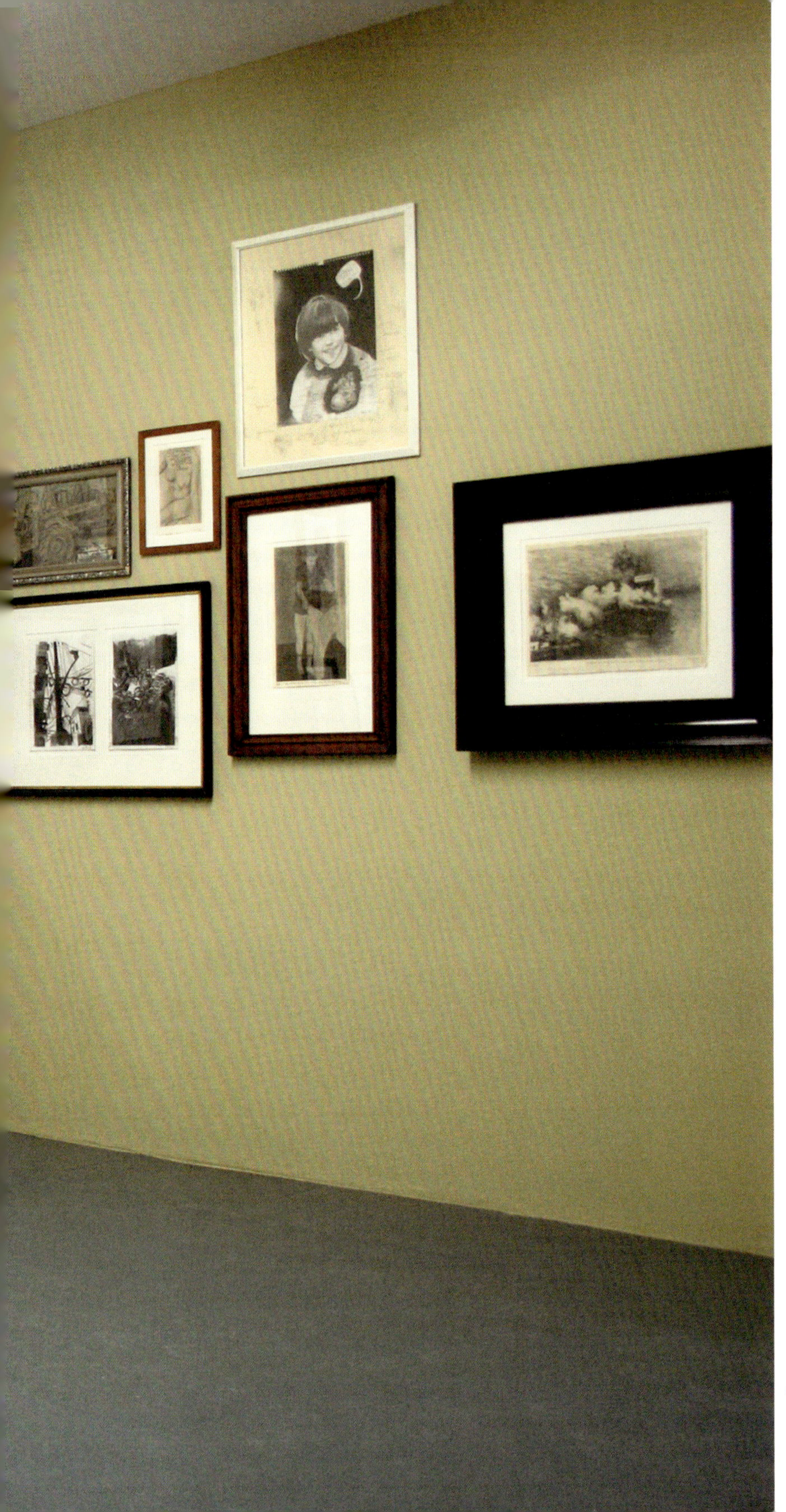

Ausst.-Ansicht/installation view
Nichtsdestotrotz
Galerie Sebastian Brandl,
Köln/Cologne, 2012

Geltungsdrang und
Geschwätzigkeit,
2014

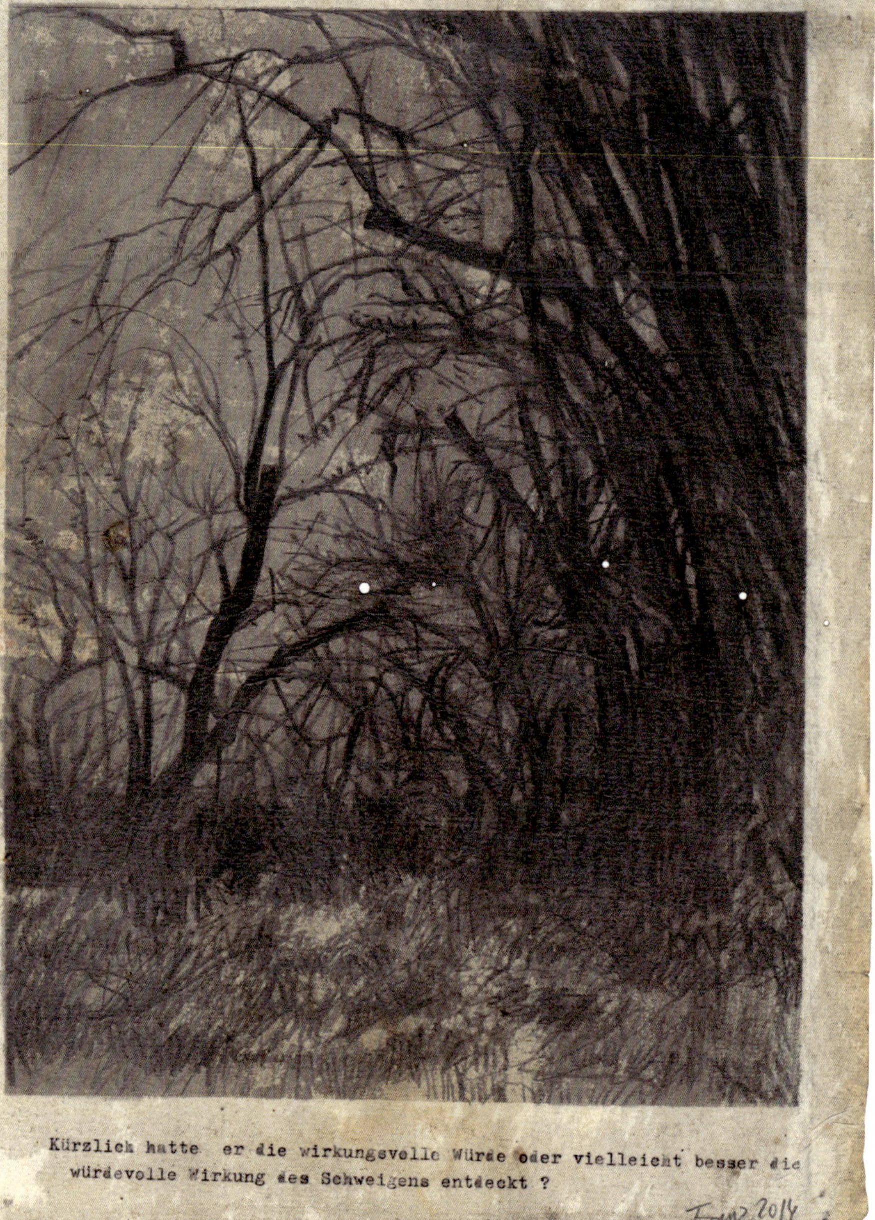

Kürzlich hatte er die wirkungsvolle Würde oder vielleicht besser die
würdevolle Wirkung des Schweigens entdeckt ?
Franz 2014

Braune Sauce,
ich glaube
aber es waren
Senfeier mit
Kartoffelpüree,
2014

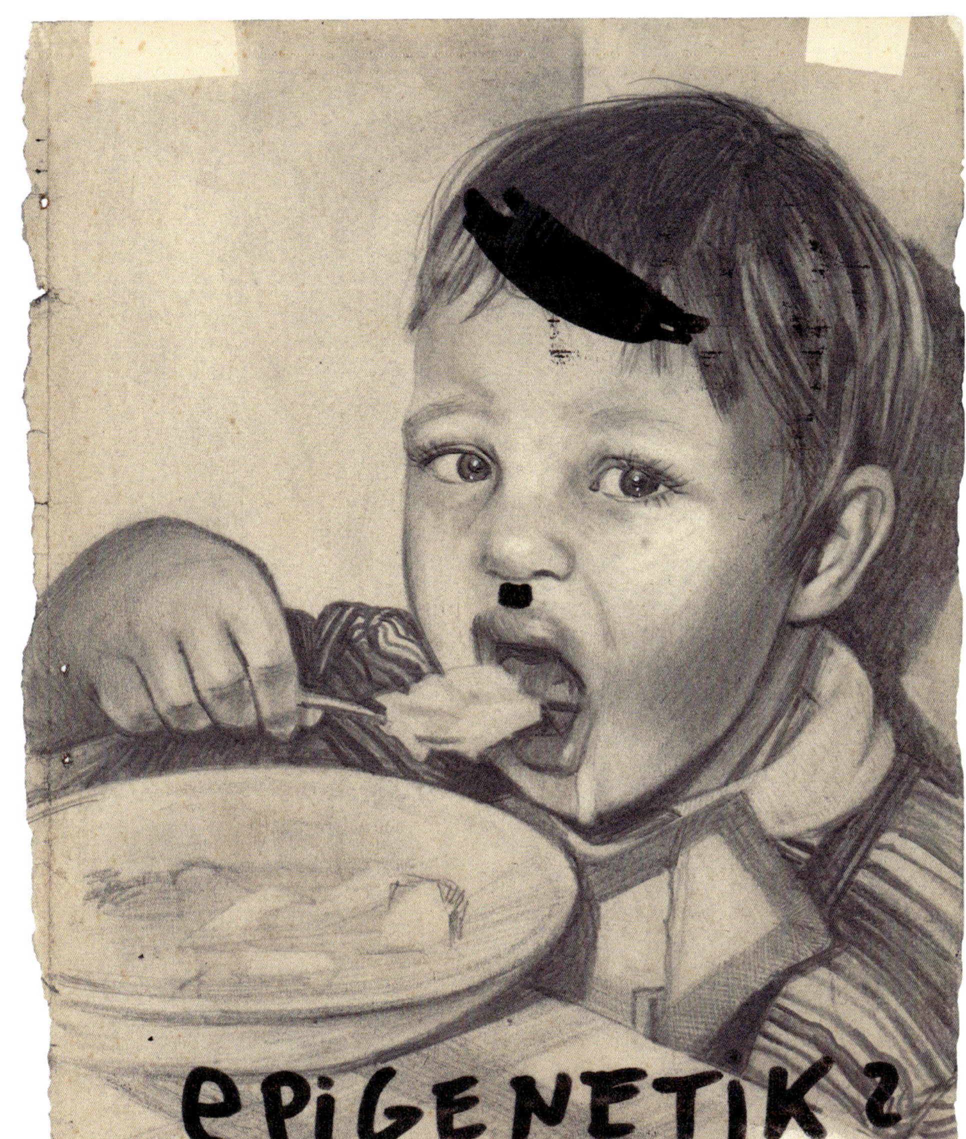

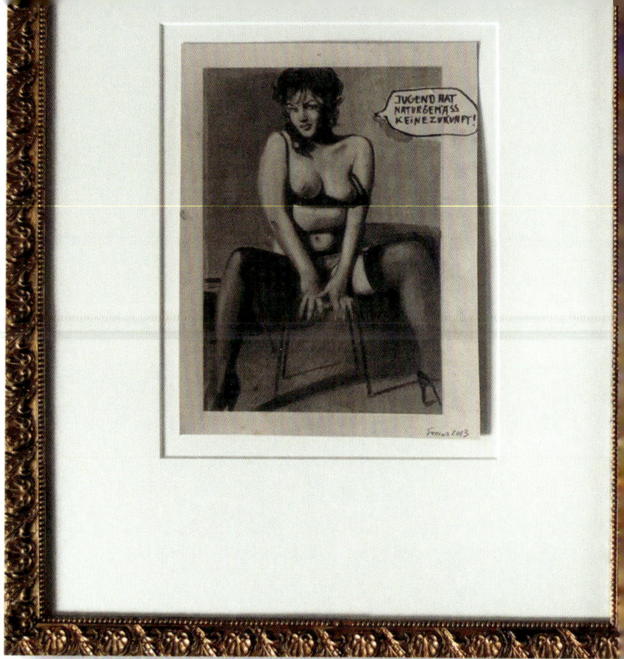

JUGEND HAT
NATURGEMÄSS
KEINE ZUKUNFT!

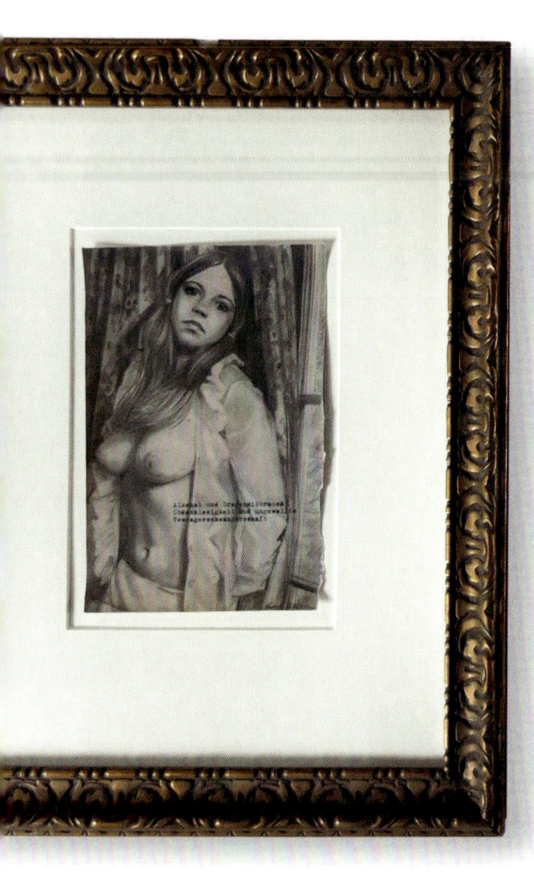

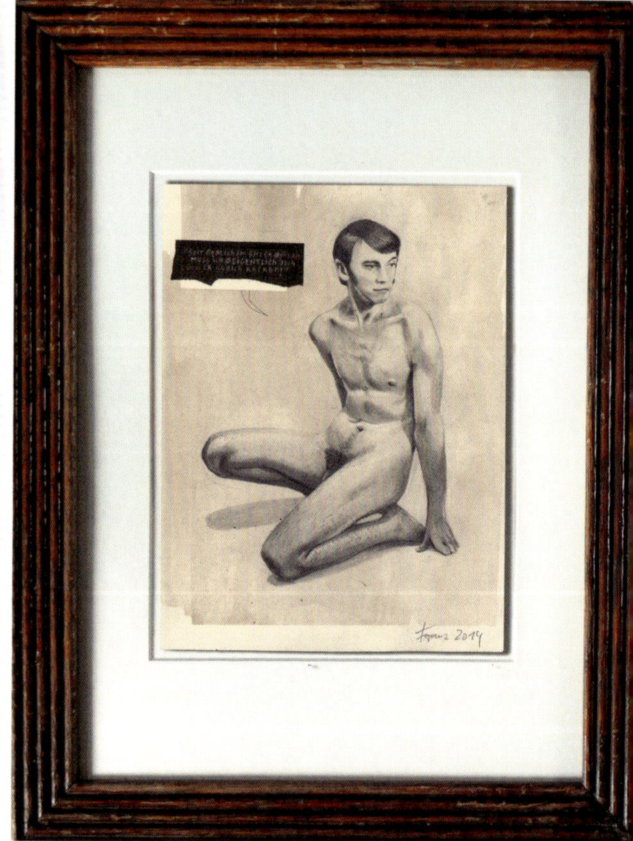

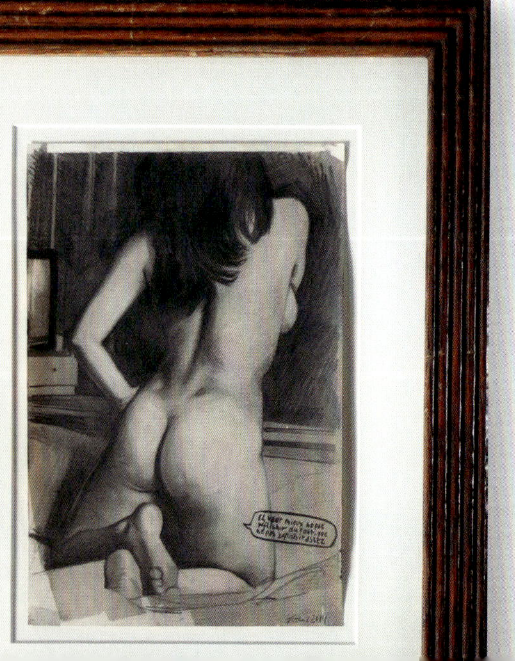

The space-consuming or rather space-creating installation by Franz Burkhardt is a hybrid that oscillates between inside and out, contriving a transition between the entrance area to the museum and the exhibition, while also constituting the first exhibit of the *Homebase* show in Nuremberg. The artist reduces the space – actually 7 metres across – to a width of 2.5 metres, and so produces a transit channel that prompts the visitor to pause, nonetheless, and regard the construction in more detail. The cladding is an impressive piece of handiwork, completely screening the walls behind it; the illusion of a somewhat shabby hallway in a private house is finished perfectly by the lighting with bare light bulbs.
Franz Burkhardt pays attention to the smallest of details in order to make the newly created space appear time-worn and shabby, while simultaneously generating a kind of familiarity. In this context, his construction is not restricted to a mere copy of reality. Thus Burkhardt questions the role of art as mimicry, for despite his love of details he also integrates irritations that invite us to think hard. His preferred medium for this purpose is language – quotations, adapted when it suits, that function as creators of meaning in a new context. This is not to say that the citations offer any explanation, often they do not even seem to fit into the situation they are combined with. But they provide an additional level to the fake architecture and the drawings – sometimes humorous, sometimes critical.
Burkhardt's drawings are just as meticulous as the construction of the hallway. He prefers to copy images from pornographic magazines but also from comics and similar publications dating from the 1950s and 1960s. The translation of the images into drawings that are then neatly framed and used to decorate the wall lends them a kind of nobility. Burkhardt brings them out of the context of intimate contemplation and makes the context of viewing into a public one. In this way, he creates a duality be-tween private and public – inside and out – here as well. *SK*

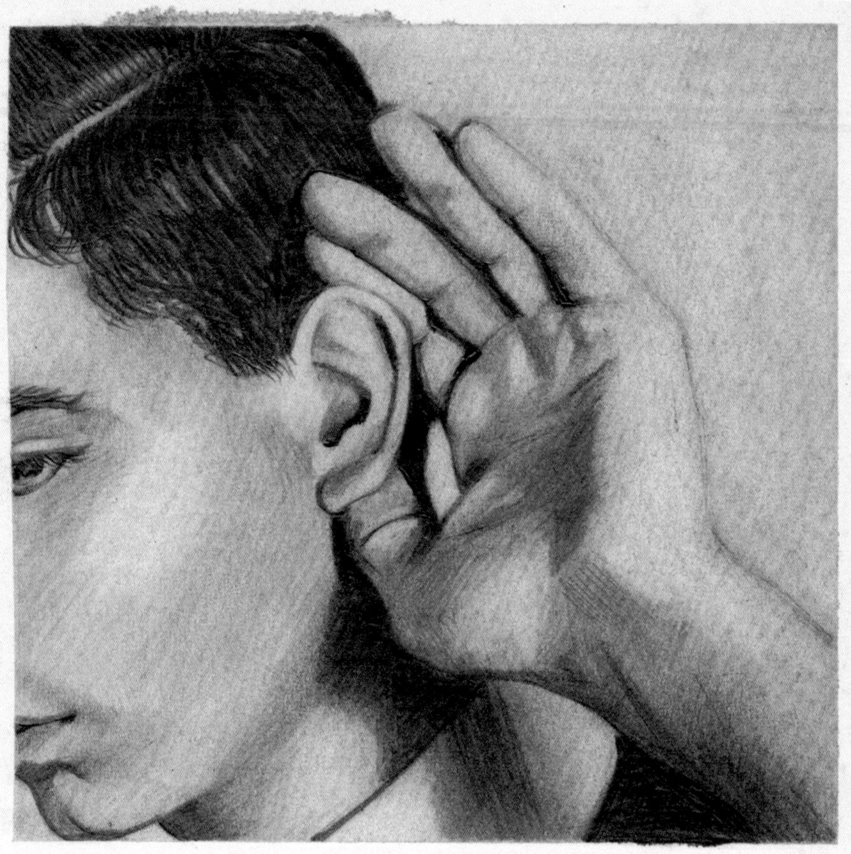

Die offene Hand hinter das Ohr gelegt, als ob man dessen Hörfähigkeit erhöhen wolle.

Franz Burkhardt
Supplemento al dizionario italiano,
2014

Harriet Zilch

*Just what is it that makes
today's homes so different,
so appealing?* [1]

Über das Interieur im digitalen Zeitalter

„Ich bin ein völlig horizontaler Autor. Ich kann nicht denken, wenn ich mich nicht hinlege, entweder ins Bett oder auf eine Couch, Zigaretten und Kaffee in Griffweite. Ich muss paffen und an etwas nippen. Im Laufe des Nachmittags steige ich von Kaffee auf Minztee, dann auf Sherry und schließlich auf Martini um. {...} Nein, ich verlasse das Bett dazu nicht. Ich balanciere die Schreibmaschine auf den Knien. Das funktioniert prima. Ich kann so hundert Wörter pro Minute schreiben." [2]

Als Truman Capote 1957 in einem Interview anschaulich die Vorteile eines überwiegend in der Horizontalen stattfindenden Autorenlebens beschrieb, wird der von ihm skizzierte Arbeitsalltag von einem Großteil der Leserschaft als Ausdruck eines ebenso dekadenten wie bohèmehaften Künstlerlebens aufgefasst worden sein. Für seine berufliche Tätigkeit nicht das private Heim zu verlassen – und im Fall des berühmten Autors noch nicht einmal das Bett –, war in den 1950er-Jahren unvorstellbar. Die Demarkationslinie zwischen Arbeitsstätte und heimischer Wohnung war seit der Industrialisierung räumlich wie sozial klar definiert: hier Büro oder Fabrik und da der private Wohnraum. Hier Arbeit und da Ruhe und Freizeit. Hier die „Realität des Kontors" und da die „Phantasmagorien des Interieurs", wie es Walter Benjamin formulierte. [3] In der Horizontalen arbeitete da nur ein Gewerbe.

Im Jahr 2012, rund ein halbes Jahrhundert nach Truman Capotes Interview, berichtet *The Wall Street Journal*, dass 80 Prozent aller jungen New Yorker Berufstätigen regelmäßig vom Bett aus

arbeiten.⁴ Im Zeitalter global vernetzter Aktivität und dank einer umfassenden häuslichen Konnektivität muss
der Mensch nicht mehr sein Bett verlassen, um zu arbeiten oder einzukaufen, um sich mit Freunden auszutauschen oder Netzwerke zu pflegen. Er muss noch nicht einmal aus dem Fenster schauen, um zu wissen, wie
draußen das Wetter ist. Führte die industrielle Revolution zu einer räumlichen Trennung von Arbeitsplatz und
Wohnung, so erleben wir gegenwärtig die Aufweichung dieser Grenze. Mobile Kompaktelektronik wie Smartphones, Laptops, Tablets und eReader ermöglichen das heimische Arbeiten in der Horizontalen; andere Industrie-
zweige produzieren gar spezielle Betten, Matratzen, Kissen und Laptop Lifter. Geschicklichkeit beim Balancieren
einer klobigen Schreibmaschine muss da niemand mehr beweisen.

Walter Benjamin wird bei seinen „Phantasmagorien des Interieurs" an Stoffe, Tapeten, Gemälde, Möbel und
sonstige Einrichtungsgegenstände gedacht haben. Technisch innovativ war zu seiner Zeit der in den Jahren
1922 bis 1930 entwickelte *Licht-Raum-Modulator* von László Moholy-Nagy: eine kinetische Plastik aus rotieren-
dem Glas, Spiralen und Metallteilen. Von 140, teils farbigen Glühbirnen angeleuchtet, projizierte das aus durch-
sichtigen oder durchbrochenen Materialien aufgebaute, sich kontinuierlich bewegende Objekt lineare Schatten
und farbige Reflexe in den Raum. Für Moholy-Nagy war dieser Modulator kein funktionsloses Spiel, sondern
die Kunstform der Zukunft. Jeder Haushalt sollte einen eigenen Beleuchtungsapparat besitzen, der dann,
von einer Radiozentrale ferngelenkt, bunte Lichtspiele in den heimischen Wohnraum brachte. „Fernsehen"
war für Moholy-Nagy nicht narrativer Film, nicht abgefilmtes Theater, sondern eine rein visuelle Kunstform,
die einen imaginären Raum simulierte und so auch den physisch vorhandenen Innenraum immer wieder neu
und von außen gesteuert erfand.

Aus heutiger Perspektive erscheinen ein solch artifizieller Eingriff in den heimischen Wohnraum, solch anmu-
tige Trugbilder aus Licht und Schatten, in ihrer Harmlosigkeit charmant. Denn heute bricht die Welt nicht mit
farbigen Reflexen, sondern in all ihrer verwirrenden Komplexität und Fremdheit in den privaten Mikrokosmos
ein. Waren in den vergangenen Jahrzehnten das Radio und der Fernseher die primären Nachrichtenüberbringer,
so existieren heute mannigfaltige Einfallstore für die äußere Welt. „Im Interieur hält die Welt den Atem an",⁵
schreibt Sabine Schulze in ihrem Essay über die Kunst des Interieurs. Aber hält sie tatsächlich den Atem an,

wenn wir mit der Welt durch jede mögliche Kommunikationstechnologie verbunden sind? Kann das
Interieur noch ein Ort der Selbstfindung und Intimität sowie der physischen wie psychischen Rekrea-
tion sein, wenn die Welt permanent zu Gast ist? Wie wird unser Heim künftig aussehen, wenn es
zwischen Freizeit und Arbeit, zwischen Ruhe und Geschäftigkeit, zwischen Privatsphäre und Öffentlichkeit kaum mehr objektive Unterscheidungskriterien gibt?
Trotz oder gerade wegen dieser Fragen erscheinen Blicke in private Räume heute omnipräsent. Ein unüber-
schaubares Angebot an Bildbänden, praktischen Ratgebern und Hochglanzmagazinen, die alle Aspekte des
Wohnens thematisieren; boomende Möbelmessen und überfüllte Einrichtungshäuser; Fernsehformate, die
zeigen, wie Immobilien verkauft, Häuser renoviert und Einrichtungen ausgetauscht werden: Wir erleben
eine Renaissance des Wohnens. Offenkundig nimmt der Wunsch nach der Geborgenheit eines vertrauten
Refugiums zu, umso unkontrollierbarer die Außenwelt wahrgenommen wird. Nach wie vor ist das private
Heim der Ort, der dem Menschen das Gefühl der Fremdheit und Verlorenheit nimmt, der ihm Schutz
verspricht und den er „gewöhnt"[6] ist. So ist das Interieur ein elementares Thema von anthropologischer
Tragweite und zugleich ein Zeitphänomen von ausgesprochener Aktualität.
Die gegenwärtige Konzentration auf das Private resultiert aus dem Unvermögen, die Welt zu verstehen,
und aus diesem Unvermögen, die Welt zu verstehen, resultieren die Unfähigkeit wie auch der Unwille, diese
zu verändern. Während sich in den 1960er- und 1970er-Jahren die allgemeine Aufbruchsstimmung auch in
den Wohnzeitschriften spiegelte, die neue Häuser als „Aufbruch in eine schönere, aufregendere, moder-
nere Welt"[7] feierten, stehen heute Geborgenheit, Gemütlichkeit und Selbstversenkung im redaktionellen
Fokus. Keine Außenwelt bedroht die Szenerie. In der Hoffnung, unseren privaten Kosmos kontrollieren zu
können, schotten wir uns ab. Eine Beobachtung, für welche die Soziologie die Begriffe „Cocooning" und
„Homing" verwendet.
Erscheint die Außenwelt als nicht gestaltbar, so gilt es, zumindest das persönliche Umfeld nach dem
eigenen Ideal einzurichten. Eine Wohnung will heute ebenso ausgewogen kuratiert sein wie das eigene
Profil bei Facebook. „Die ‚stilvolle' Wohnung, diese Errungenschaft unseres Jahrhunderts, verlangt ein

außerordentliches Wissen und Können"[8], schreibt Adolf Loos 1898 prophetisch; das Magazin *AD* empfiehlt im Oktober 2015 recht kryptisch, „{s}ich selbst treu zu sein, ohne sich dabei dem Diktat des auf ewig Gleichen zu ergeben". Die Kunst der Einrichtung ist zu einer diffizilen Disziplin geworden, für die es offenkundig eines Expertentums bedarf. Der Autor und Journalist Niklas Maak bezeichnet in seinem Buch *Wohnkomplex* das Wohnen gar als „Fetisch", da es für viele zum Hauptzweck aller Lebensanstrengungen geworden sei.[9] In diesem Kontext erscheint das Interieur als Ort der Selbstinszenierung und -repräsentation, als Ort der sozialen wie kulturellen Selbstmodellierung, der weniger von persönlichen Einrichtungsvorlieben als von Konformität erzählt.

Natürlich ist diese wohnliche Selbstinszenierung keine Erfindung des 21. Jahrhunderts. In der Kunstgeschichte des Interieurs hat das Bürgertum den privaten Innenraum stets zur raffinierten Selbstdarstellung genutzt. Als populäres Sujet und als eigenständige Bildgattung etablierte sich das Interieur gerade in einer Zeit, in der das wohlhabende Bürgertum seinen sozialen Status vermehrt über das Interieur und dessen Darstellung demonstrieren wollte. Flatternde Gardinen, verstreute Pantoffeln, Musikinstrumente und wertvolle Bücher, Gemälde und Zierobjekte waren die sorgsam ausgesuchten Requisiten eines bürgerlichen Selbstverständnisses und zugleich Metaphern der psychischen Befindlichkeit.[10] Das biedermeierliche Zimmerbild repräsentiert ebenso wie die moderne Homestory die gesellschaftliche Position der Bewohner sowie deren Bemühen um Partizipation an einem spezifischen Wohn- und Lebensstil. Zimmerbild wie Homestory lassen uns an einer – mehr oder weniger ausgefeilten – Selbstinszenierung Anteil nehmen. Aktuelle Bildbände wie *Freunde von Freunden*[11] schließen uns gar in diese Inszenierung ein: Sie suggerieren, dass wir Teil eines urbanen Netzwerks sind und die porträtierten Künstler, Designer und Kreativen über ein, zwei Ecken ohnehin kennen. Da erscheint es nur konsequent, sie in ihren privaten Räumen zu besuchen.

My home is my castle: Die öffentlichkeitswirksame Inszenierung des Interieurs ist somit keine Erfindung der Gegenwart; ebenso wenig der Prozess der Verinnerlichung bzw. der Abschottung nach außen. Auch für die Aristokratie des 18. Jahrhunderts gab es bereits „kein beneidenswerteres Los, als unabhängig im eigenen Interieur, im Kreis der Seinen zu leben!"[12] Neu ist jedoch die widersprüchliche Parallelität einer allumfassenden Konnektivität mit der Welt bei dem gleichzeitigen Bemühen, sich gegen dieses unkontrollierbare Außen abzuschotten. Unsere Wohnungen sind

:u Kontrollkabinen geworden, und wir leben in der Illusion, steuern zu können, auf welchem Weg und in welchem Ausmaß die Welt in unsere Wohnzimmer hereinbricht. Dabei vergessen wir, dass die Kontrolle in beide Richtungen funktioniert und wir in unserem Sein und Handeln zunehmend transparent werden.

In seinem Roman *Der Circle*[13] malt der amerikanische Autor Dave Eggers ein düsteres Zukunftsszenario: Der globale Internetkonzern „Circle" hat in einer nahen Zukunft Google, Apple, Twitter und Facebook abgelöst und deren Dienste zentralisiert. Jeder User besitzt nur noch eine Internetidentität und seine Daten wie auch jeder Ausdruck seiner Interessen werden zentral gesammelt. Diese Informationen führen zu einem Wegfall der Anonymität im Netz und damit – so die Argumentation der Mächtigen – zu einem Wegfall der Kriminalität. Wie das Vorbild „Big Brother" aus George Orwells Roman *1984* hat auch „Circle" drei Mottos: ‚Geheimnisse sind Lügen", „Teilen ist Heilen" und „Alles Private ist Diebstahl".[14] Diese drei Regeln manifestieren sich auch in den Wohnidealen. Ihr privates Apartment gibt Mae Holland, die junge Protagonistin des dystopischen Romans, auf, um in der „HomeTown" des Konzerns zu leben: „Als sie die Tür ihres Zimmers schloss, ärgert sie sich, dass sie das Wohnheimangebot nicht schon früher genutzt hatte. Das Zimmer war tadellos, mit viel silbernem Inventar und hellem Holz, die Böden von einer Fußbodenheizung gewärmt, die Bettlaken und Kissenbezüge so weiß und frisch, dass sie bei Berührung knisterten. Eine Karte neben dem Bett erklärte, dass die Matratze biologisch war, nicht mit Sprungfedern oder Schaumstoff hergestellt, sondern mit einer neuen Faser, die Mae fester und zugleich nachgiebiger fand – besser als jedes Bett, in dem sie je gelegen hatte. Sie zog die Decke, wolkenweiß und voller Daunen, über sich."[15] Mit dem Einzug in dieses Apartment, das in seiner Beschreibung an ein modernes Hotelzimmer erinnert, setzt sich Mae Holland dem Totalitarismus der Transparenz aus. Ihr privates Heim gibt sie gemeinsam mit ihrer Individualität und Privatsphäre auf.

„Niemand darf ausspähen oder preisgeben, was in der Wohnung eines Privatmanns geschieht":[16] Im Land der Datenschützer und verpixelten Google-Street-View-Gesichter klingt diese Schilderung nach einem weit entfernten Zukunftsszenario. Nach Schlagzeilen über die Kommerzialisierung von Netzwerken wird jedoch vielen bewusst, dass persönliche Daten auch ohne unsere Zustimmung zu Kapital gemacht werden können. Hinzu kommen die unzähligen Daten, die wir freiwillig zur Verfügung stellen, da wir Teil einer Gemeinschaft sein wollen. Niemand zwingt uns, bei Facebook zu posten, dass wir gerade einen leckeren Milchkaffee getrunken haben. Wir müssen Zalando auch nicht erlauben, der Welt zu erzählen, dass wir ein paar neue Stiefel gekauft haben. Und unserer neuen Fitness-App können wir verbieten, allen unseren Kontakten mitzuteilen, dass wir gerade eine „runtastische" Radtour über 44,87 km in 2h 01m absolviert haben. Im Kontext der Social Media scheint das Bedürfnis nach Privatsphäre jedoch nicht den Wunsch auszuschließen, unsere architektonischen wie seelischen Innenräume mit einer mehr oder minder großen Öffentlichkeit zu teilen.

Schon immer hat der Mensch gerne in fremde Zimmer geschaut: Bereits im frühen 14. Jahrhundert lässt Giotto in seinen Fresken in der Arenakapelle[17] den Betrachter auf eine Szene blicken, die im Innenraum verortet ist und damit vor neugierigen Blicken geschützt sein sollte.[18] Die bildliche Darstellung des Interieurs erlaubt jedoch diesen indiskreten Blick in einen privaten Raum und bedeutet damit, zugespitzt formuliert, „eine Obszönität, ein Zurschaustellen dessen, was verborgen sein sollte".[19] Der Bildgattung wohnen explizit die Gegenpole privat/öffentlich sowie verstecken/präsentieren inne: Gegenpole, die für unsere Neuverortung in einer global vernetzten Welt so zentral erscheinen. Denn nicht nur die Grenzlinie zwischen Arbeitsstätte und Wohnung, sondern auch zwischen Privatsphäre und Öffentlichkeit muss neu gedacht werden. Ein Mensch, der im heimischen Bett liegt, während er seine E-Mails beantwortet, berufliche Telefonate führt, Dinge kauft und verkauft und an einer Videokonferenz teilnimmt, ist öffentlich, auch wenn er sich in seinen Privaträumen aufhält. Denn diese Tätigkeiten – Informationsaustausch, Handel und Sozialkontakt – fanden seit der Antike im öffentlichen Raum statt.[20] Das Interieur ist im digitalen Zeitalter plötzlich seltsam hybrid geworden.

„In allen Künsten gibt es eine physische Komponente, die nicht mehr auf die gleiche Weise betrachtet und behandelt werden kann wie früher – völlig unbeeinflusst durch unser modernes Wissen und Handlungspotenzial. Während der vergangenen zwanzig Jahre sind weder Gegenstand noch Raum noch Zeit das geblieben, was sie von jeher waren. Es ist zu erwarten, dass große Innovationen die diversen künstlerischen Verfahren verändern werden und damit das Kunstschaffen selbst, sowie in einem unglaubliche Maß auch unsere Auffassung davon, was Kunst ist."[21]

Welche Zukunft sich der Lyriker Paul Valéry vorstellte, als er 1931 diese Sätze formulierte, ist schwer zu konkretisieren. Kaum wird er an eine solch allumfassende Veränderung der Welt und der Kunst gedacht haben, wie sie sich seit dem Beginn des digitalen Zeitalters vollzogen hat. Die traditionsreiche Bildgattung des Interieurs hat sich im Kontext dieser Umbrüche nicht nur als überlebensfähig erwiesen, sondern hat gar eine Revitalisierung erfahren. Denn in einer Zeit, in der der Mensch nicht mehr sein privates Heim verlassen muss, um am gesellschaftlichen Leben zu partizipieren, wird sein Zuhause zum eigentlichen Psychogramm und markiert sein Verhältnis zu sich wie zur Welt. So rücken Bilder des Privaten in den Fokus, und das Interieur ist – nach dem Porträt – die „bevorzugte Bildgattung für die Reflexion des Innenlebens des (Wohn-)Subjekts".[22] Künstlerinnen und Künstler widmen sich der Bildgattung variantenreich: In ihren Werken kann das Interieur als Reflexion der alltäglichen Lebenswelt dienen oder soziokulturelle Aspekte des Heims thematisieren. Das Interieur kann Metapher für die psychische Innenwelt und emotionale Verfasstheit der Bewohner sein. Es kann als Medium der privaten Erinnerung und Vergegenwärtigung der eigenen Herkunft fungieren, aber auch gesamtgesellschaftlich die „kulturelle Memorialfunktion des Raums"[23] aufzeigen. Es kann der Repräsentation dienen und die soziale Position des Bewohners demonstrieren. Es kann Idylle wie Krise symbolisieren, und es kann die so aktuelle gesellschaftspolitische Frage stellen, was der Mensch zum Leben, zum Überleben wirklich braucht. All diese Optionen thematisiert die Gruppenausstellung *Homebase. Das Interieur in der Gegenwartskunst* in Nürnberg wie Düsseldorf und bleibt – aufgrund der Unerschöpflichkeit des Sujets – dennoch unweigerlich ausschnitthaft. *Homebase* zeigt das Interieur in seiner anthropologischen Dimension ebenso wie in seiner konkreten Funktion als individuelle Behausung und lässt es zum Schauplatz für gesellschaftliche wie kunstimmanente Fragestellungen werden. Die historisch tradierte Repräsentationsfunktion des Interieurs spielt in der Gegenwartskunst offenkundig keine vorrangige Rolle mehr. Vielmehr treten politische und soziologische Aspekte in den Vordergrund. Denn stets war das Interieur ein Ort, an dem sich der Wandel gesellschaftlicher Werte schnell und eindrücklich manifestierte. Die globale Digitalisierung wird unsere Vorstellung von räumlicher Privatsphäre verändern. Das Private und das Öffentliche, innen und außen, das Eigene und das Fremde können nicht länger als Antagonismus gedacht werden.

Just what is it that makes today's homes so different, so appealing?[1]

"I am a completely horizontal author. I can't think unless I'm lying down, either in bed or stretched on a couch and with a cigarette and coffee handy. I've got to be puffing and sipping. As the afternoon wears on, I shift from coffee to mint tea to sherry to martinis. [...]. No, I don't get out of bed to do this. I balance the machine on my knees. Sure it works fine; I can manage a hundred words a minute."[2]

When Truman Capote so vividly described the advantages of an author's life in a predominantly horizontal position during an interview in 1957, the everyday working life he outlined would have been viewed by the majority of his readership as an expression of the artist's life as both decadent and Bohemian. Not leaving one's private dwelling for one's professional work – and in the case of the famous author, not even leaving his bed – was inconceivable in the 1950s. The demarcation line between place of work and home had been clearly differentiated, both spatially and socially, since industrialization: here the office or factory, and there the private living space. Here work, and there peace, quiet and leisure. Here the "reality of the office", and there the "phantasmagorias of the interior", as Walter Benjamin put it.[3] There was only one type of business that was done horizontally.

In the year 2012, about fifty years after Truman Capote's interview, *The Wall Street Journal* reported that 80 per cent of all young professionals in New York work regularly from their beds.[4] In the age of globally networked activities and thanks to comprehensive domestic connectivity, people no longer need to leave their beds in order to work or to shop, to meet friends or to cultivate networks. They don't even have to look out of the window to know what the weather is like. Industrialization led to a spatial division between the work place and home, but we are currently experiencing a softening of this borderline. Mobile compact electronics like smartphones, laptops, tablets and eReaders allow us to work at home, horizontally; other branches of industry even produce special beds, mattresses, cushions and laptop lifters. No one needs to demonstrate his skill at balancing a bulky typewriter these days.

Walter Benjamin would have been thinking of fabrics, wallpapers, paintings, furniture and other such fittings with his "phantasmagorias of the interior". In his time, the *light-space-modulator* developed by László Moholy-Nagy in the years 1922 to 1930 was technically innovative: a kinetic sculpture made from rotating glass, spirals and metal parts. Illuminated by 140 light bulbs, some of them coloured, the constantly moving object constructed from transparent or fractured materials projected linear shadows and coloured reflexes into the room. Moholy-Nagy did not regard this modulator as a game with no function but as the art form of the future. He thought that every household should possess its own lighting apparatus, which, controlled at a distance from a central radio transmitter, would bring brightly-coloured plays of light into people's private living rooms. "Television" was not narrative film or filmed drama for Moholy-Nagy but a purely visual art form, which simulated an imaginary space and so repeatedly re-invented the domestic interior in a way controlled from the outside.

From today's perspective, such an artificial intervention into domestic space, such deceptive phantasmagorias of light and shade appear charming in their harmlessness. Today, the world does not penetrate the private microcosm with coloured reflexes but with its full, confusing complexity and alienness. In past decades radio and television were the key bringers of news, but a broad spectrum of gateways to the outside world exists today. "The world holds its breath in the interior,"[5] Sabine Schulze writes in her essay about the art of the interior. But does it really hold its breath, when we are connected to the world via every possible communication technology? Can the interior still be a refuge of self-discovery and intimacy, as well as of physical and psychological recreation – when the world is its permanent guest? What will our homes look like in the future, when there are hardly any objective criteria of distinction left between work and leisure time, between quiet and activity, between private and public spheres?

Despite, or perhaps precisely because of these questions, views into private rooms appear omnipresent today. A huge number of picture books, books of practical advice and glossy magazines thematizing every aspect of living are available; booming interior design fairs and over-filled furniture stores; TV-formats that show how real estate is sold, houses are renovated, and furnishings are replaced: we are experiencing a renaissance of living. Obviously, the desire for the security of a familiar refuge is increasing, the more we perceive the outside world as uncontrollable. As ever, the private dwelling is the place that takes away the individual's sense of alienation and lostness, promising protection and something with which he is familiar.[6] The interior, therefore, is an elementary theme of broad anthropological significance and at the same time a contemporary phenomenon that is still extremely relevant today.

The contemporary focus on the private comes from our inability to understand the world, and this inability to understand the world also leads to an inability or desire to change things. While in the 1960s and 1970s the general mood of departure was reflected in home and living magazines, which lauded new houses as a "departure into a more beautiful, exciting and modern world",[7] today the focus of editing policy is on security, cosiness and self-immersion. No outside world threatens the scenario. In the hope of being able to control our own private cosmos, we seal ourselves off – an observation for which sociology uses terms such as "cocooning" and "homing".

If the outside world seems impossible to fabricate, one ought to at least furnish one's personal surroundings according to an individual ideal. Today, an apartment demands curating along the same balanced lines as a Facebook profile. "The 'stylish' apartment, one achievement of our century, demands extraordinary knowledge and skill,"[8] Adolf Loos wrote prophetically in 1898; in October 2015 the magazine *AD* recommended rather cryptically, "[…] be true to yourself without surrendering to the dictate of eternal sameness ". The art of furnishing has become a tricky discipline, there is an obvious need for expertise here. Author and journalist Niklas Maak even refers to living as a "fetish" in his book *Wohnkomplex*, as many now regard it as the primary aim of their life's work.[9] In this context the interior appears as a setting for self-staging and representation, as a place of social and cultural self-modelling that reveals more signs of conformity than of personal furnishing preferences.

This domestic self-staging is not an invention of the 21st century, of course. In the art history of the interior, the bourgeoisie has always used the private space for ingenious self-representation. The interior established itself as a popular subject and separate art genre at the very time when the wealthy bourgeoisie wished to demonstrate their social status more and more through the interior and its depictions. Fluttering curtains, scattered slippers, musical instruments and valuable books, paintings and decorative objects became the carefully selected props of a bourgeois self-understanding and at the same time metaphors of psychological state.[10] Like the modern homestory, the painting of the Biedermeier room represented the inhabitants' social position as well as their efforts to embrace a particular style of furnishing and living. The portrait of a room and the homestory both allow us to share in a – more or less sophisticated – self-staging. Recent coffee-table books such as *Freunde von Freunden*[11] even include us in such staging by suggesting that we are part of an urban network; it is as if we know the artists, designers and creatives portrayed already, via multiplex connections. It seems only logical, therefore, to visit them in their private sphere.

My home is my castle: the publicly effective staging of the interior, therefore, is not an invention of the present. Nor is the process of internalizing or shutting oneself away from the outside world. For the 18th-century aristocracy, already there was "no more enviable lot than being able to live a self-contained life in one's own interior, in the circle of one's family!"[12] What is new, however, is the contradictory parallelism of comprehensive connectivity to the world and simultaneous efforts to seclude oneself from this uncontrollable exterior. Our apartments have become control boxes, and we live in the illusion that we can direct the extent to which the world penetrates our living rooms and via which channels. But here we forget that control works both ways, and that our existence and actions are becoming increasingly transparent, too.

In his novel *The Circle,* American author Dave Eggers paints a gloomy future scenario: in the near future, the global Internet concern "Circle"[13] has taken over from Google, Apple, Twitter and Facebook, and has centralized all their services. Now every user only has one Internet identity – his data and every expression of his interests are collected centrally. This information leads to a loss of anonymity on the Net and thus – according to the argument of those in power – to a decline in crime. Like its model "Big Brother" from George Orwell's novel *1984,* "Circle" also has three mottos: "Secrets are lies", "Sharing is caring" and "Privacy is theft"[14]. These three rules are manifest in the ideals of home, as well. Mae Holland, the young protagonist of the dystopian novel, gives up her private apartment to live in the concern's "HomeTown": "When she closed the door to her room, she felt like a fool for not taking advantage of the dorms sooner. The room was immaculate, awash in silver fixtures and blond woods, the floors warm from radiant heat, the sheets and pillowcases so white and crisp they crackled when touched. The mattress, explained a card next to the bed, was organic, made not with springs or foam but instead a new fiber that Mae found was both firmer and more pliant – superior to any bed she'd ever known. She pulled the blanket, cloud-white and full of down, around her."[15] By moving into this apartment, the description of which is reminiscent of a modern hotel room, Mae Holland exposes herself to the totalitarianism of transparency. She gives up her private home together with her individuality and personal sphere.

"No one is permitted to spy upon or reveal what happens in the home of a private individual"[16]: in the country of data protectors and pixelated Google Street-View faces, this description sounds like a very distant future scenario. After headlines about the commercialization of networks, however, many are becoming aware that personal data are turned into capital even without our agreement. In addition, there are the innumerable data that we make available voluntarily because we wish to be part of a community. No one forces us to post on Facebook that we have just finished a delicious latte. Nor do we have to allow Zalando to tell the world that we have bought a pair of new boots. And we can prevent our new fitness app from telling all our contacts that we have completed a "runtastic" bike ride of 44.87 km in 2h 01m. In the context of Social Media, however, the need for privacy does not seem to exclude the desire to share our architectural and spiritual interiors with a more or less extensive public. People have always enjoyed looking into strangers' rooms: even during the early 14th century, in his frescos in the Arena Chapel[17] Giotto enabled the viewer to look at a scene situated in an interior, which should therefore have been protected from curious eyes. [18] The artistic portrayal of the interior, however, allows this indiscreet view into a private space and therefore, to put it pointedly, signifies "an obscenity, a disclosure of what should be kept hidden."[19] Explicitly inherent in this genre are the opposite poles private/public as well as concealing/representing: opposite poles that seem so central to our relocation in a globally networked world. For it is not only the border-line between place of work and home that needs to be reconsidered, but also that between the private and public spheres. A person who lies at home in bed while answering his emails, making professional phone calls, buying and selling things, and taking part in a video conference is transparent, even though he is situated in his own private space. These activities – the exchange of information, trade and social contact – have taken place in public space since antiquity.[20] In the digital age, the interior has suddenly become strangely hybrid.

"In all the arts there is a physical component which can no longer be considered or treated as it used to be, which cannot remain unaffected by our modern knowledge and power. For the last twenty years neither matter nor space nor time has been what it was from time immemorial. We must expect great innovations to transform the entire technique of the arts, thereby affecting artistic invention itself and perhaps even bringing about an amazing change in our very notion of art."[21]

It is difficult to say what kind of future the poet Paul Valéry was imagining when he wrote those sentences in 1931. He could scarcely have foretold such comprehensive change in the world and in art as that which has occurred since the onset of the digital age. In this context, the highly traditional artistic genre of the interior has not only proved capable of survival but has even experienced a revival: in an age in which people no longer need to leave their private dwellings in order to take part in social life, these homes become the actual psychogram marking their relationship to the self and the world. Images of the private thus move into focus and the interior is – after the portrait – the "the preferred artistic genre with which to reflect the (dwelling-) subject's inner life".[22]

Artists devote themselves to this artistic genre in a variety of ways: in their works the interior may serve to reflect everyday domestic worlds or to examine socio-cultural aspects of the home. The interior can be a metaphor of its inhabitants' inner psychological worlds and emotional states. It may function as a medium of private recollection and visualization of one's individual origins, but also reveal the "cultural memorial function of space"[23] in a way relevant to all of society. It can serve representation and demonstrate the inhabitant's social position. It can symbolize both idyll and crisis, and it can pose the extremely up-to-date sociopolitical question of what a person truly requires in order to live, to survive.

The group exhibition *Homebase. The Interior in Contemporary Art* in Nuremberg and Düsseldorf deals with all these options, and yet remains – thanks to the inexhaustible nature of the subject – inevitably fragmentary. *Homebase* shows the interior in its anthropological dimensions as well as in its concrete function as an individual dwelling place, and makes it into the setting of social as well as art-immanent questions. The historically traditional, representative function of the interior clearly no longer plays a predominant role in contemporary art. Instead, political and sociological aspects come to the fore. The interior has always been a place where changes in social values are manifest quickly and strikingly. Global digitalization will also change our idea of the private space. The private and the public, inside and outside, the personal and the alien can be conceived as antagonistic no longer.

1 Richard Hamilton: *Just what is it that makes today's homes so different, so appealing?*, 1956, Collage, 26 x 25 cm, Kunsthalle Tübingen.
2 „Truman Capote, The Art of Fiction No. 17", Truman Capote im Interview mit Patti Hill, in: *The Paris Review*, Nr. 16, Frühjahr/Sommer 1957.
3 „Für den Privatmann tritt erstmals der Lebensraum in Gegensatz zu der Arbeitsstätte. Der erste konstituiert sich im Interieur. Das Kontor ist sein Komplement. Der Privatmann, der im Kontor der Realität Rechnung trägt, verlangt vom Interieur in seinen Illusionen unterhalten zu werden. {...} Dem entspringen die Phantasmagorien des Interieurs. Es stellt für den Privatmann das Universum dar. In ihm versammelt er die Ferne und die Vergangenheit. Sein Salon ist eine Loge im Welttheater." Walter Benjamin: „Louis-Philippe oder das Interieur", in: Ders.: *Das Passagen-Werk*, hrsg. von Rolf Tiedemann, Frankfurt am Main 1983, Bd. 1, S. 52.
4 Vgl. Beatriz Colomina: „The Century of the Bed", in: *The Century of the Bed*, Wien 2014, S. 11.
5 Sabine Schulze: „Innenleben. Die Kunst des Interieurs", in: *Innenleben. Die Kunst des Interieurs. Vermeer bis Kabakov*, hrsg. von Sabine Schulze, Ostfildern-Ruit 1998, S. 9–15, hier S. 10.
6 Das deutsche Wort „wohnen" weist laut Grimm'schen Wörterbuch eine etymologische Nähe zu „gewöhnen/Gewöhnung" auf. Vgl. das Stichwort „wohnen" in: *Deutsches Wörterbuch von Jacob und Wilhelm Grimm*, Bd. 30, Leipzig 1854–1961, online zugängig unter http://dwb.uni-trier.de/de/.
7 Niklas Maak: *Wohnkomplex. Warum wir andere Häuser brauchen*, München 2014, S. 14.
8 Adolf Loos: *Wie man eine Wohnung einrichten soll*, Wien 2008, S. 7.
9 Maak (wie Anm. 7), S. 12f.
10 Vgl. Norberto Gramaccini: „Die Freuden des privaten Lebens. Das Interieur im historischen Wandel", in: Schulze (wie Anm. 5), S. 90–109 und Schulze (wie Anm. 5), S. 9.
11 Vgl.: *Freunde von Freunden in Berlin*, Berlin 2011; *Freunde von Freunden*, Berlin 2014.
12 Zit. nach Michelle Perrot: „Formen des Wohnens", in: Philippe Ariès und Georges Duby: *Geschichte des privaten Lebens*, Bd. IV, Frankfurt am Main 1989, S. 313–330, hier S. 315.
13 Dave Eggers: *Der Circle*, Köln 2014.
14 Ebd., S. 345.
15 Ebd., S. 221.
16 Emile Littré: *Dictionnaire de la langue française*, Paris 1872, zit. nach Perrot (wie Anm. 12), S. 313.
17 Giotto, *Verkündigung an Anna*, 1305, Padua, Cappella degli Scrovegni (Arenakapelle).
18 Wolfgang Kemp hat diesen Aspekt als den „Modus des Heimlichen" beschrieben. Vgl. Wolfgang Kemp: „Beziehungsspiele. Versuch einer Gattungspoetik des Interieurs", in: *Innenleben. Die Kunst des Interieurs. Vermeer bis Kabakov*, hrsg. von Sabine Schulze, Ostfildern-Ruit 1998, S. 17–29.
19 Beate Sontgen: „Interieur – Das kritische Potential der Gegenwartskunst", in: *Topos Raum. Die Aktualität des Raumes in den Künsten der Gegenwart*, hrsg. von Angela Lammert, Michael Diers, Robert Kudielka und Gert Mattenklott, Nürnberg 2005, S. 363–375, hier S. 366.
20 Maak (wie Anm. 7), S. 35f.
21 Paul Valéry: „Pièces sur l'art", zit. nach: Walter Benjamin: *Das Kunstwerk im Zeitalter seiner technischen Reproduzierbarkeit*, Frankfurt am Main 2007 (zuerst 1936), S. 7.
22 Lars Spengler: *Bilder des Privaten. Das fotografische Interieur in der Gegenwartskunst*, Bielefeld 2011, S. 38.
23 Ebd., S. 266.

1 Richard Hamilton: *Just what is it that makes today's homes so different, so appealing?*, 1956, Collage, 26 x 25 cm, Kunsthalle Tübingen.

2 "Truman Capote, The Art of Fiction No. 17", Truman Capote in an interview with Patti Hill, in: *The Paris Review*, No. 16, Spring/Summer 1957.

3 "For the private individual, the place of dwelling is for the first time opposed to the place of work. The former constitutes itself as the interior. Its complement is the office. The private individual, who in the office has to deal with reality, needs the domestic interior to sustain him in his illusions. [...] From this arise the phantasmagorias of the interior – which, for the private man, represents the universe. In the interior, he brings together the far away and the long ago. His living room is a box in the theater of the world." Walter Benjamin: "Louis-Philippe oder das Interieur", in: same author: *Das Passagen-Werk*, ed. by Rolf Tiedemann, Frankfurt am Main 1983, Vol. 1, p. 52.

4 Cf. Beatriz Colomina: "The Century of the Bed", in: *The Century of the Bed*, Vienna 2014, p. 11.

5 Sabine Schulze: "Innenleben. Die Kunst des Interieurs", in: *Innenleben. Die Kunst des Interieurs. Vermeer bis Kabakov*, ed. by Sabine Schulze, Ostfildern-Ruit 1998, pp. 9–15, here p. 10.

6 According to Grimm's dictionary, the German word "wohnen" (to live) demonstrates an etymological closeness to "gewöhnen/ Gewöhnung" (becoming familiar with s.th.), cf. key word "wohnen" in: *Deutsches Wörterbuch von Jacob und Wilhelm Grimm*, Vol. 30, Leipzig 1854–1961, accessible online at http://dwb.uni-trier.de/de/.

7 Niklas Maak: *Wohnkomplex. Warum wir andere Häuser brauchen*, Munich 2014, p. 14.

8 Adolf Loos: *Wie man eine Wohnung einrichten soll*, Vienna 2008, p. 7.

9 Cf. Note 7, pp. 12f.

10 Cf. Noberto Gramaccini: "Die Freuden des privaten Lebens. Das Interieur im historischen Wandel", in: note 5, pp. 90–109 and note 5, p. 9.

11 Cf.: *Freunde von Freunden in Berlin*, Berlin 2011; *Freunde von Freunden*, Berlin 2014.

12 Quoted from Michelle Perrot: "Formen des Wohnens", in: Philippe Ariès and Georges Duby: *Geschichte des privaten Lebens*, Vol. IV, Frankfurt am Main 1989, pp. 313–330, here p. 315.

13 Dave Eggers: *The Circle*, San Francisco 2013.

14 Ibid., p. 345.

15 Ibid., p. 221.

16 Emile Littré: *Dictionnaire de la langue française*, Paris 1872, quoted from note 12, p. 313.

17 Giotto, *Annunciation to St. Anne*, 1305, Padua, Cappella degli Scrovegni (Arena Chapel).

18 Wolfgang Kemp has described this aspect as the "mode of secrecy". Cf. Wolfgang Kemp: "Beziehungsspiele. Versuch einer Gattungspoetik des Interieurs", in: *Innenleben. Die Kunst des Interieurs. Vermeer bis Kabakov*, ed. by Sabine Schulze, Ostfildern-Ruit 1998, pp. 17–29.

19 Beate Söntgen: "Interieur – Das kritische Potential der Gegenwartskunst", in: *Topos Raum. Die Aktualität des Raumes in den Künsten der Gegenwart*, ed. by Angela Lammert, Michael Diers, Robert Kudielka and Gert Mattenklott, Nuremberg 2005, pp. 363–375, here p. 366.

20 Cf. note 7, pp. 35f.

21 Paul Valéry: "Pièces sur l'art", quoted from: Walter Benjamin: *Das Kunstwerk im Zeitalter seiner technischen Reproduzierbarkeit*, Frankfurt am Main 2007, p. 7.

22 Lars Spengler: *Bilder des Privaten. Das fotografische Interieur in der Gegenwartskunst*, Bielefeld 2011, p. 38.

23 Ibid., p. 266.

*1981 in Berlin (DE), lebt und arbeitet/lives and works in Berlin (DE)

Francisca Gómez

Die *Black Portraits* der Berliner Fotokünstlerin Francisca Gómez zeigen weitgehend dunkle Innenräume, die nur durch schwache Lichtquellen teilweise beleuchtet sind. Die Lichtregie verleiht den Fotos eine malerische Qualität, die fast Erinnerungen an die kunsthistorische Tradition des Helldunkels, an Gemälde von Caravaggio oder Rembrandt weckt.

Dort sind meist biblische oder mythlogische Szenen dargestellt, während Gómez das Clair-obscur zur Inszenierung einer dramatischen Situation einsetzt, zu welcher der Alltag vieler Menschen geworden ist. Die anwesenden Personen sind nur schemenhaft erkennbar. Verstecken sie sich, wollen sie nicht erkannt werden?

Es handelt sich um Menschen in Detroit, die ihre Kreditraten oder ihre Miete nicht mehr bezahlen können, auch die Rechnungen für den Strom nicht mehr, und so wurde ihnen dieser abgestellt. Das Dunkel, in dem sie abends und nachts nun leben müssen, bevor man sie endgültig aus ihren Wohnungen oder Häusern vertreibt, steht symbolisch für die soziale Unsichtbarkeit dieser Menschen. Die Akteure, die für die verheerenden Finanzspekulationen mit Immobilien verantwortlich sind, handeln gleichsam so, als ob die Bewohner der Häuser inexistent wären.

Während ganze Stadtviertel in Detroit vom fortschreitenden Verfall der Bausubstanz geprägt sind, was Francisca Gómez auch in vielen Außenaufnahmen der Häuser eingefangen hat, hinterließ die geplatzte Immobilienblase in Spanien unzählige Neubauprojekte, in denen weitgehender Leerstand herrscht. Sterile Wohnblocks stehen neben merkwürdigen Nachfahren postmoderner Stilcollagen, umgeben von ungestaltetem Brachland: menschenleere Orte, die genauso gut Computersimulationen ihrer selbst sein könnten, ebenso surreal wirkend wie die leeren Plätze auf den Bildern Giorgio de Chiricos.

Hinter den auf den ersten Blick auch oft rätselhaft wirkenden Szenerien, die Francisca Gómez auf ihren vielen Reisen fotografisch einfängt, stehen stets reale ökonomische Ursachen. Diese sind auf Bildern jedoch nicht direkt darstellbar, sondern nur ihre Effekte, die direkt auf die dunklen Seiten unseres spätkapitalistischen Zeitalters verweisen, das vielleicht den Zuständen im 19. Jahrhundert immer ähnlicher wird. Die Künstlerin selbst verweist dabei auf die stromlosen New Yorker Elendsquartiere, die Jacob Riis 1890 systematisch fotografierte. Damals konnten mittels eines Magnesiumblitzes erstmalig sichtbare Bilder in weitgehend dunklen Innenräumen gemacht werden. *LS*

Jeannette & her kids,
2011

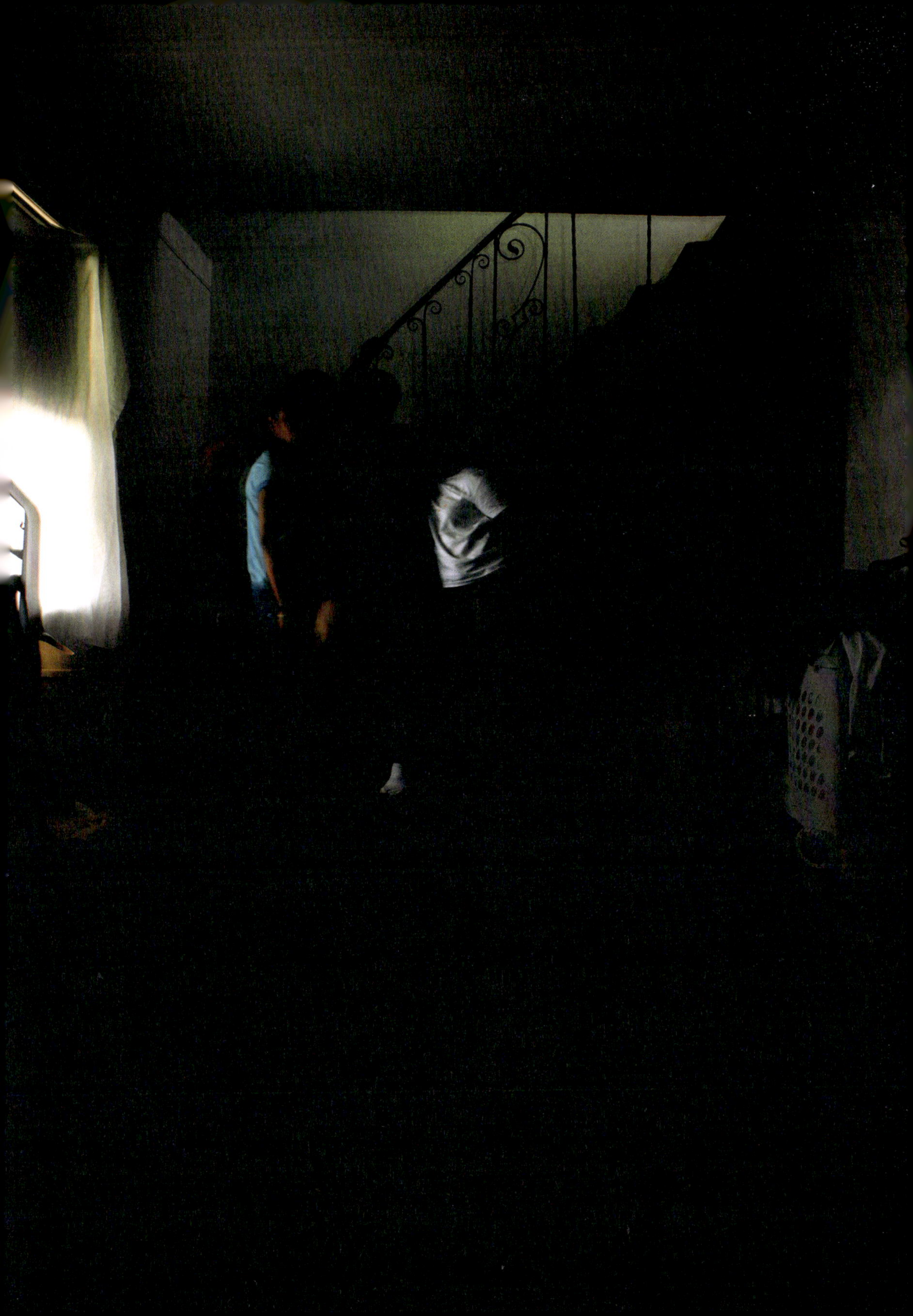

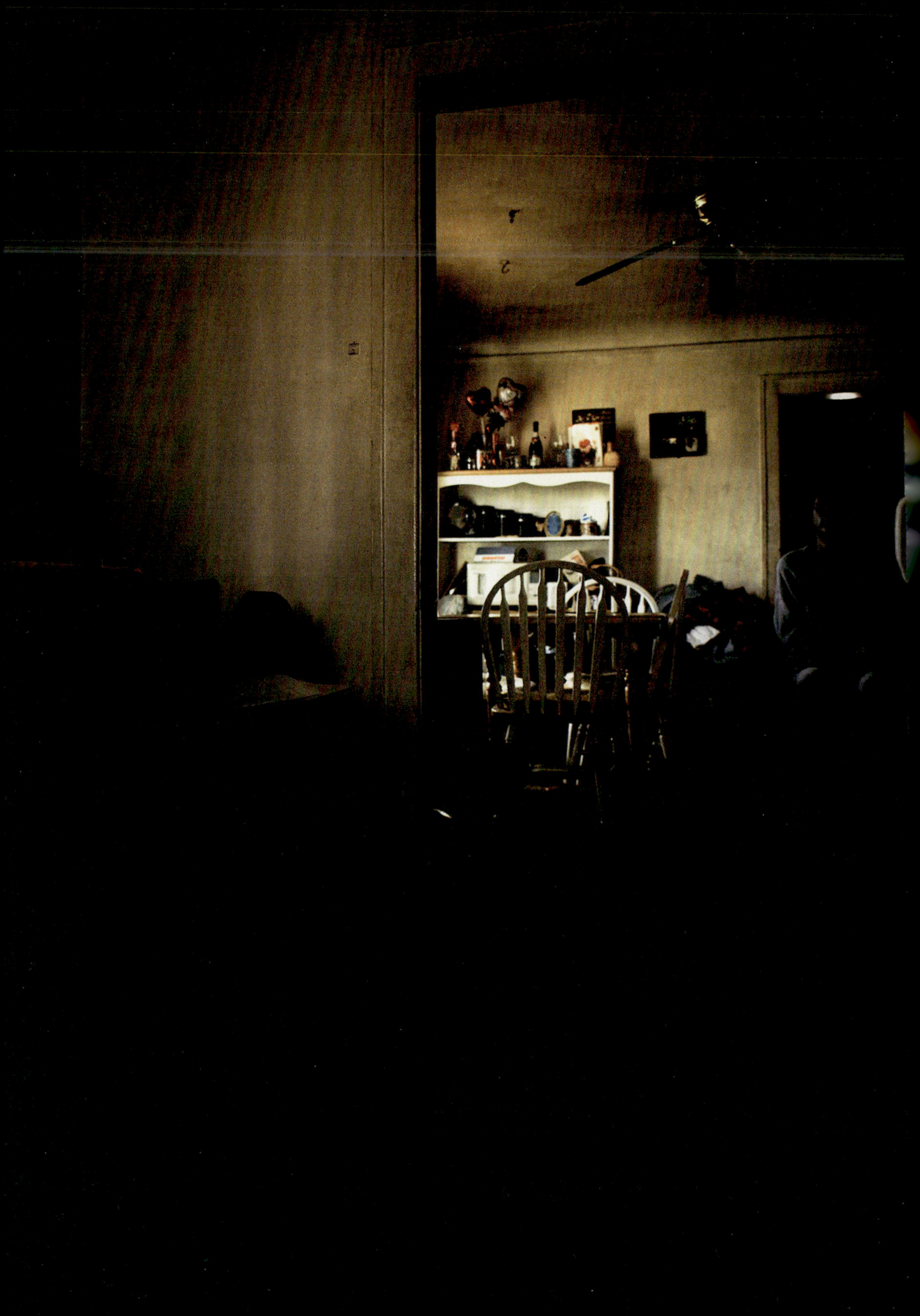

The *Black Portraits* by Berlin-based photographic artist Francisca Gómez show largely dark interiors, illuminated only partially by weak sources of light. The direction of light lends a painterly quality to the photos, which almost awaken memories of the art-historical tradition of chiaroscuro in paintings by Caravaggio or Rembrandt.

Biblical or mythological scenes are generally the ones represented there, while Gómez employs the clair obscur to stage the dramatic situation of many people's everyday lives today. The people present are only discernible as outlines. Are they hiding, do they not want to be recognized?

They are people in Detroit, who are no longer able to make their hire purchase payments or to afford the rent, and bills for electricity have also been a problem, so that the power has been switched off. The darkness in which they are now compelled to live in the evenings and at night, before finally being driven out of their apartments or houses, is symbolic of these people's social invisibility. Those responsible for the disastrous speculation with real estate act as if the residents of the houses did not exist.

Whereas entire urban districts of Detroit are characterized by the progressive decay of the existing architecture, which Francisca Gómez also captures in many exterior views of the same houses, the real estate bubble that burst in Spain left behind innumerable new building projects in which most of the property is standing empty. Sterile housing blocks can be found alongside strange successors to postmodern style-collages, surrounded by undeveloped wasteland: places empty of people, which could just as easily be computer simulations of themselves, looking every bit as surreal as the empty squares in Giorgio de Chirico's paintings.

There are real economic causes behind the scenarios that Francisca Gómez captures photographically on her many travels, although they can often appear mysterious at first glance. But these causes cannot be depicted immediately in images – only their effects, pointing directly as they do to the dark sides of our late capitalist era, which is becoming more and more similar, perhaps, to conditions in the 19th century. In this context, the artist herself refers to the miserable New York districts with no electricity that Jacob Riis photographed systematically in 1890. Then, using a magnesium flash, it had become possible for the first time to take visible images in largely dark interiors. *LS*

*1970 in Kempten/Allgäu (DE), lebt und arbeitet/lives and works in Berlin (DE) und/and Bremen (DE)

Patricia Lambertus

Illusionistische Techniken, welche die Wände der Innenräume scheinbar in die Außen-welt öffnen, haben eine lange Tradition, die bis auf die pompejanischen Wandmalereien zurückgeht. Die Fresken der Renaissance führen die Augen in eine perspektivisch kon-struierte Tiefe, und bei barocken Schloss- und Kirchendekorationen geht der reale Raum oft scheinbar nahtlos in die gemalte Illusion über.

Die Panoramen des 19. Jahrhunderts schließlich suggerieren den Betrachtern, dass ein gemal-tes oder aus Fotografien zusammengesetztes Rundbild nicht nur Stadtansichten und Schlach-tendarstellungen zeige, sondern dass man sich inmitten der realen Szenerien befände. Dies ist gleichsam die Vorgeschichte der heutigen „Virtual Reality", der digital generierten immersiven Räume, die das ganze Blick-feld ausfüllen und es auch ermöglichen, wie in einem physischen Raum zu agieren.

Patricia Lambertus greift gleichsam mit vollen Händen in den historischen Fundus der 3-D-Illusion. Sie erstellt digitale Collagen aus diversen gesammelten Bildvorlagen, die sie als far-bige Tapeten wand- und raumfüllend inszeniert und durch reale Objekte zu einer dreidimen-sionalen Installation erweitert. So auch in *hidden door*: Figuren aus dem Film *Planet der Affen* und ein Sonnenuntergang in der Südsee haben sich in eine gotische Kirchenhalle verirrt, nach hinten führt der Blick auf einen Park, in dem eine aristokratische Jagdgesellschaft unterwegs ist. Man könnte also von einem „Jagdzimmer" sprechen, in dem auch militärische Szenen un-serer Tage versteckt sind. Das ein oder andere Kriegsgerät liegt zudem im Raum herum.

Patricia Lambertus' als physischer Raum erfahrbare und deutlich erkennbar „zusammen-gebastelte" Installation liefert bewusst keine geschlossene Illusion. Die Tapeten sind teil-weise abgerissen, das Eindringen von Gewalt in eine friedliche Szenerie wird nicht nur mit motivischen Details, sondern auch durch formale Brüche inszeniert. Die Schnitte, die man bei digitalen Collagen nicht mehr sieht, werden direkt erfahrbar. Der Illusionsraum ist eine Ruinenlandschaft, die anschaulich vor Augen führt, dass die gebauten Wände eines Interieurs heutzutage „nur noch" physischen Halt bieten, denn sie werden von Bildern und Daten aus aller Welt durchdrungen und gleichsam durchlöchert. *LS*

hidden door, 2015
(Detail)

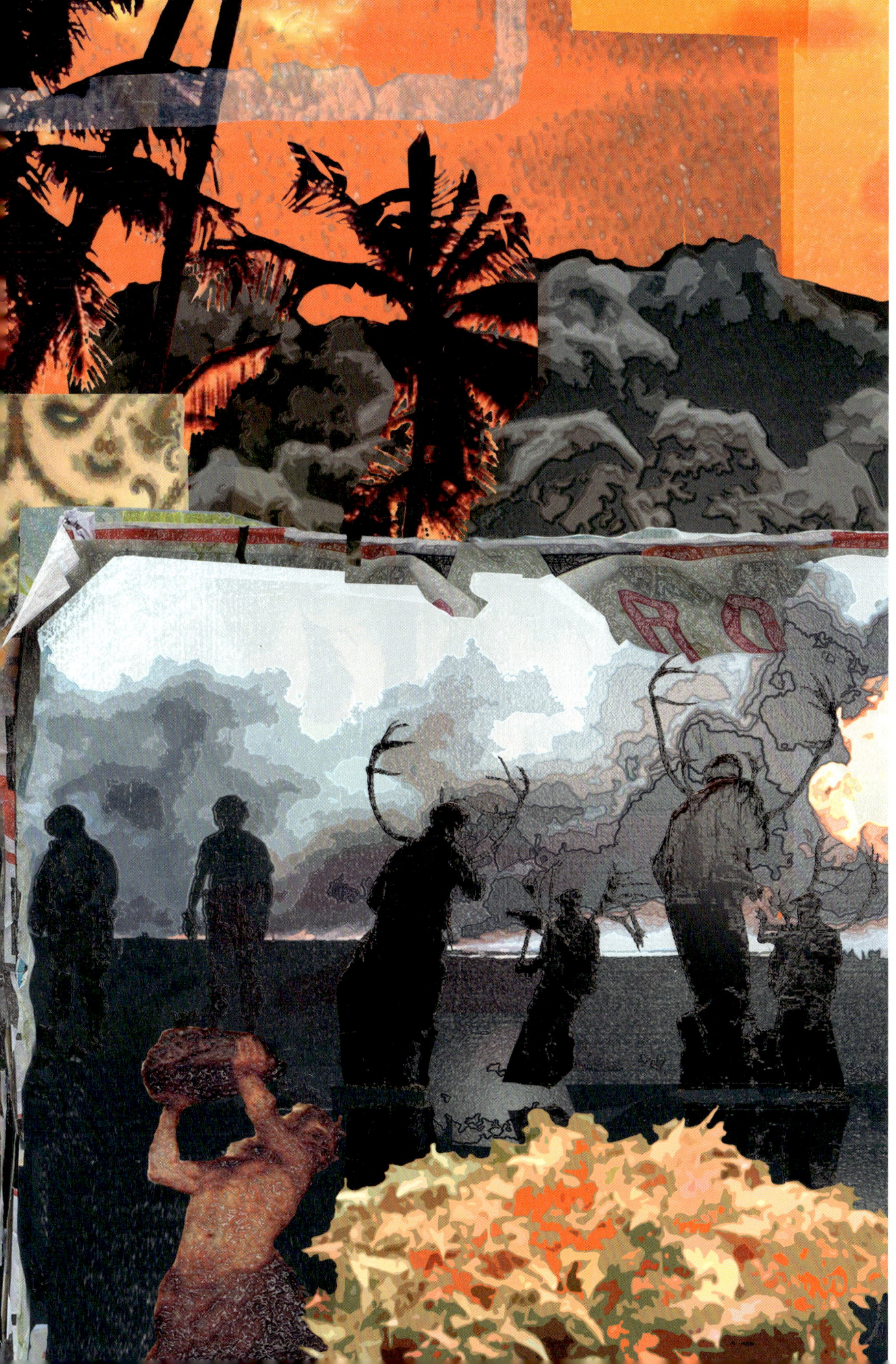

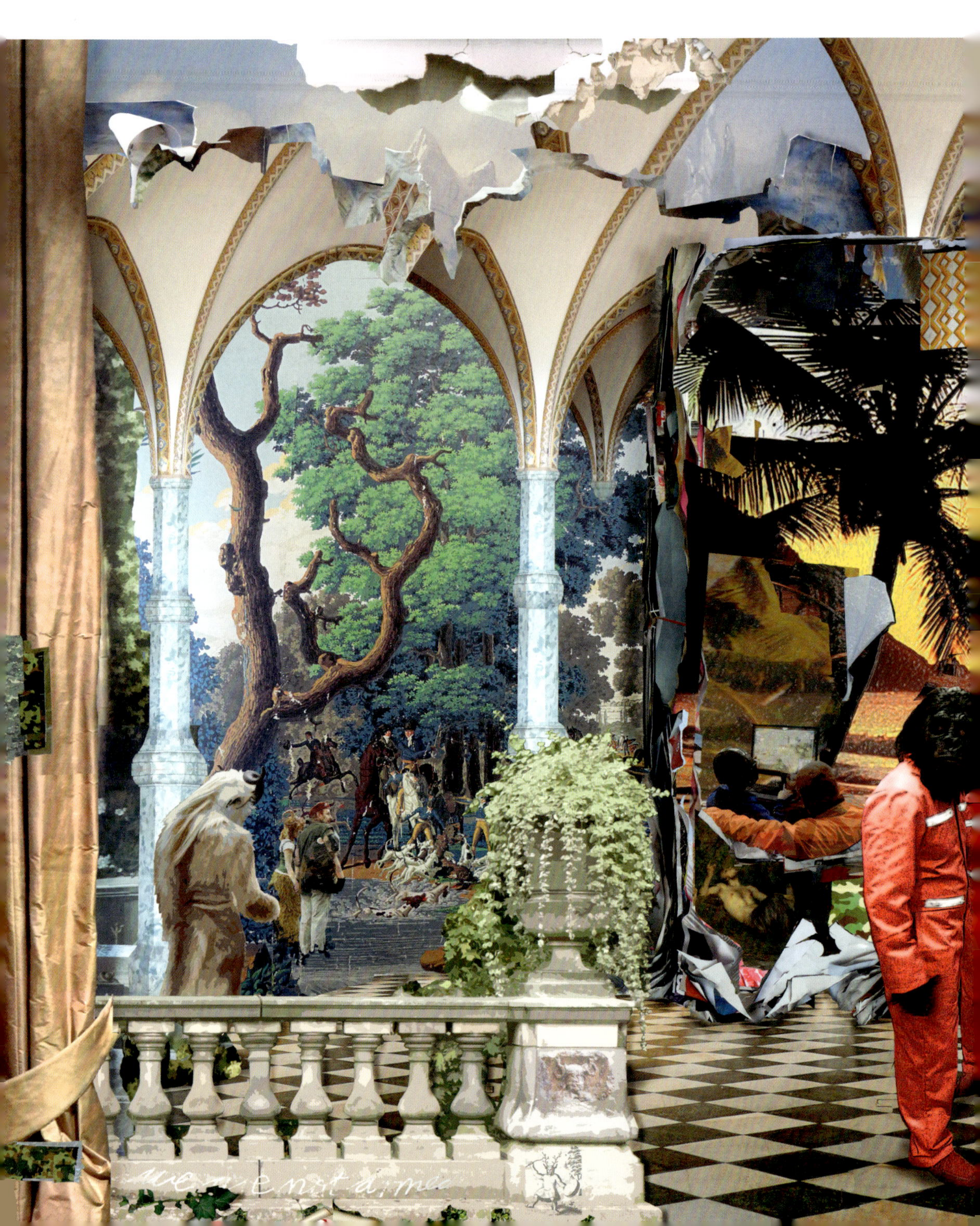

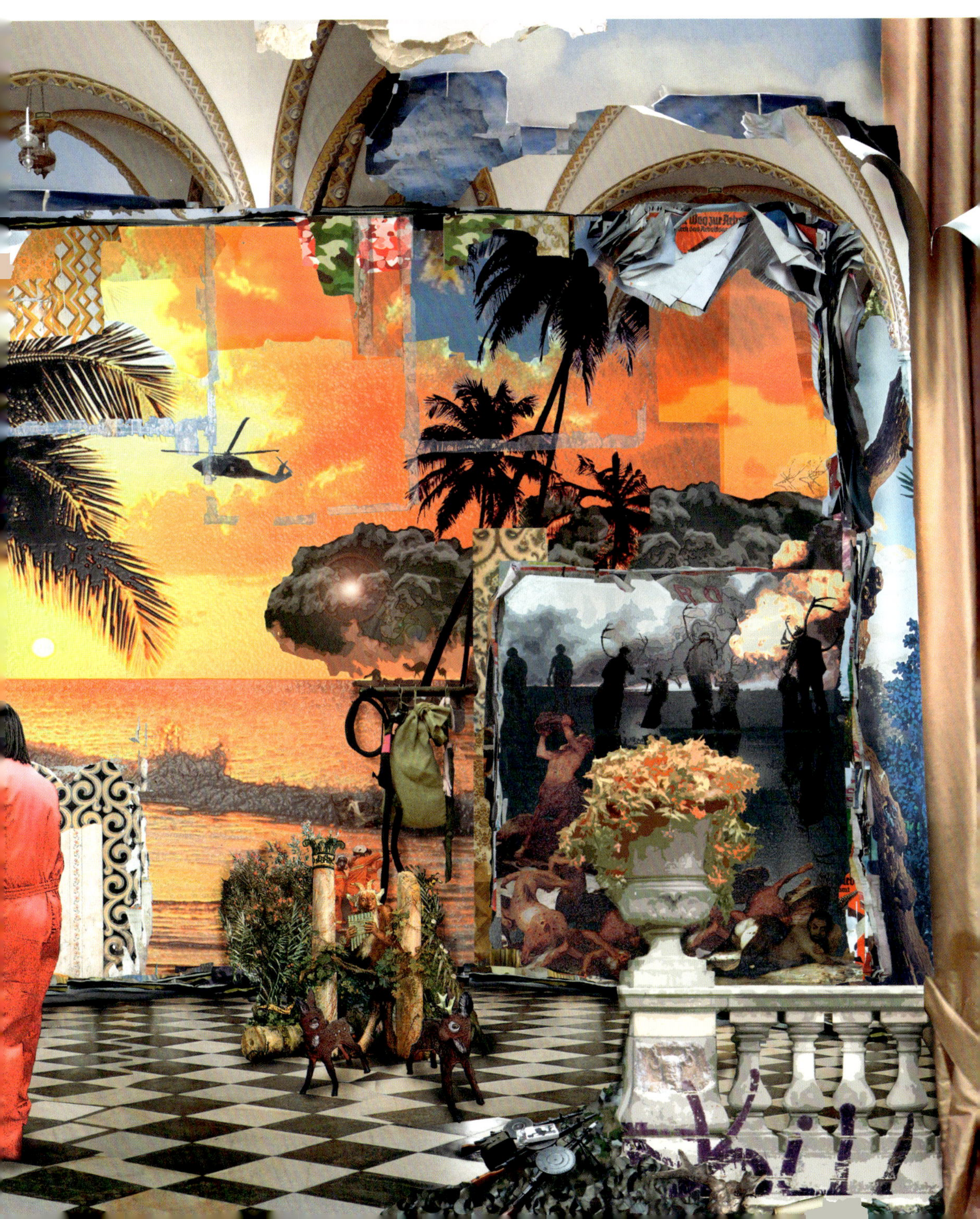

hidden door, 2015
(Detail)

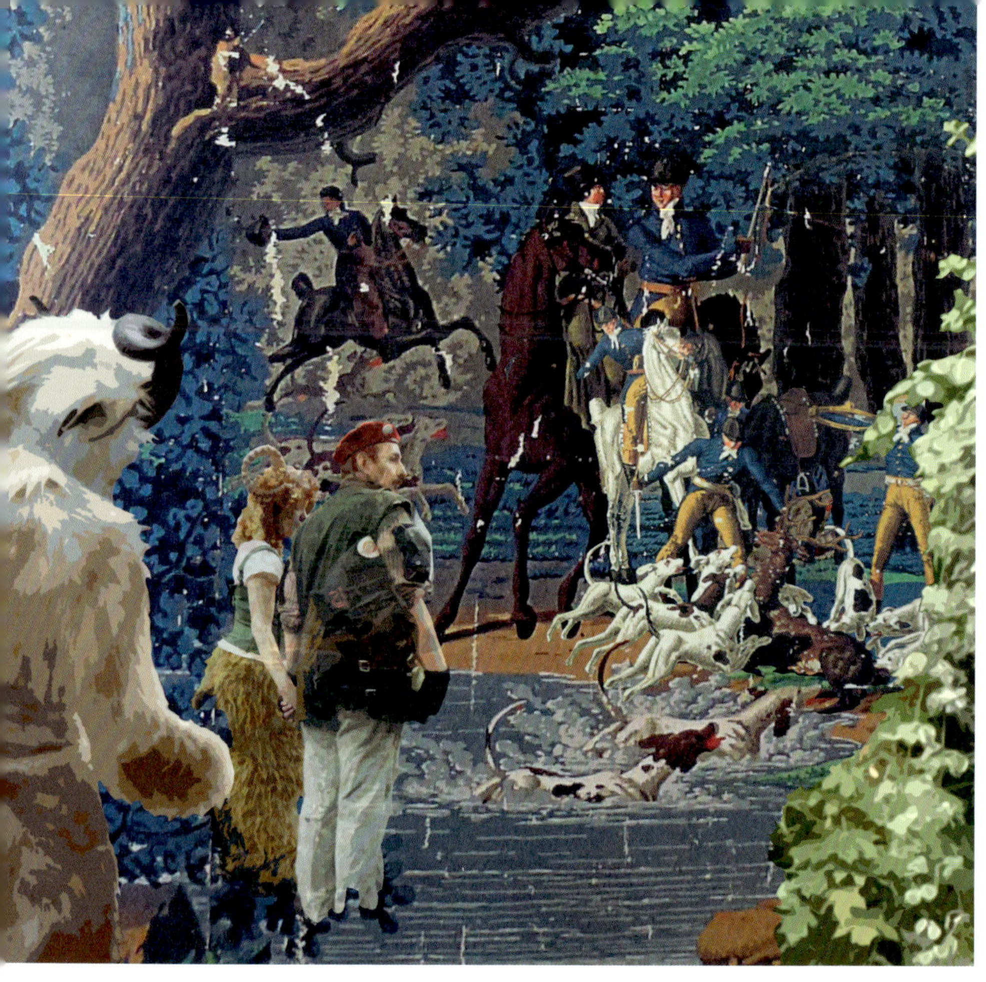

hidden door, 2015
(Details)

Patricia Lambertus

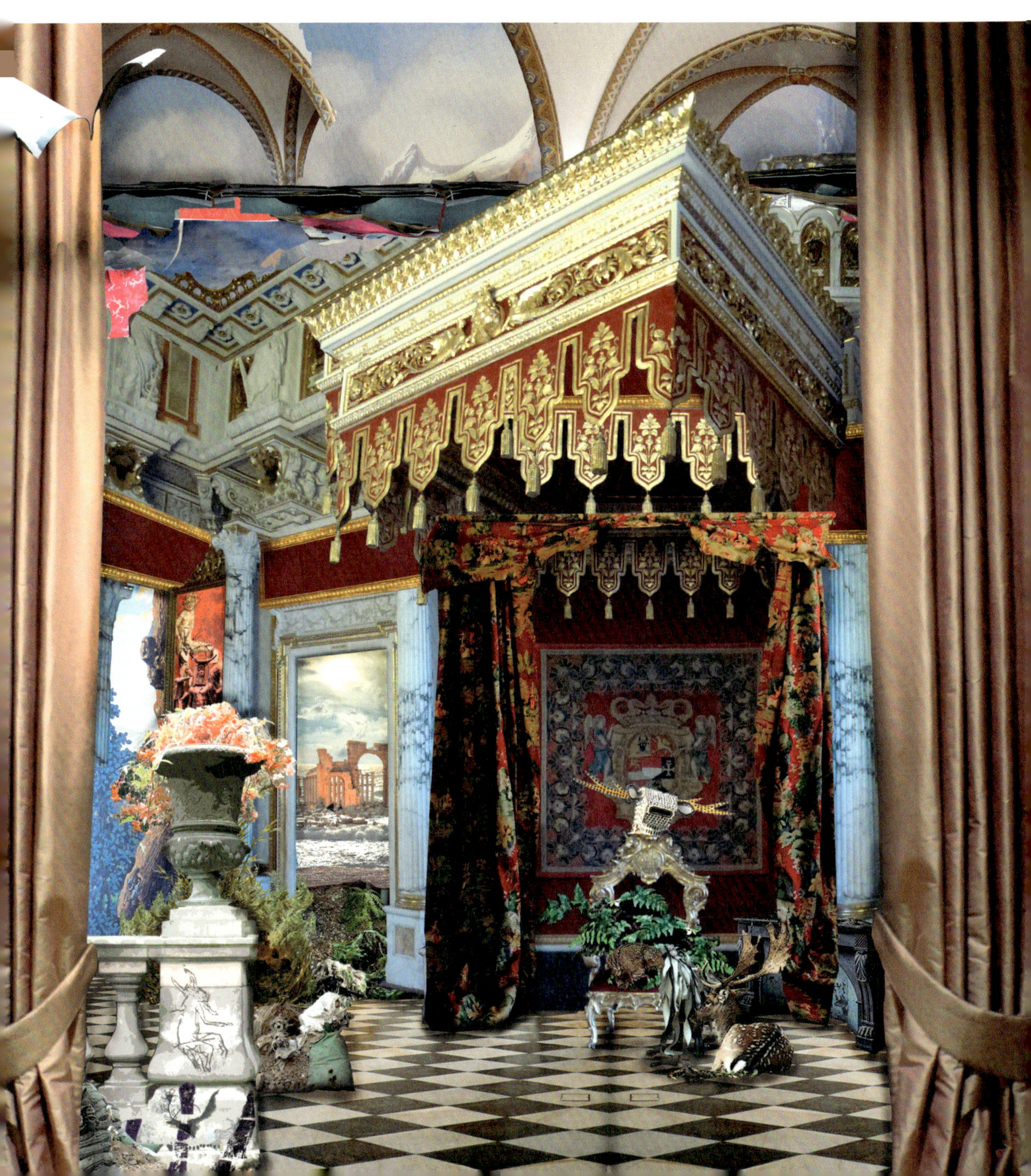

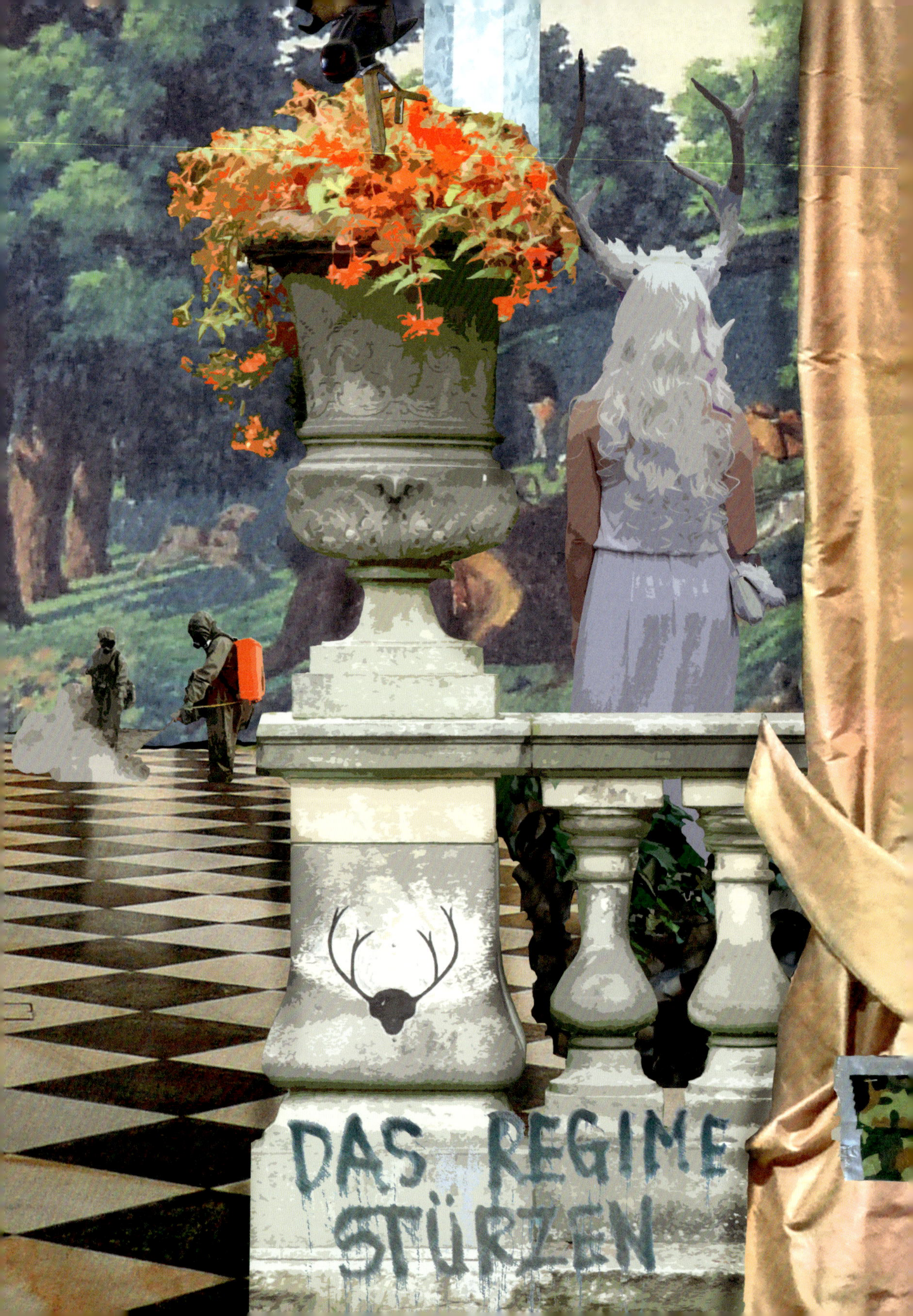

DAS REGIME
STÜRZEN

Illusionist techniques that seem to open the walls of interiors onto the outside world have a long tradition, dating back to mural paintings in Pompeii. Renaissance frescos lead our gaze into a construction of perspective depth, and in the case of Baroque palace and church decoration, real space often seems to continue seamlessly into a painted illusion.

19th-century panoramas, finally, suggest to the viewer that a circular picture painted or assembled from photographs not only shows a cityscape or depiction of battle, but that he is himself at the heart of a real scenario. All this represents, so to speak, the pre-history of today's "virtual reality", those digitally generated immersive spheres that fill our entire field of vision and enable us to act as if inside a physical space.

Patricia Lambertus delves deep and with both hands, so to speak, into this historical store of 3-D illusions. She produces digital collages from the diverse pictorial originals she collects, presenting them as coloured wallpapers that fill the walls and the space, and adding real objects to create a three-dimensional installation. This is also the case in *hidden door*: figures from the film *Planet of the Apes* and a South Sea sunset have strayed into the hall of a Gothic church; towards the back our gaze leads into a park, where an aristocratic hunting party is stalking animals. So one might speak of a "hunting room", in which contemporary military scenes are also concealed. In addition, various tools of war are scattered around the space.

Patricia Lambertus's installation – which can be experienced as a physical space and is obviously "cobbled together" – deliberately avoids creating a coherent illusion. The wallpapers have been torn off the wall in places – not only the motifs but also formal disruptions stage the intrusion of violence into a peaceful scenario. It is possible to experience directly the cutting that we can no longer see in digital collages. The illusionary space is a landscape of ruins vividly disclosing the fact that today, the constructed walls of an interior can offer only a physical foundation, for they are permeated and even perforated, so to speak, by images and data from all over the world. *LS*

hidden door, 2015
(Detail)

Zilla Leutenegger

*1968 in Zürich/Zurich (CH), lebt und arbeitet/lives and works in Zürich/Zurich (CH)

Die Schweizer Künstlerin Zilla Leutenegger verbindet gezeichnete Motive auf der Wand, projizierte Alltagsszenen und reale Objekte zu raumgreifenden Collagen. Diese verschiedenen Realitätsebenen spielen mit der Wahrnehmung des Betrachters: Die Projektionen, skizzenhaft gezeichneten Elemente und realen Objekte verbinden sich zu einem komplexen Raumgefüge.

Thematisch findet sich meist vordergründig Alltägliches: Eine Frau, stets das Alter Ego der Künstlerin, sitzt in ihrer Küche und hört Schallplatten, sie sitzt am Tisch und kippelt mit dem Stuhl, sie duscht, sie arbeitet, sie liegt auf dem Bett und liest. Es sind leise Szenen, die weder einen dramaturgischen Spannungsbogen noch eine erzählerische Pointe aufweisen. Zilla Leuteneggers gattungsübergreifende Installationen sind viel eher poetische Loblieder auf das Nichtstun, die von den stillen und unproduktiven Momenten während eines Tagesablaufs erzählen. Sie visualisieren Situationen, in denen der Mensch – der Zeit scheinbar enthoben – ganz auf sich konzentriert ist. So sind die projizierten Szenen auch zumeist in Innenräumen verortet, denn das Interieur entzieht das Sein und Handeln des Menschen den Blicken der Außenwelt und wirft diesen auf sich selbst zurück. Zugleich benötigt der Mensch in diesen Momenten des Außerhalb-der-Welt-Stehens in einem besonderen Maß die schützende Funktion eines privaten Mikrokosmos.

Für die Ausstellung *Homebase* entstand die Arbeit *FLAT Installation*: Ein Paravent bildet eine raumfüllende Struktur, durch die sich der Besucher bewegen kann. Türen und Fenster, von gezeichneten Linien umrahmt, erlauben ihm Ein- und Durchblicke sowie die Sicht auf Zilla Leuteneggers „anderes Ich", das langsam in einem Rocking Chair schaukelt: eine Hommage an die Langeweile. Vorbeifahrende Autos werfen mit wandernden Lichtkegeln ihre schattenhaften Körperkonturen – tatsächlich bedeutet der biblische Name „Zilla" im Hebräischen „Schatten" – an die gegenüberliegende Wand. Auch hier ist der Blick von außen in einen privaten Innenraum und auf eine alltägliche Szene thematisiert. Zugleich ist *FLAT Installation* eine Einladung an den Betrachter, sich selbst gedanklich in den Raum zu projizieren und ihn mit eigenen Erinnerungen, Emotionen und Gedanken anzufüllen: „Der ideale Besucher wäre jener, der selbst innehält, in sich kehrt, sich mit der Figur und ihrem Dasein solidarisiert" (Zilla Leutenegger). *HZ*

Au clair de la lune, 2015
Ausst.-Ansicht/installation view
Palazzo Castelmur, 2015

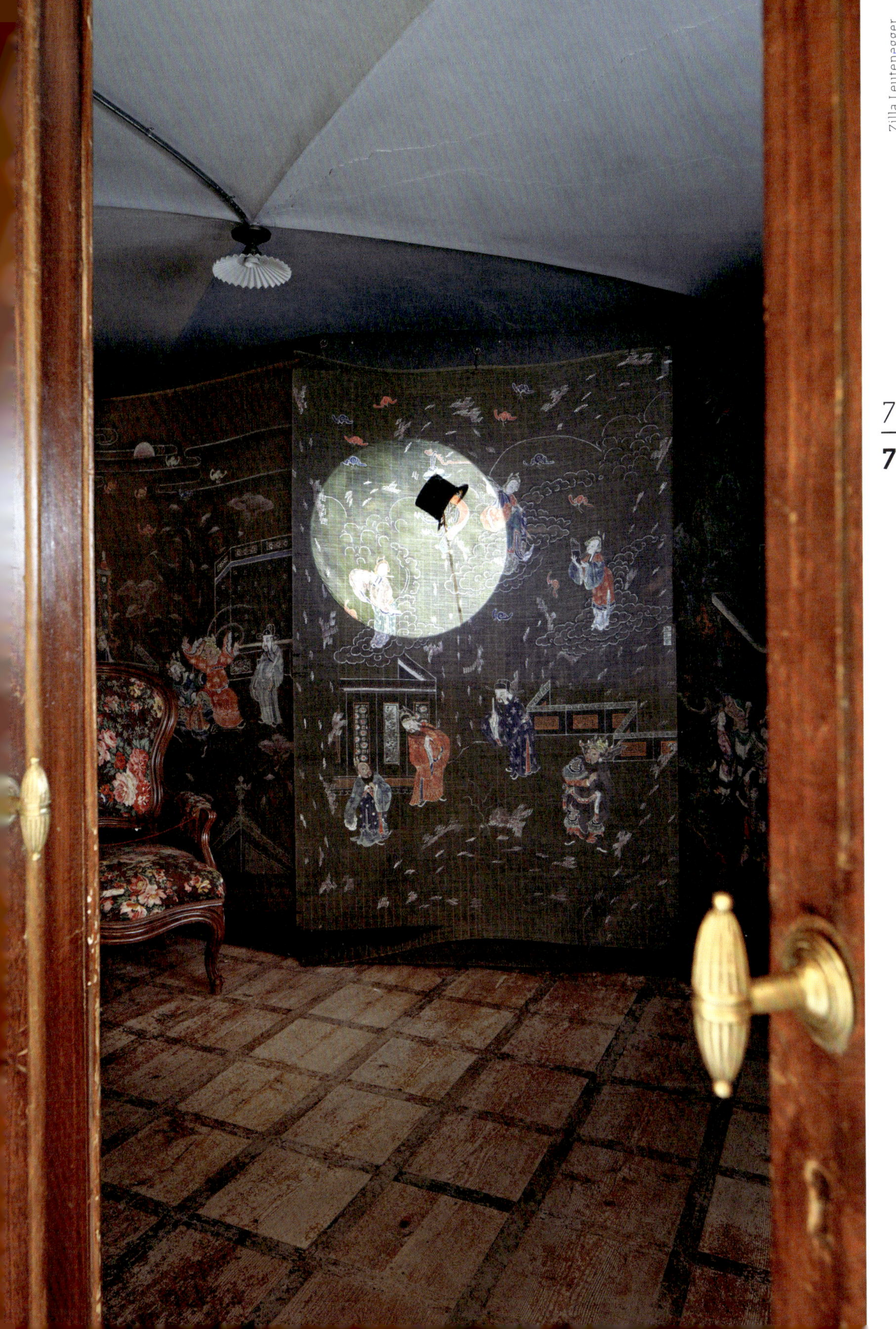

At Night, 2009
Ausst.-Ansicht/
installation view
Museum
Franz Gertsch,
2014

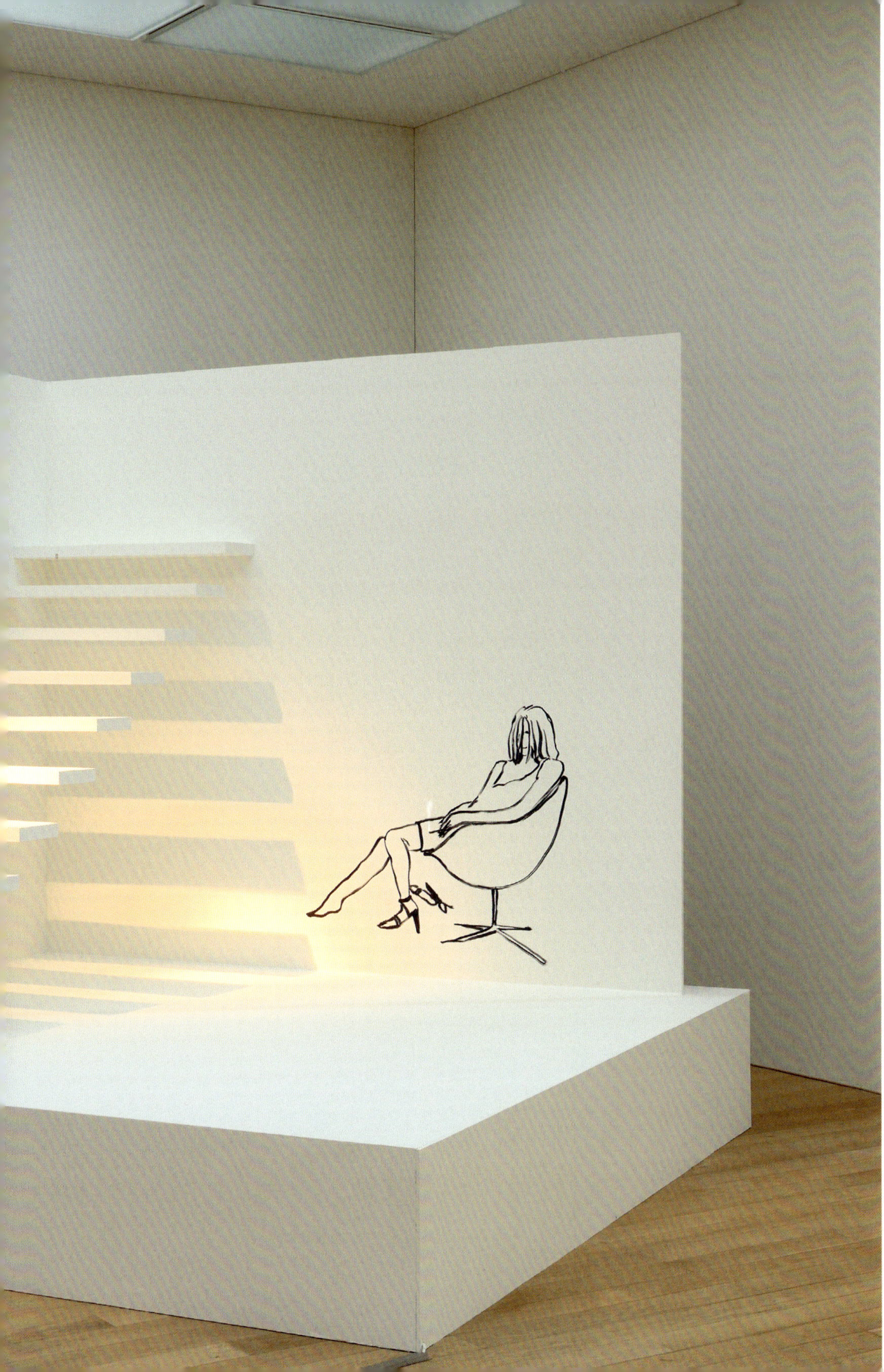

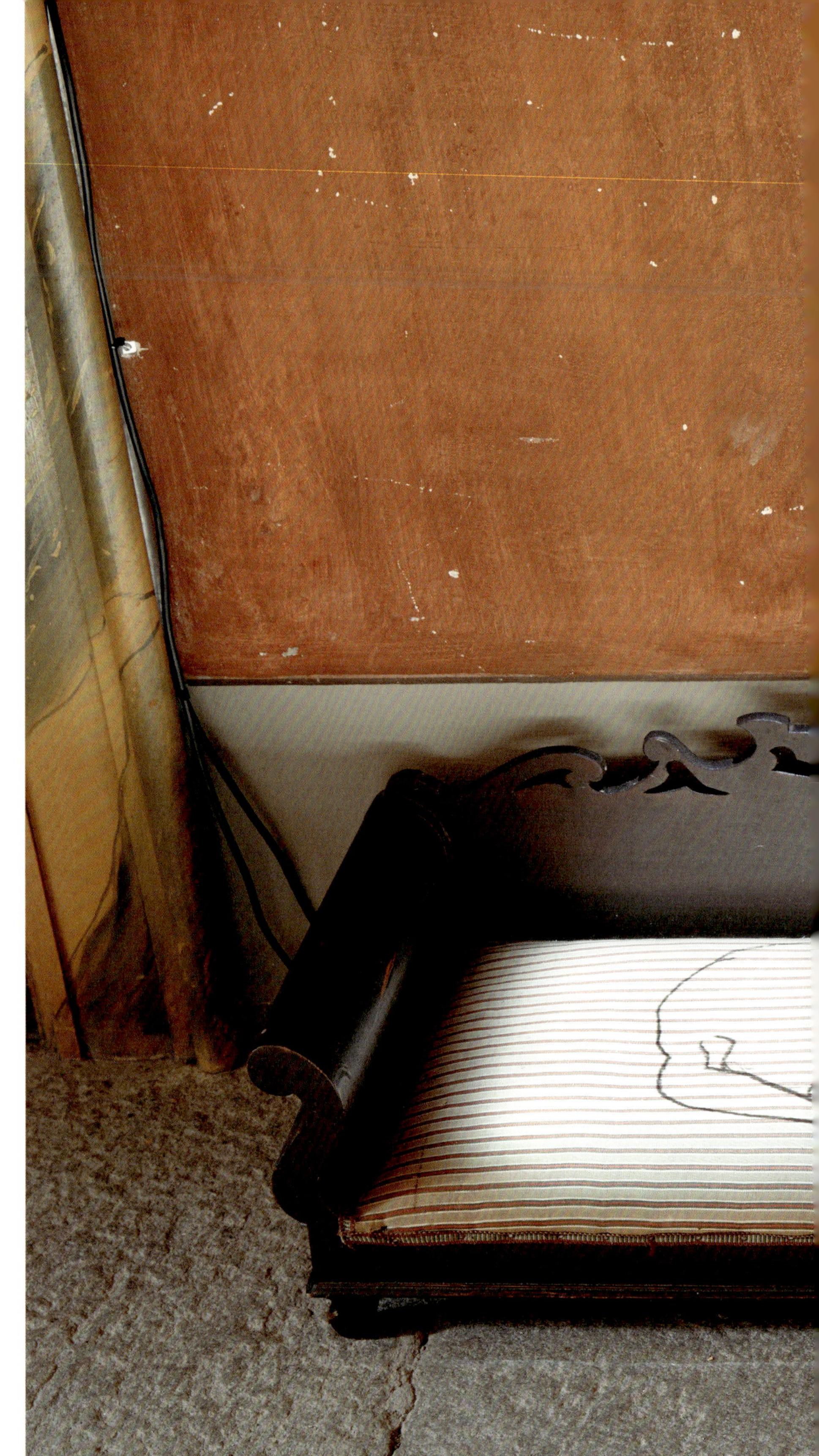

Schlafender Hund, 2013
Ausst.-Ansicht/
installation view
Palazzo Castelmur, 2013

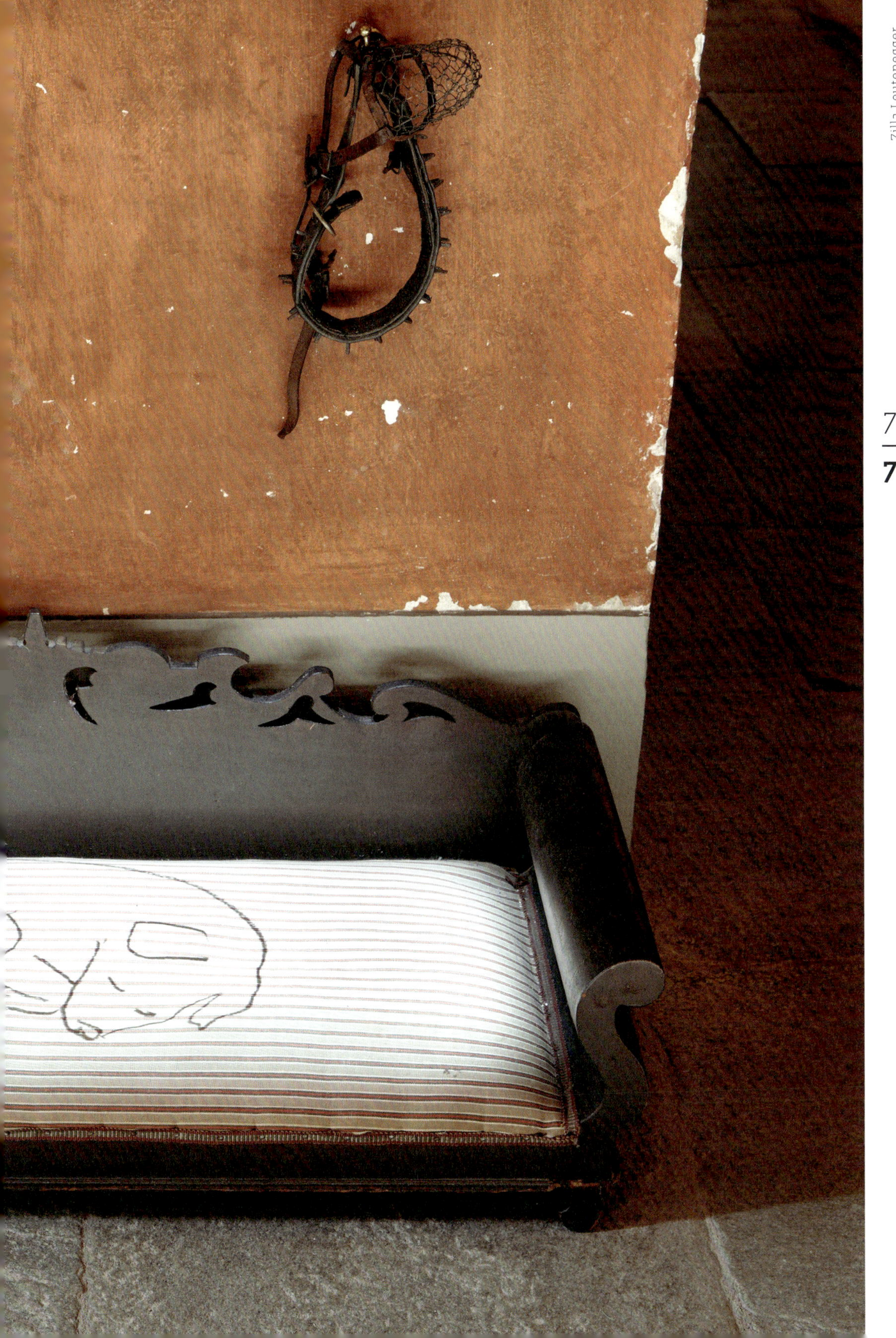

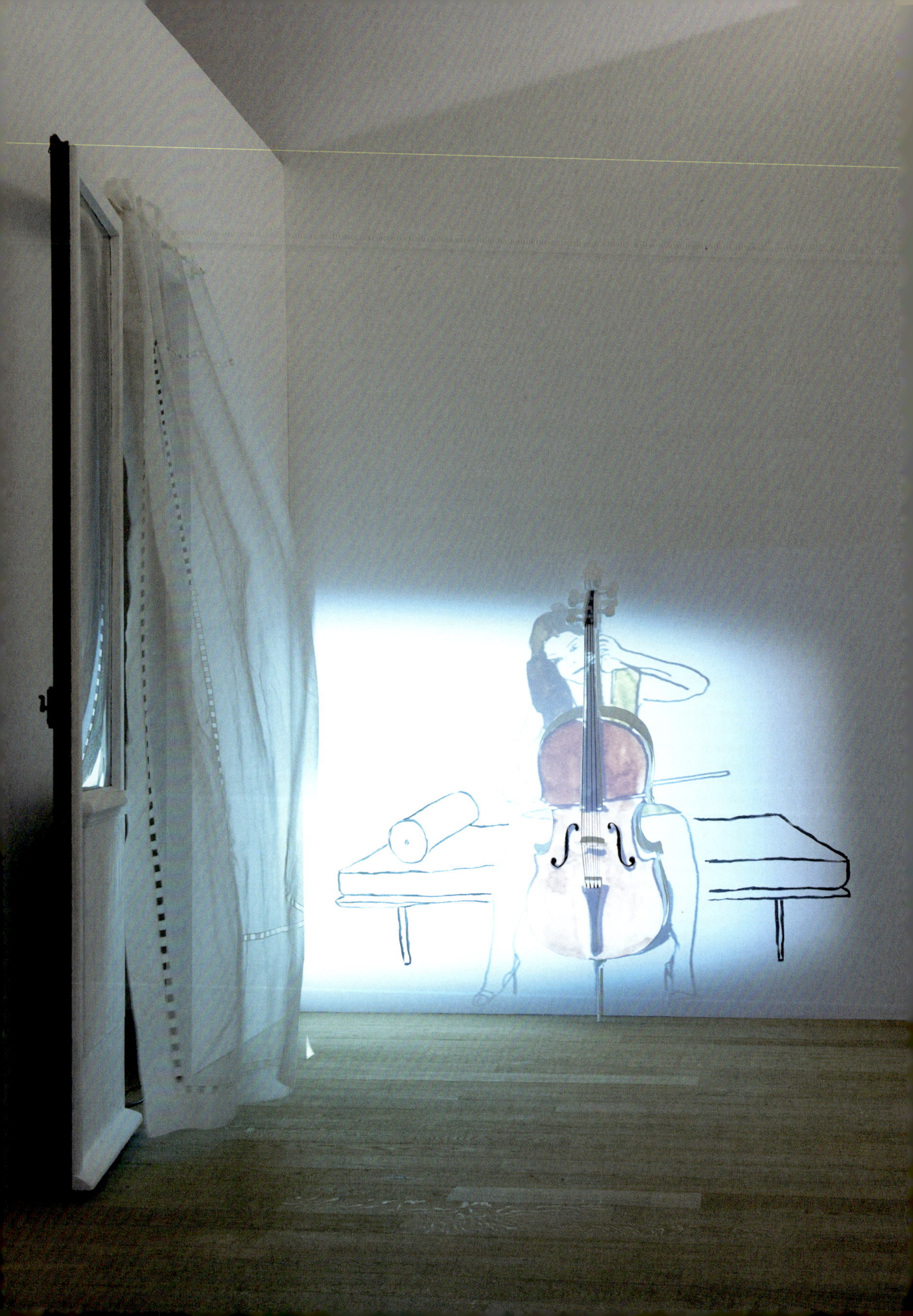

Forever can begin, 2011
Ausst.-Ansicht/installation view
Galerie Peter Kilchmann,
Zürich/Zurich, 2011

FLAT, 2013
Ausst.-Ansicht/installation view
Galerie Peter Kilchmann,
Zürich/Zurich, 2013

Swiss artist Zilla Leutenegger combines motifs drawn onto the wall, projected everyday scenes, and real objects to create space-consuming collages. These different levels of reality play with the viewer's perception: the projections, sketchily outlined elements, and real objects merge into a complex spatial constellation.

Thematically, what we find is superficially everyday: a woman, always the artist's alter ego, is sitting in her kitchen and listening to records; she sits at the table and tips back on her chair, she takes a shower, she works, she lies on the bed and reads. These are quiet scenes that don't show any arc of dramatic tension or narrative punchline. Zilla Leutenegger's genre-spanning installations are more like poetic songs of praise to the art of doing nothing, which tell of the quiet, unproductive moments during the course of a day. They visualize situations in which people – apparently lifted out of time – concentrate fully on themselves. And so the projected scenes are usually located in interiors as well, for the interior retracts man's being and acting from the view of the outside world and throws it back upon itself. At the same time, the individual requires the protective function of a private microcosm to a pronounced extent in these moments of standing outside the world. Leutenegger has made the work *FLAT Installation* for the exhibition *Homebase*: a screen forms a space-generating structure through which the viewer is able to progress. Doors and windows, framed by drawn lines, allow him to see inside, through the screen, and reveal a view of Zilla Leuten-egger's alter ego rocking slowly in a rocking chair: homage to boredom. With moving cones of light, cars driving past throw her shadowy contours – in fact the biblical name "Zilla" means "shadow" in Hebrew – onto the wall opposite. Here, too, the theme is the view from the outside into a private interior, onto an everyday scene. At the same time, *FLAT Installation* is an invitation to the viewer to project himself into the space in his imagination, and to fill it up with his own memories, emotions and thoughts: "The ideal visitor is one that pauses, turns in upon himself, and feels solidarity with the figure and her existence" (Zilla Leutenegger). *HZ*

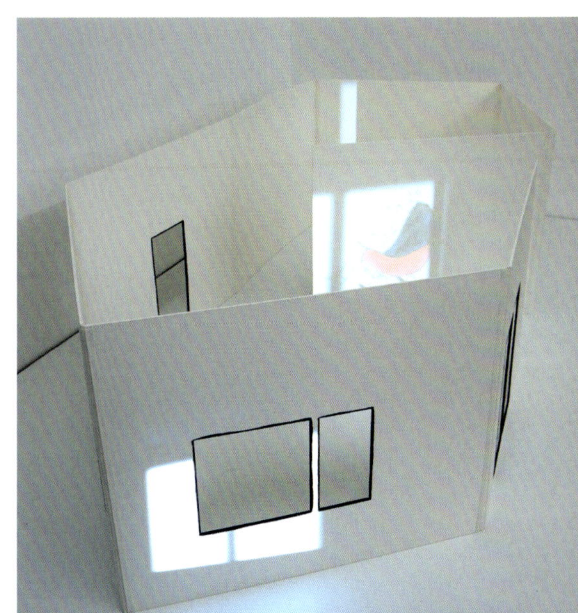

*1953 in Ljubljana (SL), lebt und arbeitet/lives and works in Ljubljana (SL) und/and Berlin (DE)

Marjetica Potrč

Die architektonische Fallstudie *Duncan Village Core Unit* von Marjetica Potrč befasst sich mit einem informellen Viertel der Stadt East London in Südafrika, wo für die landflüchtige Bevölkerung städtische Versorgungseinheiten bereitgestellt werden. Mit Strom, Wasseranschluss sowie einem Abwassersystem ausgestattet, rüsten die einzelnen „Core Units" die Bevölkerung von Duncan Village mit einer rudimentären Basis für den Bau ihrer Häuser aus und stellen damit am Aufstellungsort die erste Form des Sozialbaus per se dar.

In Marjetica Potrčs erweitertem Kunstverständnis werden Fragen des sozialen Raums, der Architektur und des kommunalen Wohnens neu verhandelt. Architektonische Fallstudien zu Baustrategien werden nicht nur ausgewählt und in den Ausstellungsraum übersetzt – als „Mediator" zwischen Stadtplanern und Bevölkerung erarbeitet die Künstlerin und Architektin an verschiedensten Orten der Welt auch partizipatorische, ortsgebundene Projekte, die den lokalen Bedürfnissen des Zusammenlebens nachkommen. Mit Blick auf Nachhaltigkeit konzentriert sich ihre Kunst in den „Armenvierteln" auf Energie- und Wasserversorgnung.

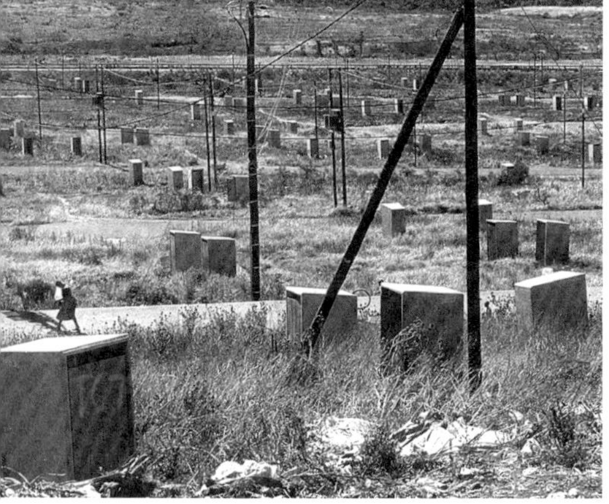

Duncan Village Core Unit jedoch erzählt als ästhetisch eigenständiges Kunstwerk Geschichte und Idee des städtischen Projektes. Obwohl die Werke Potrčs im Glauben an eine selbstbestimmte Gestaltkraft für eine bessere Welt entstehen, führen sie dies nicht illustrativ oder moralisierend vor Augen. Nackte Ziegelsteine sind um eine türkisfarbene Tür mit der Nummerierung TC 7 gestapelt, auf dem PVC-Dach wiederum ist eine Solarzelle aufgestellt. Eine ebenfalls ausgestellte Fotografie dokumentiert die Situation vor Ort. Gerahmte Zeichnungen und Zitate geben die hoffnungsfrohen Wünsche der entstehenden Gemeinschaft wieder und verdeutlichen die nachhaltige und emanzipierende Absicht einer Kunstform, die nicht nur im und für den Ausstellungsraum existiert, diesen aber durchaus als Kommunikationsplattform für gesellschaftsrelevante Fragen nutzt. *ME*

Dokumentarfoto/documentary photo, 1997
S./pp. 79–85 *The Citizens of Duncan Village Speak Out*, 2012

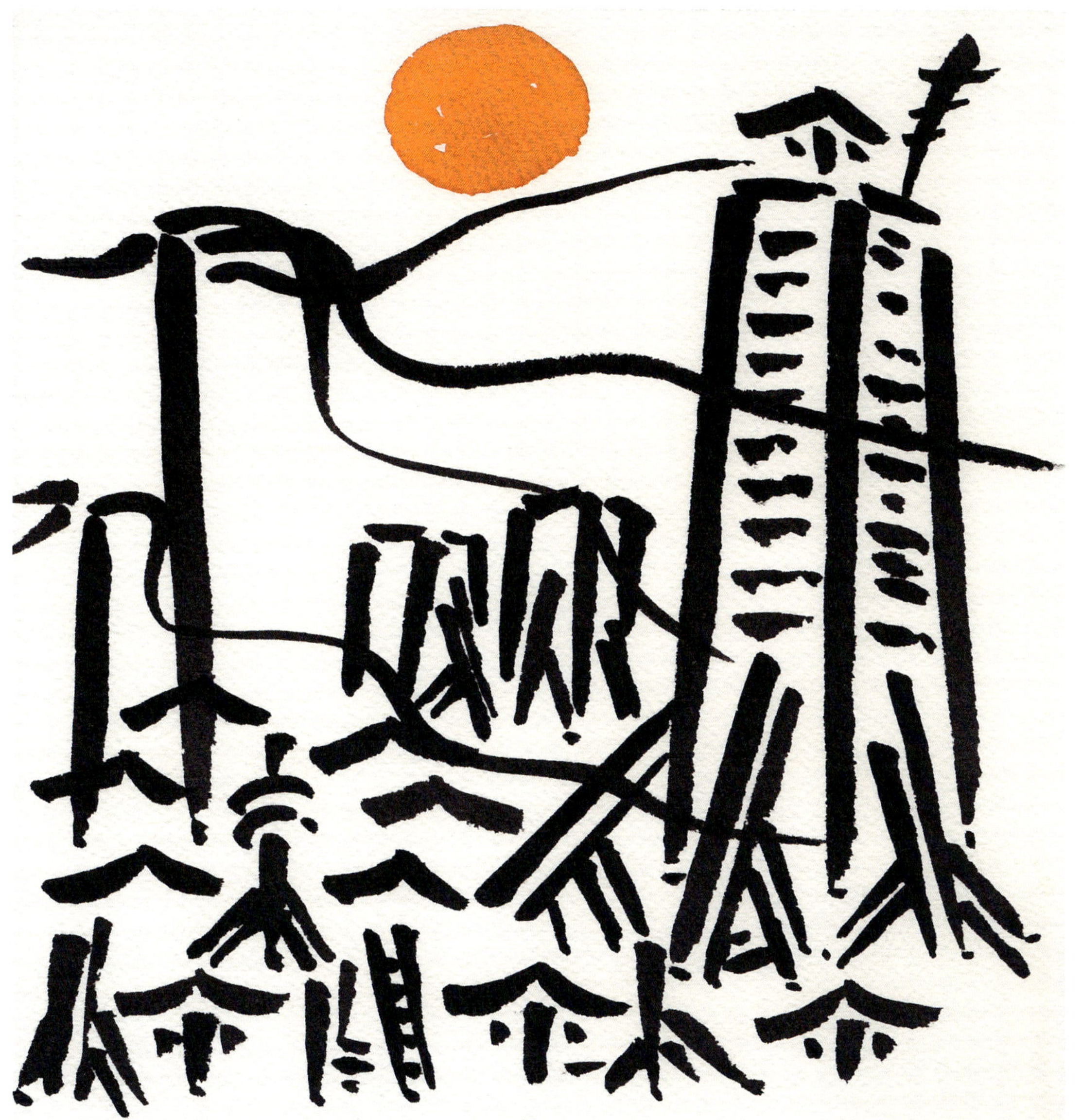

AFTER LIVING APART FOR TOO LONG,
WE WANT TO LIVE TOGETHER.
WHAT BETTER WAY TO START THAN
TO BUILD OUR CITY TOGETHER!
-CITIZENS AND THE CITY-

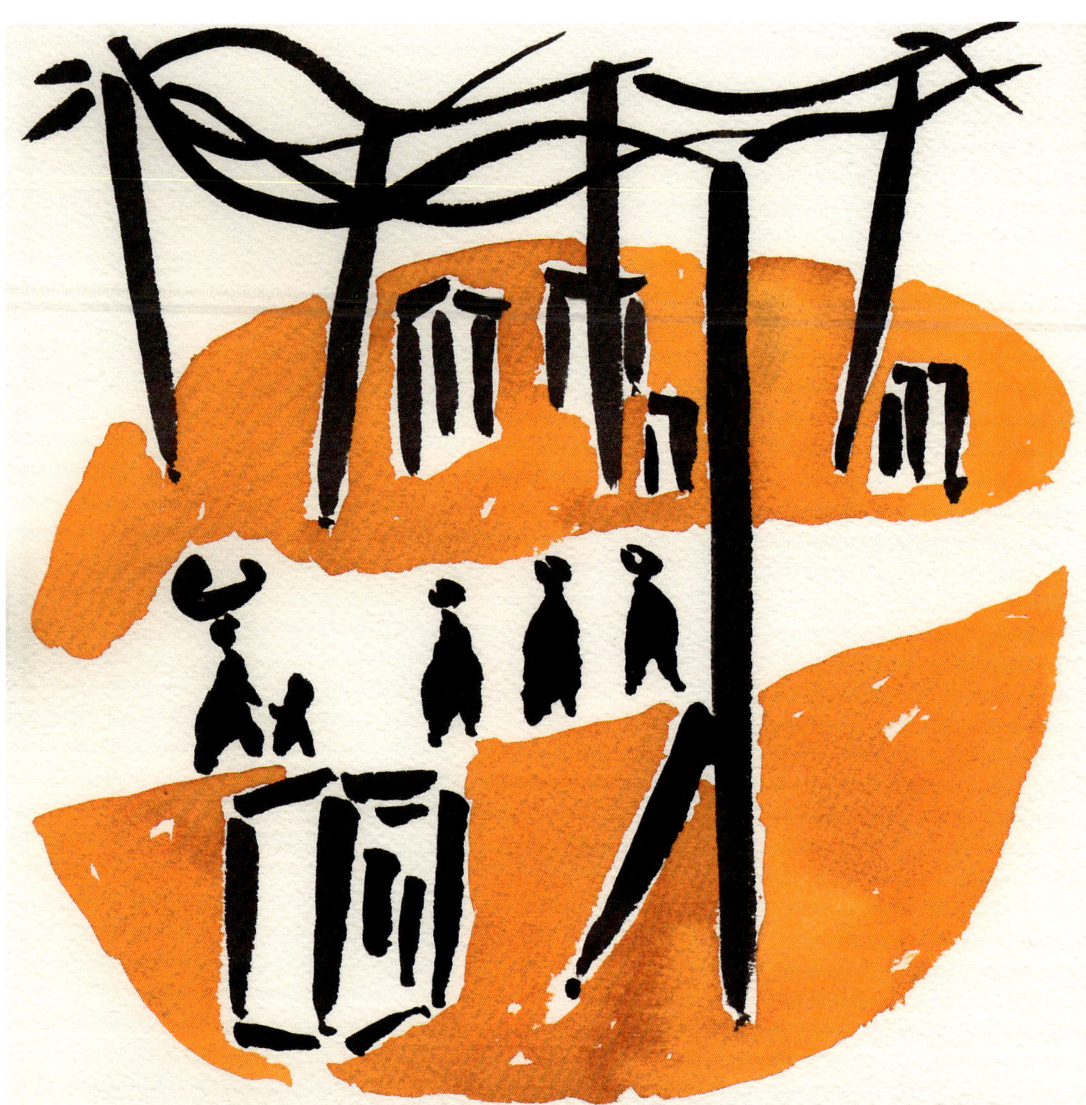

THE CORE UNITS ARRIVE ON THE OPEN FIELDS. THIS IS A GIFT FROM THE CITY. THIS LITTLE BUILDING, HOUSES OUR BASIC NEEDS: DRINKING WATER, A TOILET, ELECTRICITY.

—CORE UNITS—

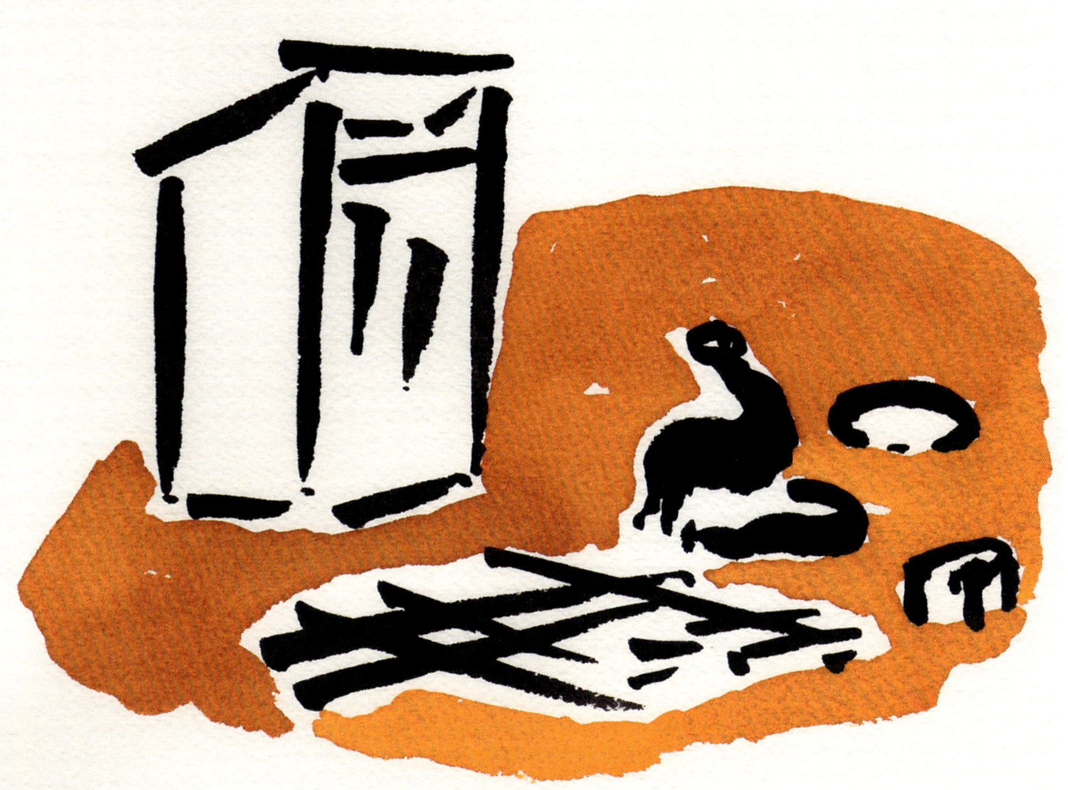

AND I, A CITIZEN OF DUNCAN VILLAGE,
WILL BUILD THE REST —
I WILL BUILD A HOME FOR MY FAMILY.

— THE CITIZEN AND THE CITY —

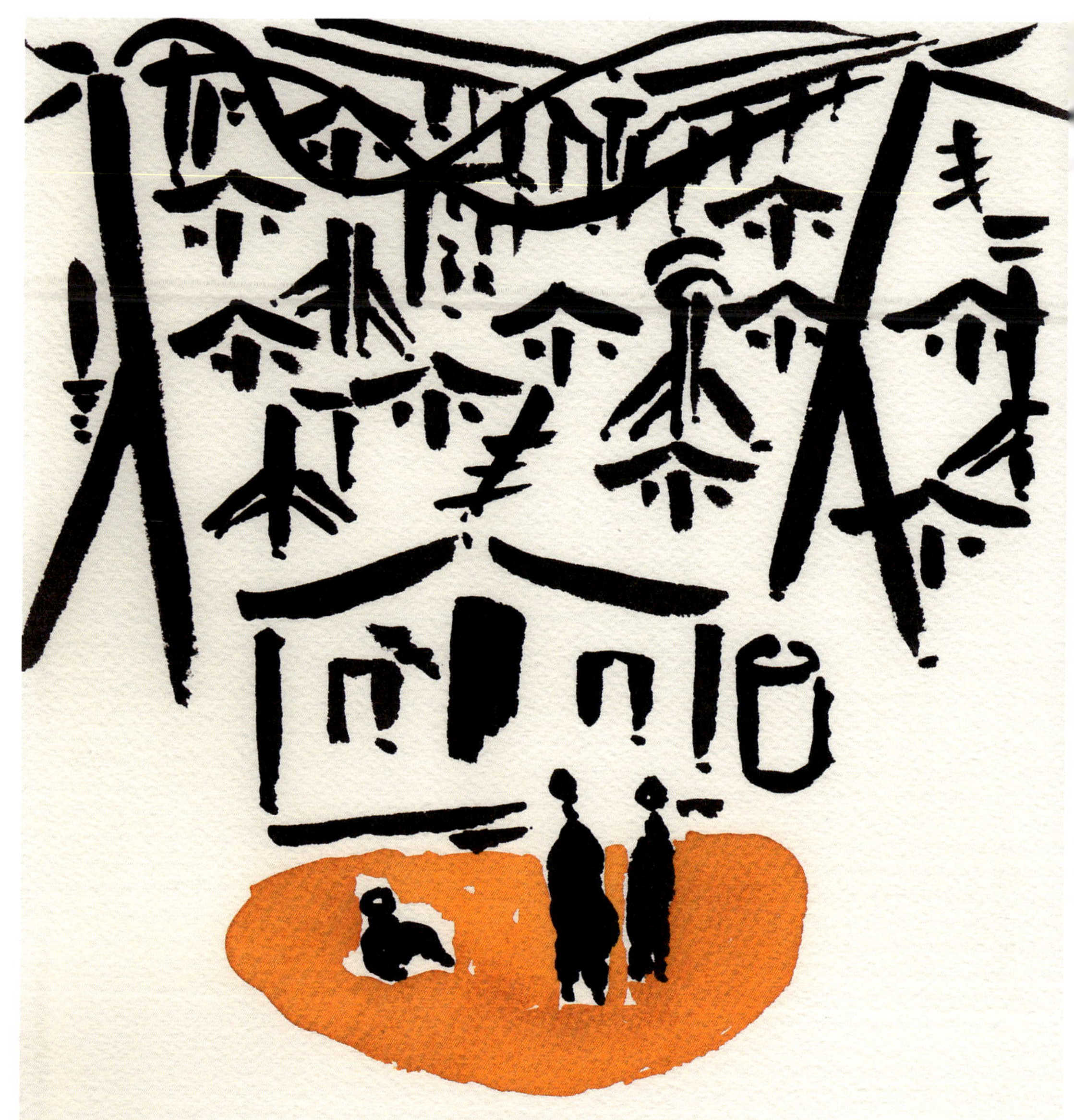

MY HOUSE IS A GROWING HOUSE
IN A GROWING CITY
MADE OF VILLAGES.

— A HOUSE OF DIGNITY —

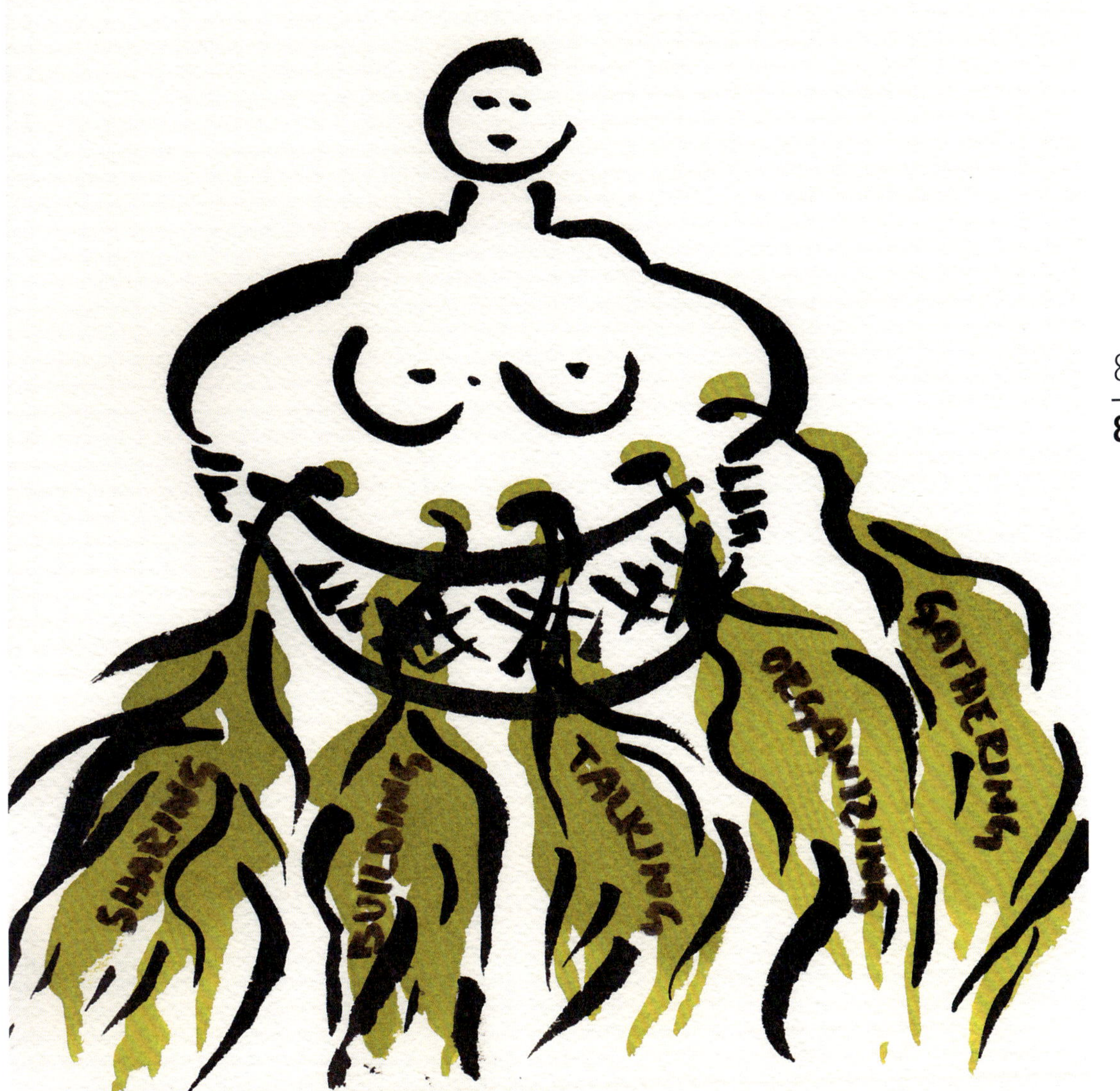

MY COMMUNITY BRINGS A RURAL CULTURE.
THIS IS OUR GIFT TO THE CITY.

– RURAL CULTURE –

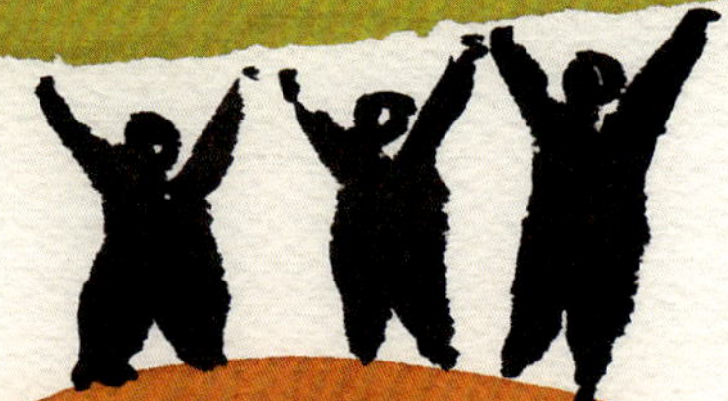

EVERY GIFT COMES WITH SOMETHING.
WE HOPE OURS DOES NOT COME WITH
A CURSE. WE ASK YOU TO LISTEN TO
WHAT WE HAVE TO SAY.

THIS IS A CHALLENGE.

MAKE CONSENSUS THE CORNERSTONE OF
OUR NEW SOCIETY.

IN OUR VILLAGES WE HAVE TO AGREE ON
MANY THINGS, SO WE KEEP TALKING
UNTIL WE ALL AGREE.
THIS CAN BE EXHAUSTING — BUT NO MORE
THAN VOTING IS!
THIS IS NOT MAJORITY DEMOCRACY —
MY VOTE AGAINST YOURS.
OURS IS A CONSENSUS SOCIETY.

LET'S BUILD THE TOWER OF BABYLON
TOGETHER! WE TRUST THAT OUR LANGUAGES
WILL NOT BECOME CONFUSED.

— THE CONSENSUS SOCIETY —

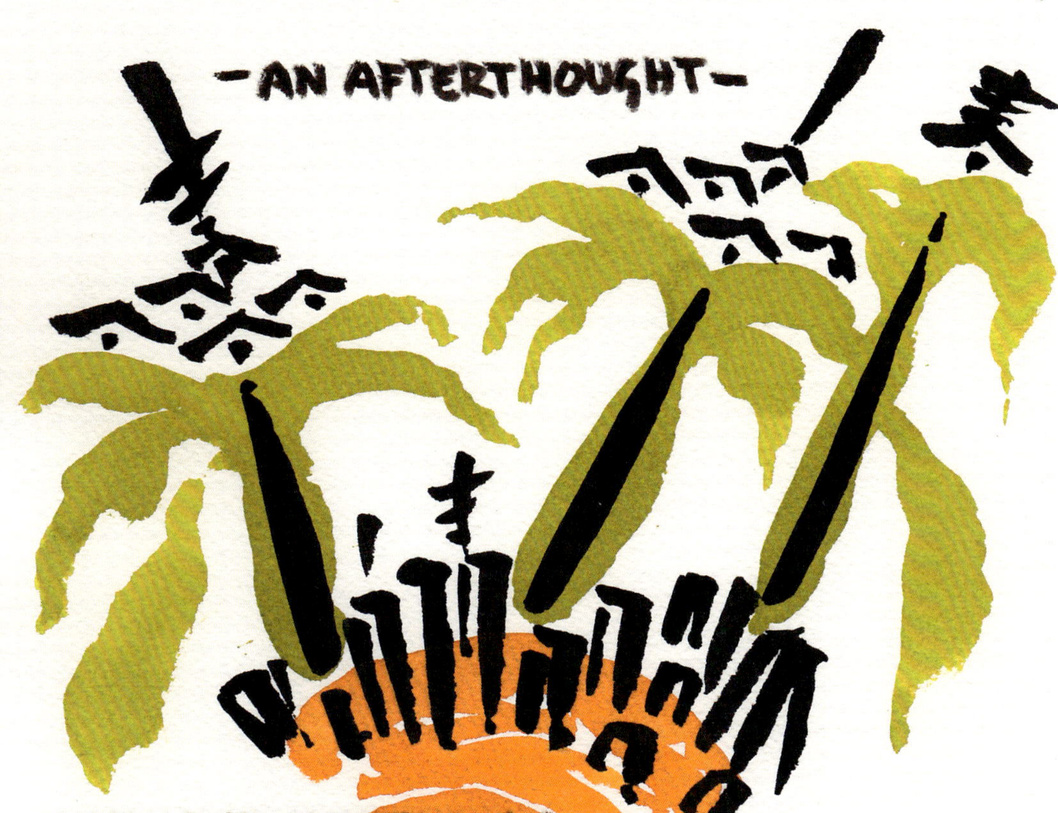

WITH OUR HOPES HIGH
AND THE REALITY AS BLEAK AS ALWAYS,

WE KNOW THAT OUR RURAL CULTURE
IS FERTILIZING THE URBAN CULTURE.
AND IT HAS BEGUN DE-GROWING THE
METROPOLIS,
FROM A BIG CITY INTO VILLAGES.

OUR GROWTH BRINGS DE-GROWTH. IS THIS
A PARADOX, OR JUST TRANSFORMATION?

- LIVING TOGETHER -

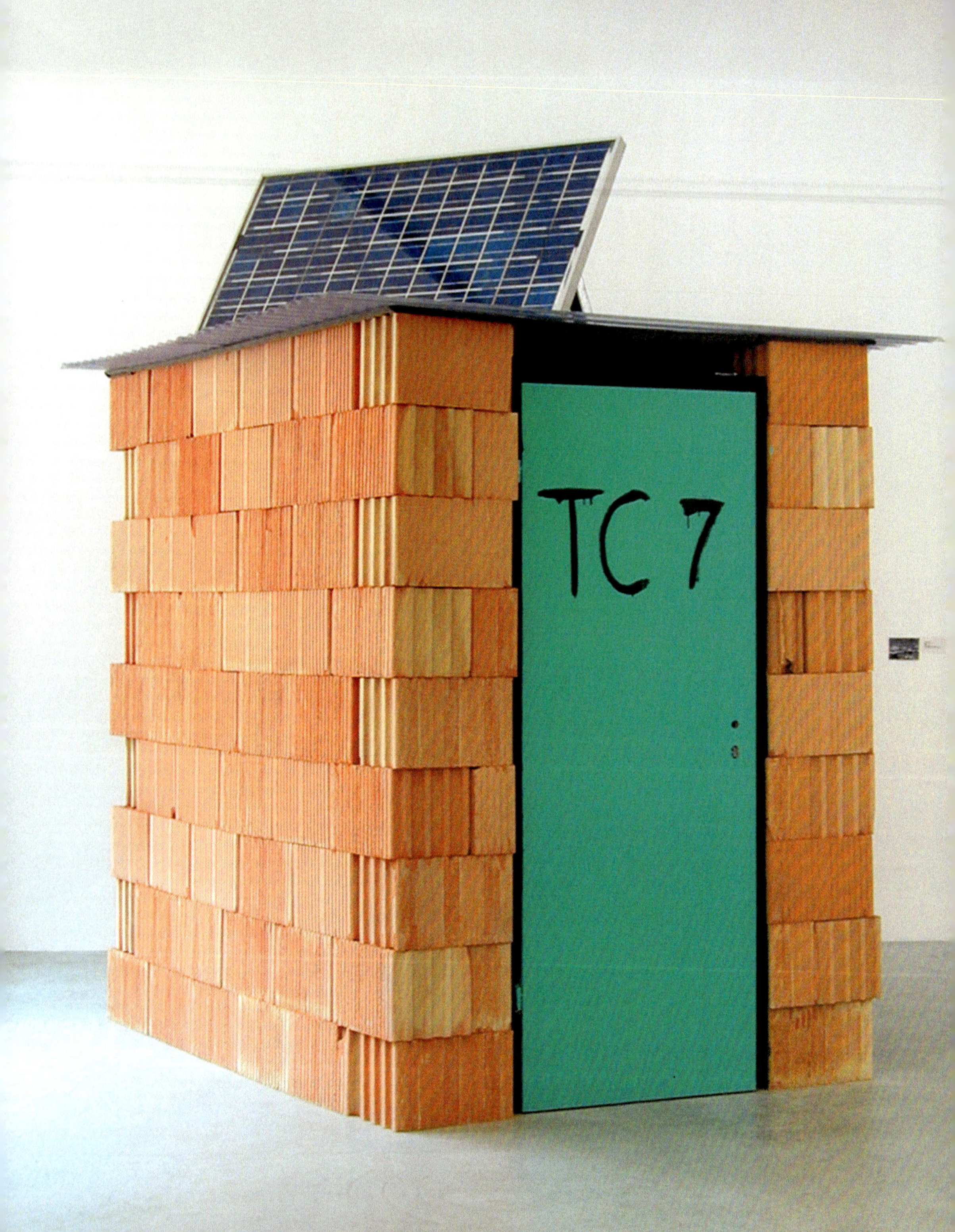
TC 7

The architectural case study *Duncan Village Core Unit* by Marjetica Potrč deals with an informal district in the city of East London (South Africa), where urban supply units are made available for the population who resettled from rural areas. Equipped with electricity, water supply and a sewage system, the individual core units provide the population of Duncan Village with a rudimentary basis for the construction of their houses. The core units are the first social housing per se in their place of construction.

In Marjetica Potrč's extended understanding of art questions of social space, architecture and communal living are renegotiated. Not only does she translate architectural case studies of building strategies into the exhibition space – as a "mediator" between urban planners and city dwellers, the artist and architect develops participatory, on-site projects in a wide range of locations world-wide, meeting the local needs of co-existence. With regard to sustainability her art in areas in need focuses on energy- and water-supply.

But, *Duncan Village Core Unit* recounts the history and idea of the municipal project as an aesthetically independent artwork. Although made with faith in a self-determined, creative force for a better world, Potrč's artworks do not visualize this belief in either an illustrative or a moralising way. The simplest of bricks are erected around a turquoise-coloured door numbered TC 7. On the PVC roof a solar cell has been mounted. A photograph also exhibited documents the situation on site. Framed drawings and quotations reflect the optimistic wishes of the emerging community, and make clear the sustainable, emancipating intention of an art form, which exists not only in and for the exhibition space – albeit using the latter as a communication platform for socially relevant issues. *ME*

*1962 in Bad Salzuflen (DE), lebt und arbeitet/lives and works in Brandenburg (DE)

Jörg Sasse

Waschbecken, Tischdecken, Zimmerpflanzen, Türgriffe, Elektrokabel, Hängeleuchten, Tapeten, Vorhänge, Porzellanfiguren, Polstermöbel, Heizkörper, Treppenläufe und immer wieder Kacheln. Seit 1983 fotografiert Jörg Sasse – zunächst analog, später auch digital – in privaten Wohnräumen. Seine Aufnahmen zeigen das, was uns alltäglich umgibt: die Welt der profanen Dinge, mit denen wir leben und mit denen wir uns einrichten. Auf den ersten Blick erscheinen die Motive wie zufällig vorgefundene, vom Alltag komponierte Szenerien. Ein zweiter Blick zeigt jedoch die Komplexität des Bildaufbaus: Jedes Motiv erscheint, auch wenn Anschnitte nach außen existieren, als ein geschlossenes System. Jörg Sasse zeigt den unerschöpflichen Kosmos an Alltagsobjekten und architektonischen Details in reduzierten, bisweilen nahezu abstrakten Kompositionen. In seinen fotografischen Verdichtungen gewinnt jedes Detail, jede Farbe, Form, Struktur und Stofflichkeit Bedeutung, und die vertrauten Objekte, über die unser Blick im Alltag ohne Stolpern streifen würde, erhalten durch den eng gewählten Bildausschnitt eine nahezu ikonische Präsenz: Sie werden zu Protagonisten, zu Bühnenstars.

Die inzwischen mehreren Hundert Aufnahmen aus privaten Wohnräumen bilden – gemeinsam mit Fotografien von Schaufenstern und aus öffentlichen Gebäuden – eine über drei Jahrzehnte fortgeführte Werkgruppe, die Jörg Sasse mit dem Gattungsbegriff *Stillleben* überschreibt. Während diese Serie ausschließlich eigene Aufnahmen umfasst, nutzt Sasse in anderen Werkgruppen – seinen *Tableaus*, den *Lost Memories* und *Speichern* – auch vorgefundene Amateuraufnahmen, welche er über Internetauktionshäuser, auf Flohmärkten oder auch im Kontext von Wohnungsauflösungen erwirbt und am Computer bearbeitet. Jörg Sasse, der sich als bildender Künstler sieht, der das Medium Fotografie für seine Arbeit nutzt, stellt in seinem konzeptuellen Umgang mit dem Bild die Frage nach dem Verhältnis zwischen Fotografie und Realität, nach der Konstruktion von Erinnerung und nach der Veränderbarkeit der Wirklichkeit durch die Fotografie. So sind alle digital vorgenommenen Veränderungen nicht als Manipulation des Urbilds zu sehen, sondern stehen für eine Weiterentwicklung der ursprünglichen Fotografie hin zu einem in Farben, Formen und Korrespondenzen eigenständigen neuen Bild. *HZ*

W-92-01-01, Düsseldorf 1992
S./pp. 90/91 *Block 7*, 2012

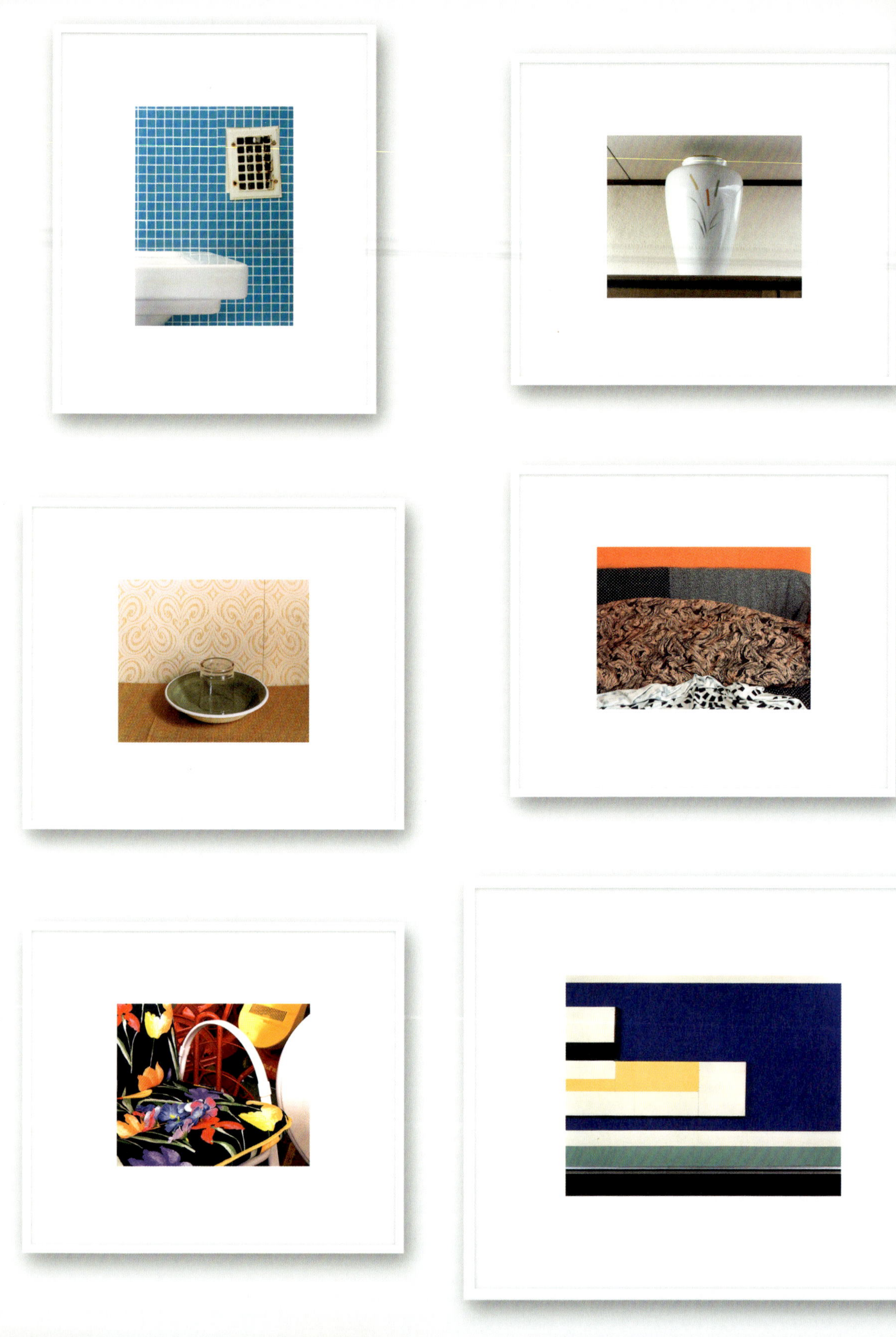

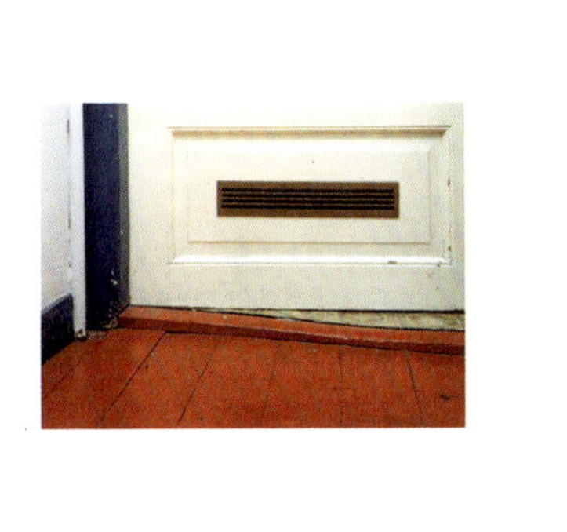

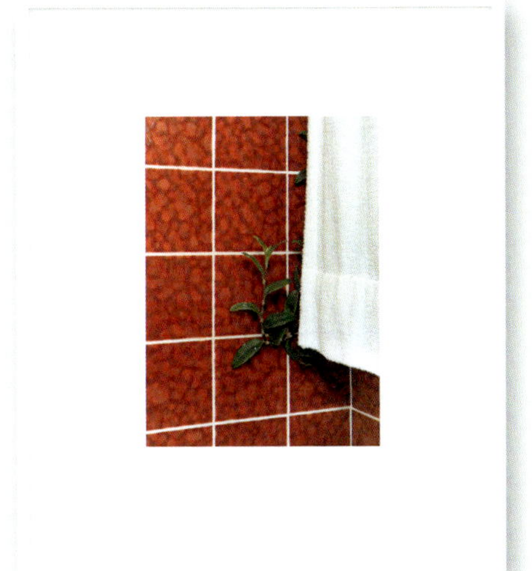

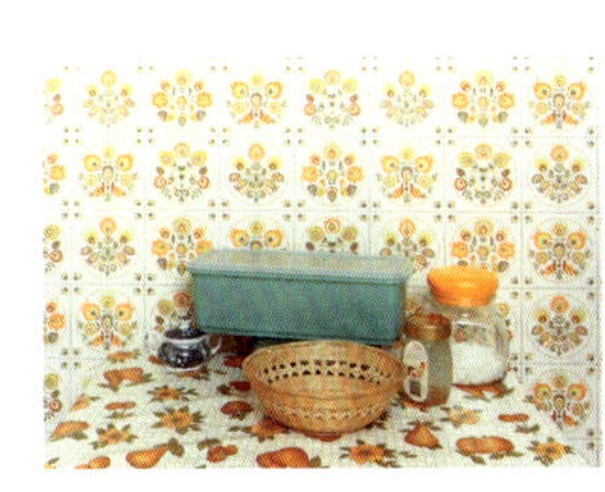

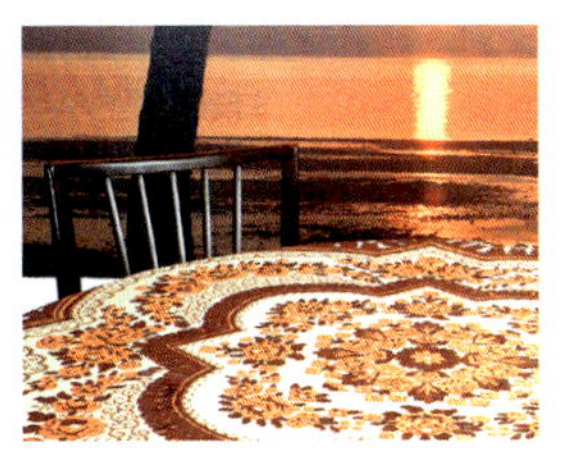

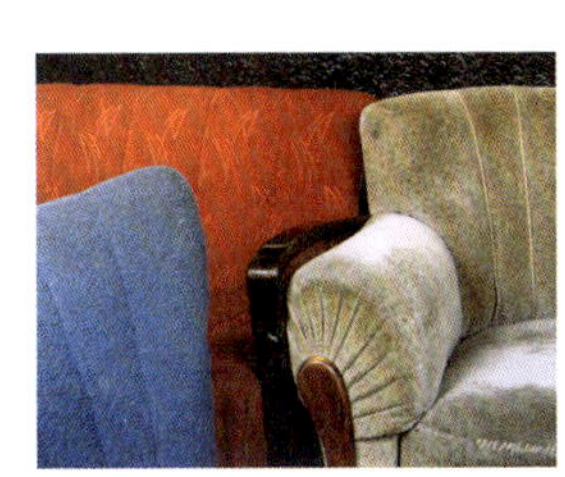

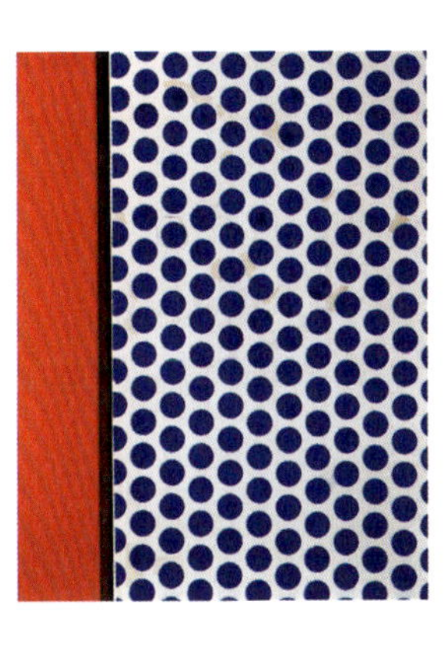

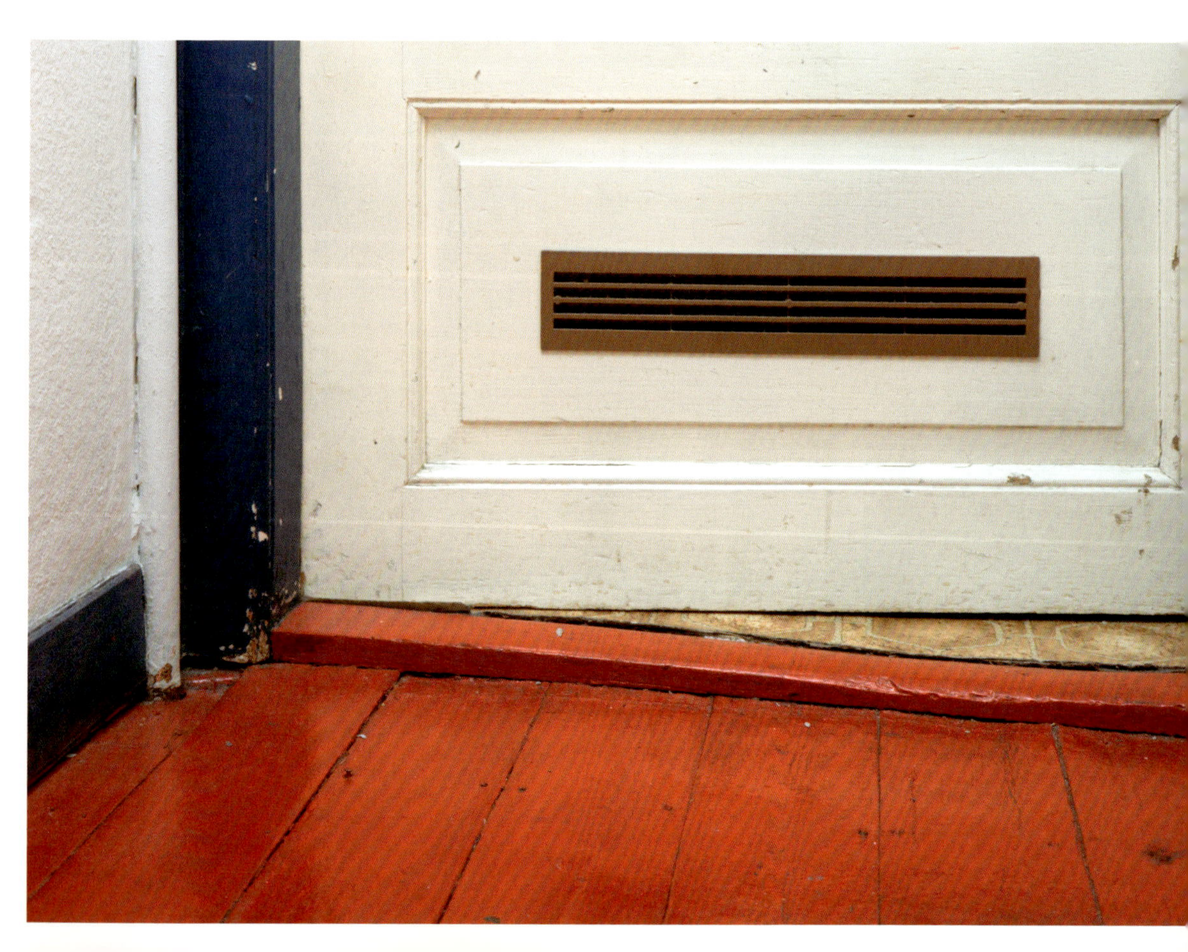

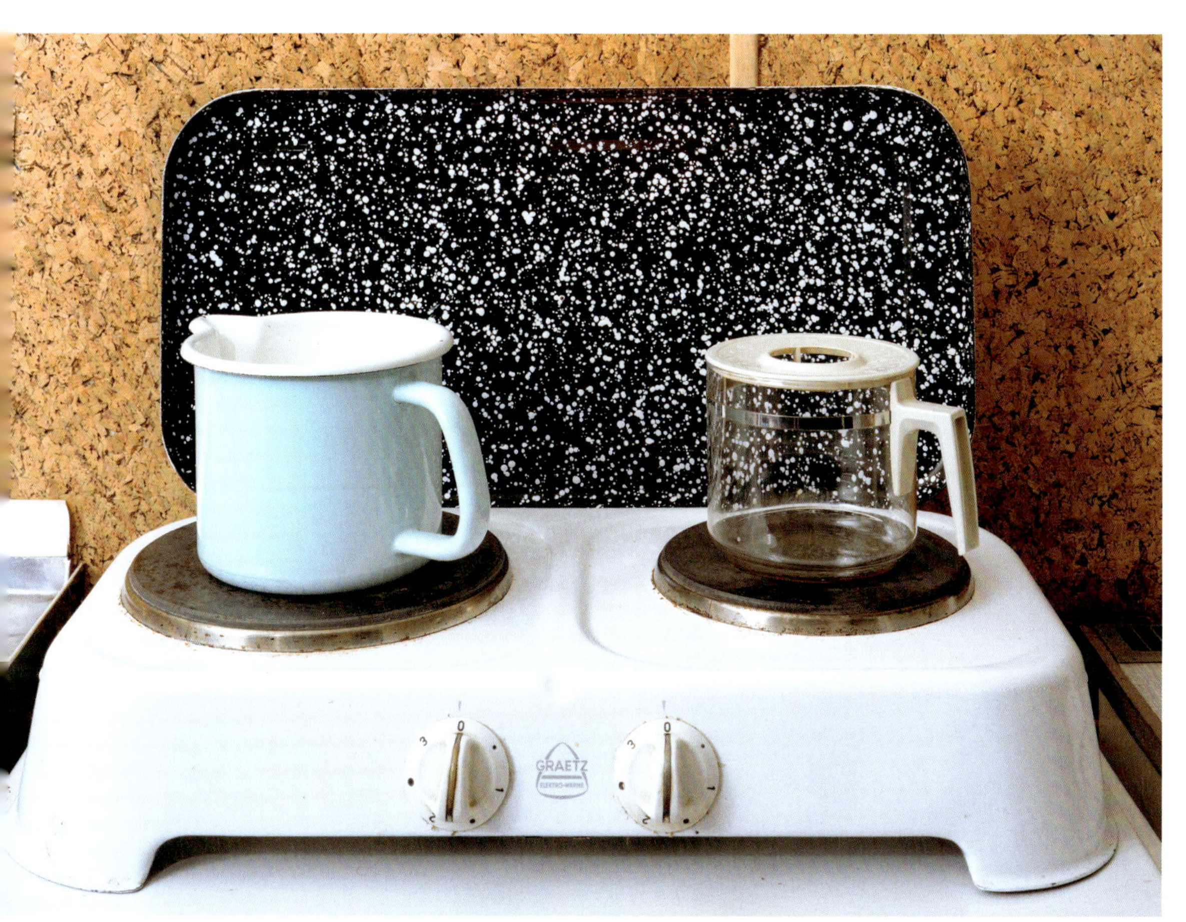

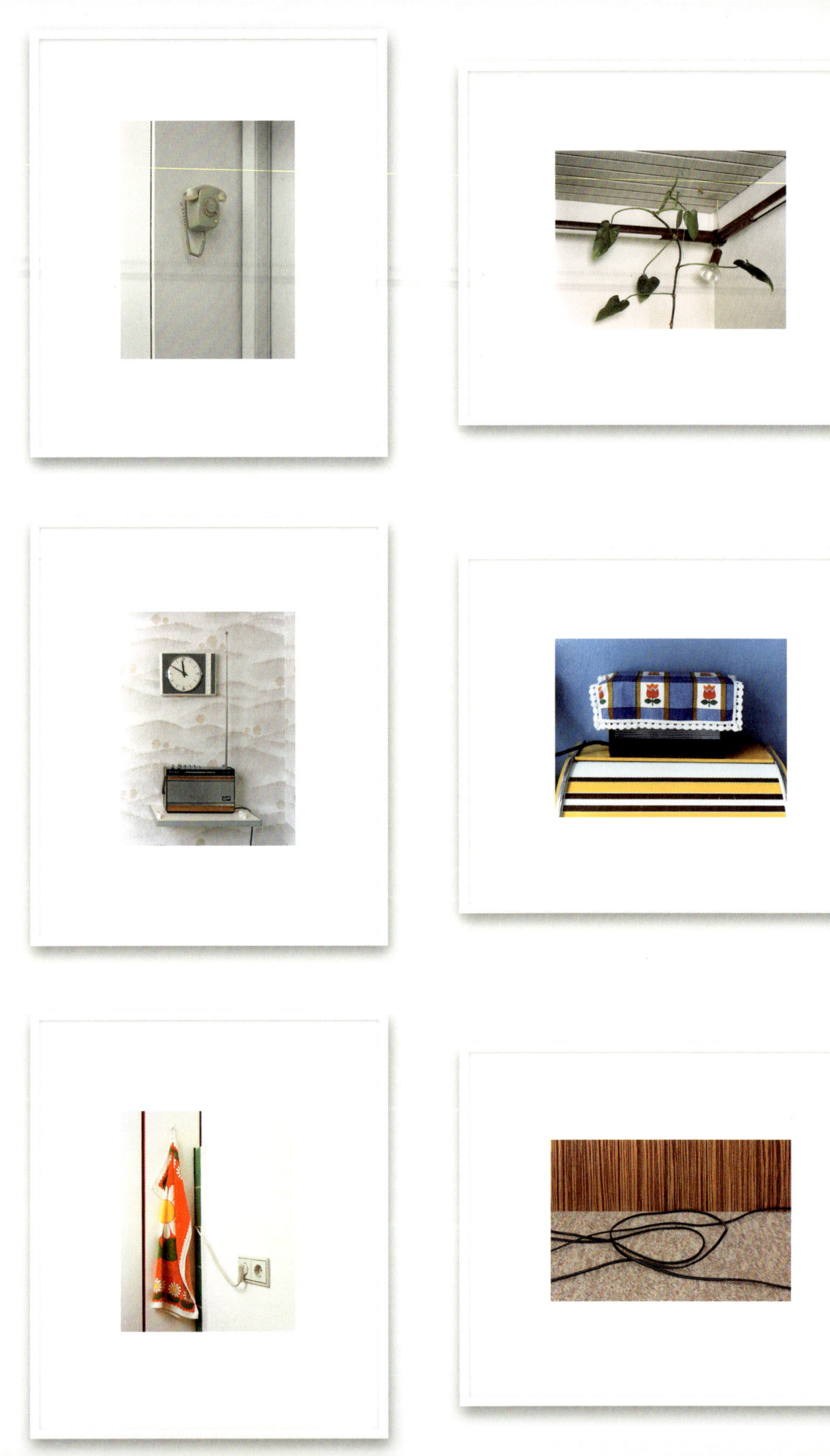

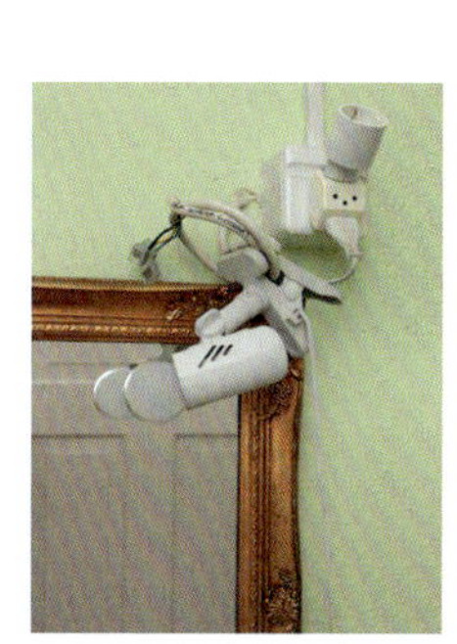

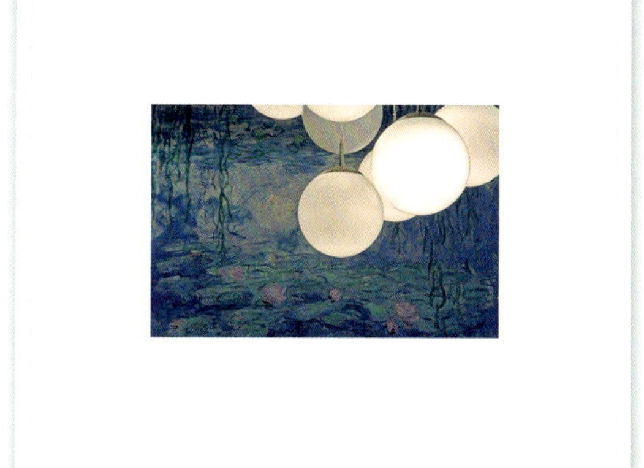

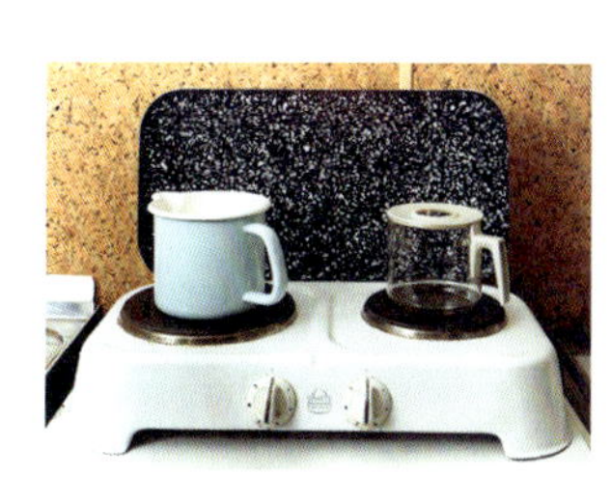

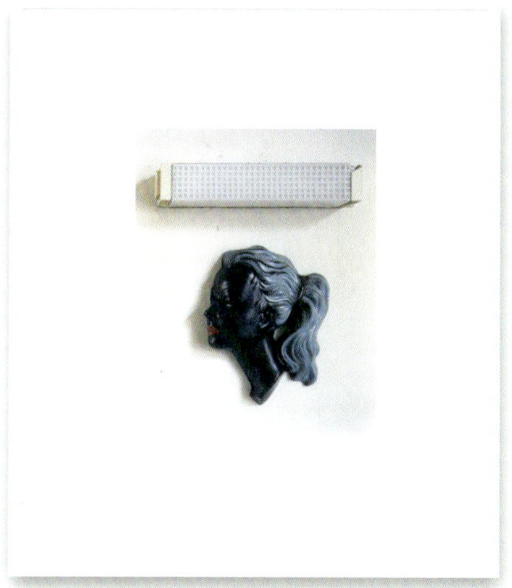

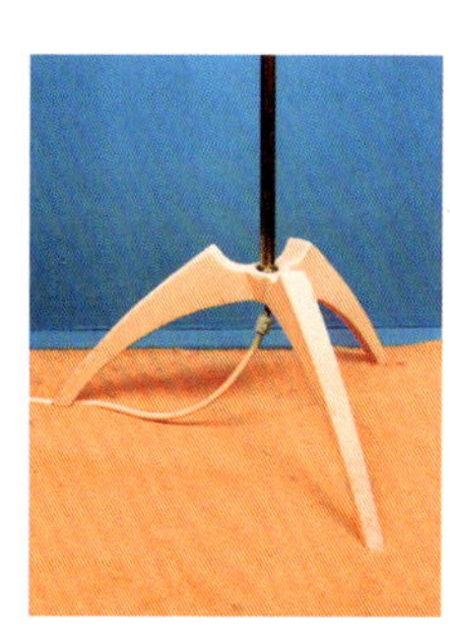

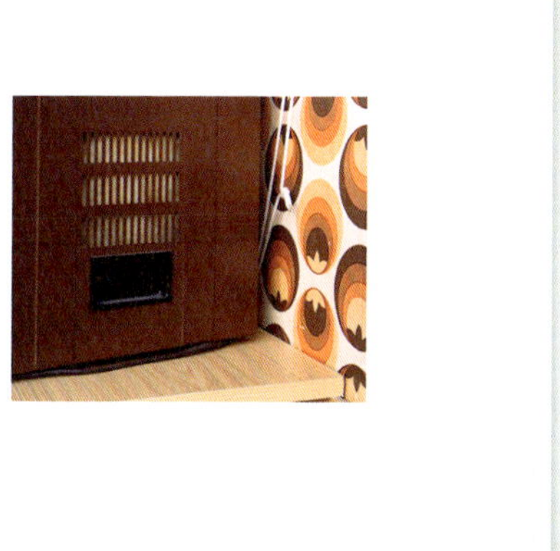

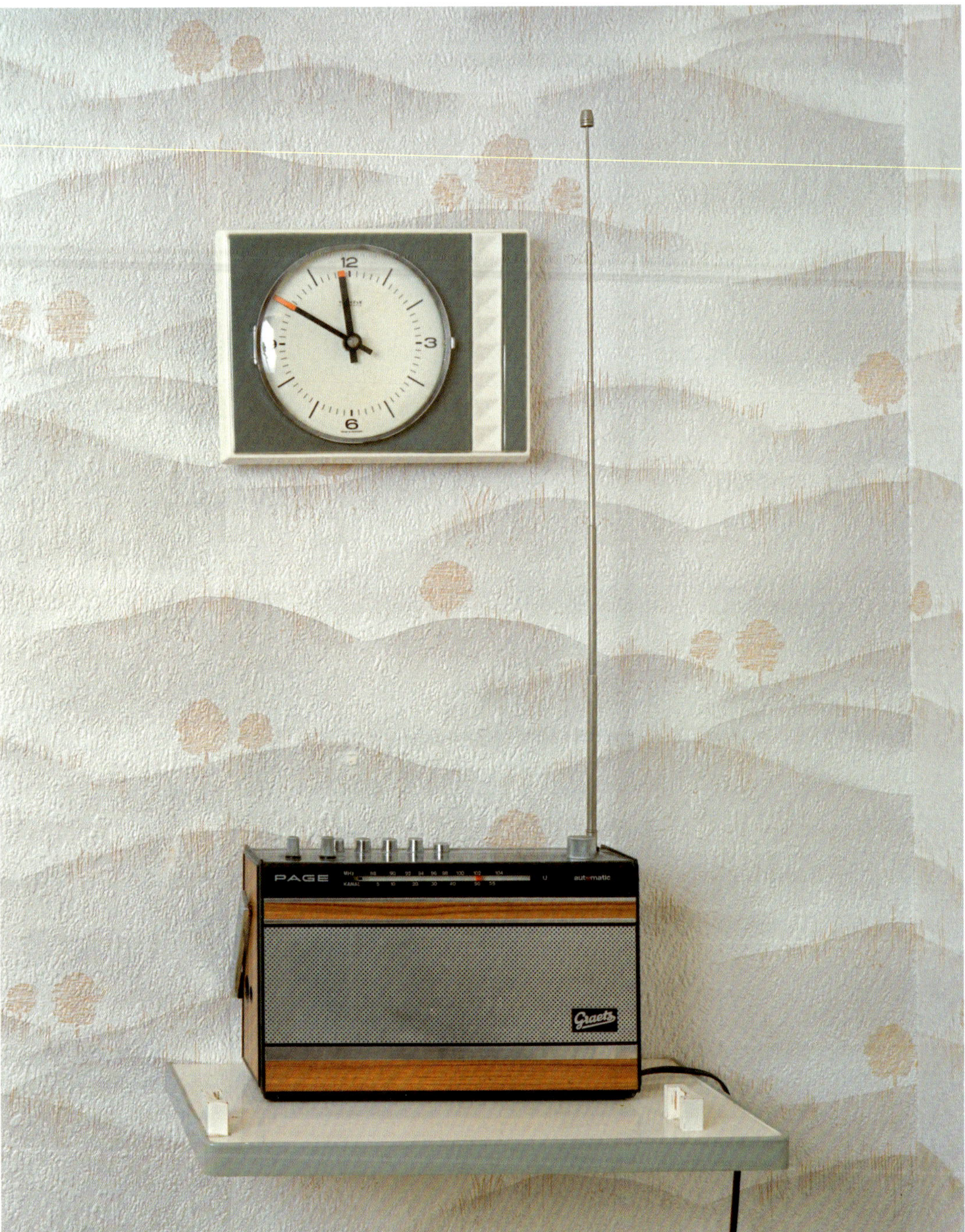
12
3
6
PAGE
automatic
Graetz

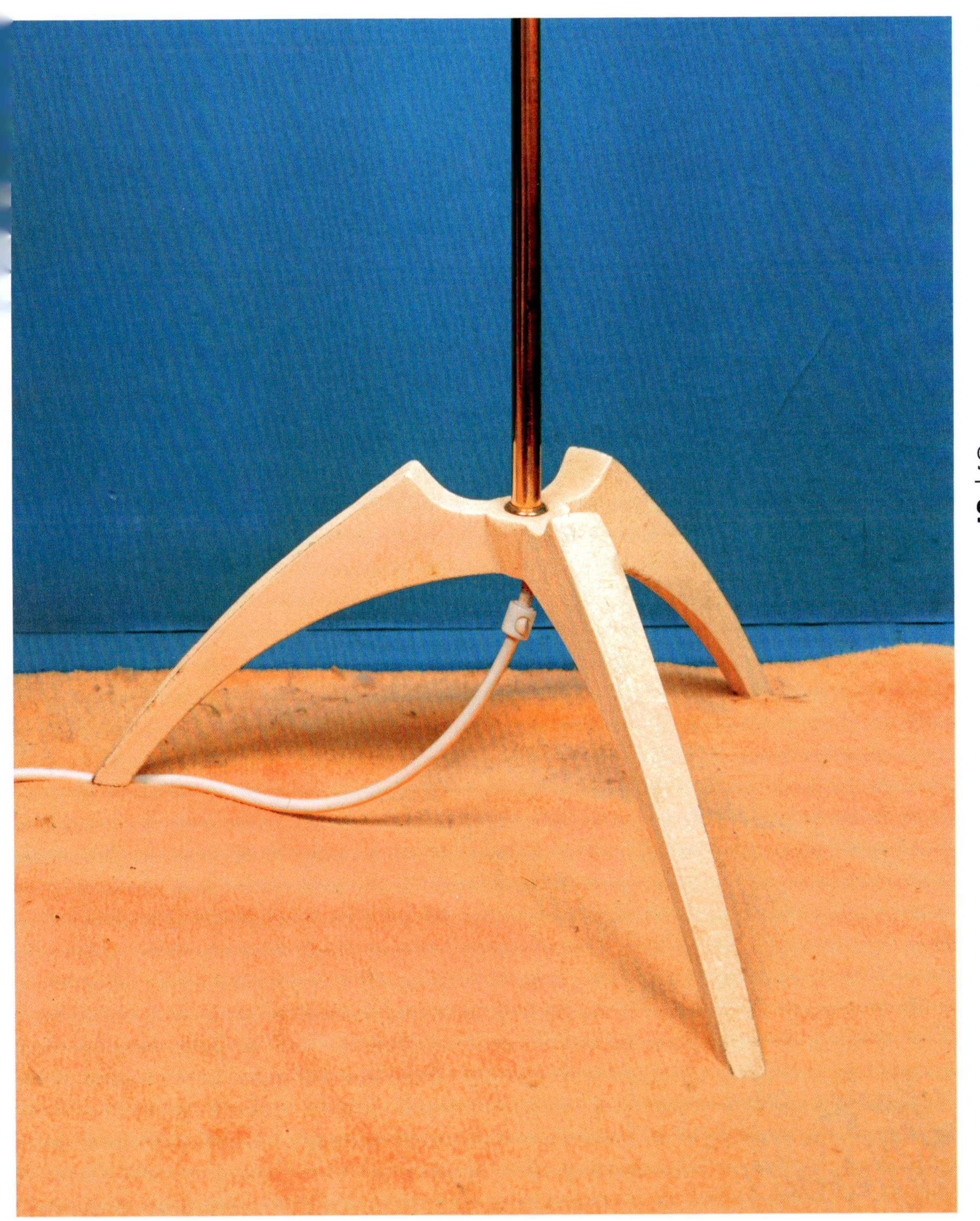

W-89-01-01, Düsseldorf 1989   *W-90-10-03, Nürnberg 1990*

Washbasins, tablecloths, pot plants, door handles, electric cables, pendant lamps, wallpapers, curtains, porcelain figures, upholstered furniture, radiators, flights of stairs and, again and again, tiles: since 1983 Jörg Sasse has been taking photos – initially analogue, later digital as well – in private living rooms. His photos show what we are surrounded by every day: the world of profane objects with which we live and furnish ourselves. At first glance, the motifs resemble scenarios found by chance, composed by everyday life. But a second look reveals the complexity of the pictorial composition: although there are some intersections with the outside world, every motif appears as a self-contained system. Jörg Sasse depicts the inexhaustible cosmos of everyday objects and architectonic details in reduced, sometimes almost abstract compositions. Concentrated photographically, every detail, every colour, form, structure and materiality develops significance, and the familiar objects that our gaze would pass over without pause in everyday life are given an almost iconic presence by the narrow picture section selected: they turn into protagonists, stars of the stage.
Several hundred shots from private living rooms – together with photos of display windows and from public buildings – meanwhile constitute a group of works continued for three decades, which Jörg Sasse collects under the generic heading *Still Life*. While this series consists entirely of his own photographs, in other work groups – in his *Tableaus*, *Lost Memories* and *Speicher* [Stores] – Sasse also uses found amateur photographs, acquiring them through Internet auction houses, at flea markets, or in the context of house clearances, and then processing them at the computer. In his conceptual handling of images, Jörg Sasse, who sees himself as a fine artist using the medium of photography for his work, poses the question of the relationship between photography and reality, the construction of memory, and the changeability of reality as seen through photography. All digitally undertaken alterations, therefore, should not be seen as manipulation of the original image; instead, they represent a further development of the original photo into a new, independent image in regard to its colours, forms and correspondences. *HZ*

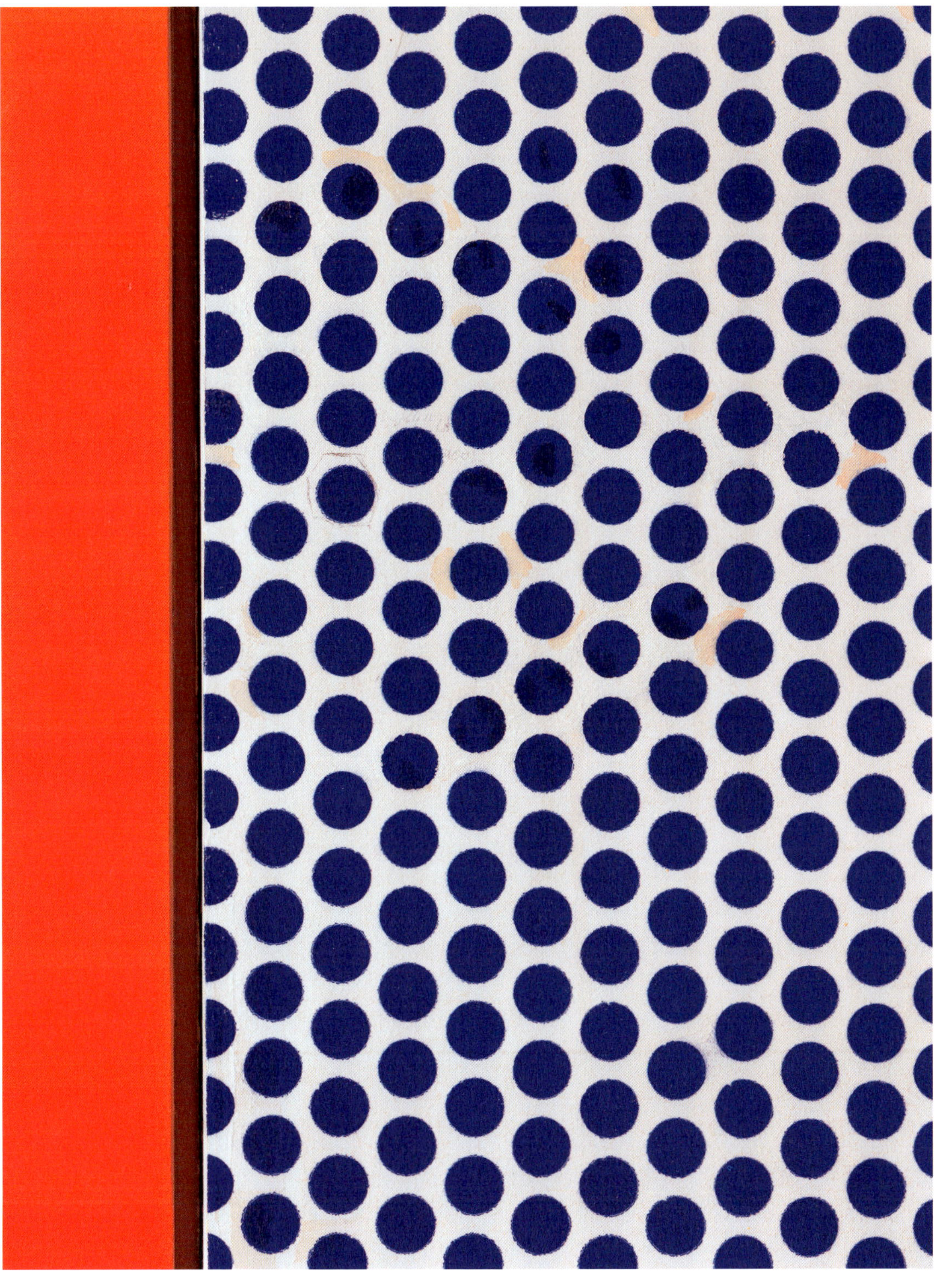

P-93-07-04, Düsseldorf 1993

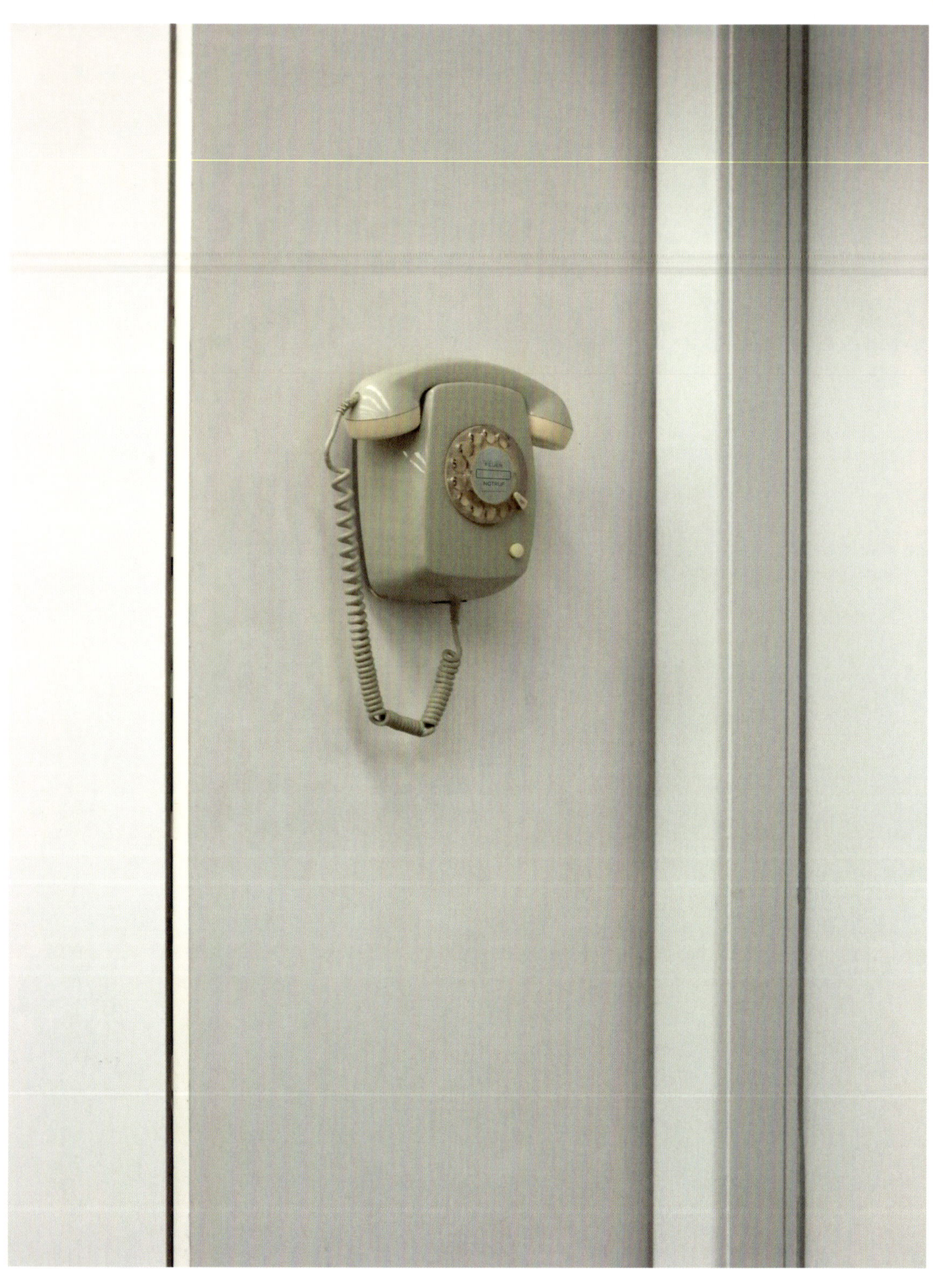

Jörg Sasse
P-10-12-01, Berlin 2010

*„Während ein paar späte Alt-68er noch
gegen den ‚Schnüffelstaat‘ kämpfen,
ist eine neue Generation herangewachsen,
die gern alle Vorsicht fallen lässt.“*[1]

Elena Zanichelli

Störanfälligkeiten im Privaten
Zum Bedeutungswandel eines grenzwertigen Bereichs

„Privatsphäre“, „privateste Gefühle“, „private Dinge“, „private Gründe“, „im privaten Kreis“, „privater Ton“ (familiär), „privates Gespräch“ (nicht offiziell) – schon diese alltagssprachlichen Ausdrücke und Redewendungen zeugen von der großen Bedeutungsvielfalt des Begriffs „privat“.[2] Dies ist nicht erst Ergebnis eines allmählichen sprachlichen Wandlungsprozesses, sondern schon in seinem lateinischen Ursprungswort „privatus“ angelegt: „der Herrschaft beraubt; gesondert, für sich stehend; nicht öffentlich“.[3]

Trotz seiner langen Geschichte avancierte der Begriff erst im 20. Jahrhundert zu einem zentralen Gegenstand soziologischer und philosophischer Diskurse. Hierbei lassen sich zwei Hauptstränge ausmachen: Da ist zum einen die Perspektive, die das Private dem Öffentlichen gegenüberstellt und dabei eine zunehmende Verdrängung beziehungsweise Auflösung der Kultur der Öffentlichkeit durch das Private ausmachen zu können meint. Für diese Sichtweise stehen in den politischen und soziologischen Debatten seit den 1950er-Jahren exemplarisch die Positionen Hannah Arendts und, für die 1970er-Jahre, Richard Sennetts.[4] Dazu kommt die feministische Kritik am liberalen Begriff von Privatheit: Das Private als der Bereich, der aus dem Öffentlichen und damit auch von der Kontrolle durch die Öffentlichkeit ausgenommen ist, wurde als Einfallstor gesellschaftlicher Machtausübung über die Frau erkannt und attackiert. Um 1968 begann frau, die Trennung zwischen „öffentlich“ und „privat“ gänzlich infrage zu stellen.

Eine normative Bestimmung des Privaten in sozialwissenschaftlicher Hinsicht sieht seine Grundbedeutung vor allem im häuslichen Bereich der Familie und der Intimität. Die Philosophin Beate Rössler unterscheidet drei Grundtypen von Privatheit, die sie als „dezisional", „informationell" und „lokal" bezeichnet und drei spezifischen Bereichen zuordnet: „,Privat' nennen wir einerseits Handlungs- und Verhaltensweisen, zum Zweiten ein bestimmtes Wissen und drittens Räume."⁵ Allgemein leitet sich das Private von dem aus der liberalen Theorie stammenden, individuellen Freiheitsrecht ab, aus dem es als ein Bereich der Selbstbestimmung hervorgeht. Nach dem „Privaten" zu fragen, bedeutet demnach, nach der Unterscheidung zwischen dem Öffentlichen und dem Privaten zu fragen. Dies geschieht auch im zweiten Hauptstrang der Diskussion, der das „Recht auf Privatheit" verteidigt. Dieser setzt sich bis heute oder heute wieder fort – vor allem im Zuge der Diskussionen um die Bedrohung der (informationellen) Privatsphäre durch die Entwicklung neuer Kontrolltechnologien.

Privat oder (nicht?) politisch

Prominent ist Hannah Arendts Versuch, das Proprium des Privaten auf dem Wege eines Ausschlussverfahrens zu bestimmen. Arendt erläutert die Problematik der Dialektik zwischen Privatheit und Öffentlichkeit ausgehend von der antiken Vorstellungswelt der Polis – einer Vorstellungswelt, an die auch die liberale Begriffsbestimmung von Privatheit anknüpft: „Politisch zu sein, in einer Polis zu leben, das hieß, dass alle Angelegenheiten vermittels der Worte, die überzeugen können, geregelt werden und nicht durch Zwang oder Gewalt. Andere durch Gewalt zu zwingen, zu befehlen statt zu überzeugen, galt den Griechen als eine gleichsam präpolitische Art des Menschenumgangs, wie er üblich war in dem Leben außerhalb der Polis, also im Umgang mit den Angehörigen des Hauses und der Familie, über welche das Familienoberhaupt despotische Macht ausübte, aber auch in den barbarischen Reichen Asiens, deren despotische Regierungsformen häufig mit der Haushalts- und Familienorganisation verglichen wurden."⁶

Hier werden also zwei Seinssphären unterschieden: der Bereich des Haushalts und der Bereich des Politischen. Gerade diese Unterscheidung ist mit der Differenzierung von „privat" und „öffentlich" vergleichbar. Durch das Aufkommen eines im eigentlichen Sinne gesellschaftlichen Raums, dessen Erscheinen für Arendt mit dem Beginn der Neuzeit zusammenfällt und der seine politische Form im Nationalstaat gefunden hat, erfährt nun das Private eine grundlegend andere Bewertung. In der Gesellschaft erscheinen auf einmal vormals private Dinge – das heißt solche aus der Sphäre der Lebenserhaltung – im öffentlichen Raum und prägen ihn entscheidend. Die Öffentlichkeit wird also maßgeblich durch das verändert, was in ihr gewissermaßen zugelassen wird.

Was geschieht aber, wenn die Öffentlichkeit als Forum gesellschaftlicher Erfahrung und kulturellen Austauschs zerfällt? Diese Frage stellt in der ersten Hälfte der 1970er-Jahre die an Hannah Arendts *Vita activa* orientierte Studie des Soziologen Richard Sennett *Verfall und Ende des öffentlichen Lebens. Die Tyrannei der Intimität.*[7] Sennett untersucht die zunehmende Abkoppelung der Privatsphäre von den Belangen des Gemeinwesens und die Ursachen für die von ihm behauptete fortschreitende Auszehrung der „öffentlichen Verhaltensstile" – der Originaltitel lautet: *The Fall of Public Man*. Auch Sennett begreift die Privat- und die Öffentlichkeitssphäre als die zwei grundlegenden Ordnungen gesellschaftlicher Beziehungen – etwa wenn er konstatiert, gegenwärtig sei das Gleichgewicht zwischen privatem und öffentlichem Leben durch eine „Tyrannei der Intimität" maßgeblich bedroht. Die zunehmend „tyrannische" Intimität bedrohe den öffentlichen Menschen, der sich in den Bürgerstädten des 18. und 19. Jahrhunderts bildete: „Die Intimität rückt zwischenmenschliche Beziehungen in eine bestimmte Perspektive und formuliert in Bezug auf sie eine ganz bestimmte Erwartung. Intimität läuft auf die Lokalisierung der menschlichen Erfahrung, ihre Beschränkung auf die nächste Umgebung hinaus, dergestalt, dass die unmittelbaren Lebensumstände eine überragende Bedeutung gewinnen. Je weiter diese Lokalisierung fortschreitet, desto mehr setzen die Menschen einander unter Druck, die Barrieren von Sitte, Regel und Gestik, die der Freimütigkeit und Offenheit entgegenstehen, aus dem Weg zu räumen. Sie hegen die Erwartung, Nähe erzeuge auch Wärme. Sie streben nach einer intensiven Geselligkeit, doch ihre Erwartung wird enttäuscht. Je näher die Menschen einander kommen, desto ungeselliger, schmerzhafter, destruktiver werden ihre Beziehungen zueinander."[8]
Die hier in Erscheinung tretende Persönlichkeitsstruktur ist für Sennett nun nicht etwa, wie man zunächst meinen könnte, diejenige des Ego(t)isten, sondern die, die in das klinische Profil des Narzissten passt. In dem Moment, in dem das Selbst zum Maßstab gesellschaftlicher Beziehungen und zum Grundprinzip der Gesellschaft überhaupt geworden sei, habe auch der Verfall der öffentlichen Sphäre eingesetzt, so seine Schlussfolgerung. Denn jene sei ja gerade durch nichtpersonale Bedeutung und ein nichtpersonales Handeln gekennzeichnet, welches das narzisstisch geprägte Individuum kategorisch ablehne.
Sennett kritisiert mit seiner These von der „Tyrannei der Intimität" letztlich die Negierung beziehungsweise Missachtung der behaupteten Trennlinie zwischen Öffentlichem und Privatem deshalb so vehement, weil er sie als ein pathologisches Ereignis deutet, das die Gesundheit der Gesellschaft selbst bedroht.

Ausgehend von der Reflexion beziehungsweise Kritik der geschlechtsspezifischen Zuschreibungen, wonach das (häusliche) Private als natürlicher Ort der (Re-)Produktion und letztlich als Ort der weiblichen Ausbeutung in Beziehung und Familie begriffen wird, beanspruchte die feministische Theoriebildung eine Aufhebung der Grenzlinie zwischen dem Privaten und Politischen. Die Rede von Helke Sanders auf der 23. Delegiertenkonferenz des Sozialistischen Deutschen Studentenbundes (SDS) am 13. September 1968 in Frankfurt am Main galt insofern als Auftakt zur neuen Frauenbewegung in der Bundesrepublik Deutschland, als mit dem Slogan „Das Private ist politisch" das Patriarchat angeklagt wurde, Nutznießer der Trennung beider Sphären zu sein. Zugleich richtete sich die feministische Theorie gegen die liberale Vorstellung der Privatsphäre als frei und autonom, die notwendigerweise ein männliches Subjekt voraussetzt(e).

Rekonzeptualisierungen in den 1990er-Jahren: Multidimensionalität im Privaten

Die innere Widersprüchlichkeit des Begriffs des Privaten – Privatheit im Sinne eines „subjektiven Freiheitsrechts" in liberaler Tradition und im Sinne einer geschlechtsspezifischen Kodierung – fasst die Philosophin Beate Rössler wie folgt zusammen: „Privat werden folglich Lebensdimensionen genannt in dem Sinn, dass hier die vom liberalen Staat gesicherte Freiheit der Lebensführung in ganz unterschiedlichen Hinsichten zum Ausdruck kommen kann und geschützt ist. Doch privat wird zum anderen weiterhin ein inhaltlich qualifizierter, nämlich geschlechtsspezifisch kodierter Bereich genannt: jener traditionell der Familie gewidmete Bereich, der reproduktiven Sphäre von Kindererziehung und – nicht nur – emotionaler Versorgung, der Bereich der ‚Natur' und deshalb der der Frauen. Beide Seiten also, Lebensdimensionen individueller Freiheit ebenso wie die weibliche Sphäre von Familie und Versorgung, werden mit demselben Begriff belegt: nämlich dem des Privaten."[9]

Lokale Privatheit

Die Dimension des Privaten, die am direktesten mit dem Thema des Interieurs verknüpft ist, ist die lokale Privatheit der „eigenen vier Wände". In modernen liberalen Gesellschaften ist hier das „eigentliche" private Leben lokalisiert: „Privatheit des Hauses, der Wohnung, des Zimmers und damit auch [...] persönlicher Gegenstände, die jedenfalls auch die Privatheit der Räume mit konstituieren."[10] Über einen privaten Raum zu verfügen – die Aussage „Dies ist mein Zimmer" machen zu können –, entspricht einer Bedeutungsdimension des „Privaten", die, so Rössler, etwa meint, „dass wir hier tun und lassen können, was wir wollen, unbeobachtet, ungestört".[11] Impliziert sind Möglichkeiten des Ausruhens von sozialen Rollen, Möglichkeiten der Selbsterfindung, vor

jeglichem Blick geschützt. Mit dem „privaten Zimmer“ wird dementsprechend mehr bezeichnet als der
„bloße Raum“: „[...] privat werden hier nämlich auch die Gegenstände im Raum [...] deshalb, weil sie durch
die Existenz in privaten Räumen selbst eine private Bedeutung erlangen, die respektiert werden muss und
die auf ganz spezifische Weise von Fremden verletzt werden kann.“[12] Als Ort des Rückzugs ist das eigene
Zimmer konstitutiv für die eigene Identität, wobei die lokale Privatheit einen Bereich definiert, in dem
sich „die Vielfältigkeit des privaten Lebens [...] nicht nur in der Möglichkeit anderer Verhaltensweisen
sich selbst und (intimen) anderen gegenüber zum Ausdruck [bringt], sondern auch in der räumlichen
Inszenierung selbst“.[13]

Das „Private“ als Teil des kunstinstitutionell betretbaren Raums

Die räumliche Inszenierung des Privaten im kunstöffentlichen, betretbaren Raum stellt die Trennung der
privaten und öffentlichen Sphäre fast zwangsläufig infrage. Eine historisch wichtige Rolle spielt dabei die
Kritik am „liberale(n) Trennungsdispositiv“.[14] Dieses wird begriffen als „ein soziales Konstrukt, dessen ver-
meintlich freiheitsrechtliche Begründung auf der Entrechtung und dem (vielfach repressiven) Ausschluss von
Frauen und sozial marginalisierten Männern aus der Sphäre des Öffentlichen gründet. Privatheit ist folglich
unabdingbar verknüpft mit der Konstruktion von hegemonialen sozialen Geschlechtsidentitäten und daraus
abgeleiteten gesellschaftlichen und politischen Rollenzuweisungen.“[15] Dabei geht es um die geschlechtlich be-
gründeten Zuweisungen von bestimmten (Handlungsspiel-)Räumen, und damit verbunden ist die Frage nach
dem geforderten Aufbrechen von Äquivalenzen: Mann (öffentlich) = Produktion versus Frau (privat) = Reproduktion. Louise Bourgeois thematisierte bereits 1947/48 in ihrer surrealistischen Zeichnungs- und Gemälde-
serie *Femme Maison* das seit dem 19. Jahrhundert auch architektonisch entwickelte Sinnbild des bürgerlichen
Privaten. Monica Bonvicini wählte 1997 als Protagonistin für ihre Videoinstallation *Hausfrau Swinging* buch-
stäblich eine Haus-Frau: eine nackte Frau, deren Kopf in einem Papphaus steckt und in einer Endlosschleife
gegen zwei übereck montierte Rigipsplatten schlägt. In der Videoinstallation begrenzen die wandförmigen
Platten den äußerst beschränkten Bewegungsraum der „Hausfrau“, während sie im realen Raum zugleich die
Grenze für die Ausstellungsbesucher und Ausstellungsbesucherinnen abstecken.

Zur aktuellen Auf- oder Abwertung des Privaten im Kunstfeld führt eine genealogische Linie, die sich kunst-
historisch wie auch gesellschaftskritisch vor allem auf die Aufbruchsstimmung der 1960er- und 1970er-Jahre

zurückverfolgen lässt – die Jahre der sexuellen Revolution, der Kämpfe um die Bürgerrechte, der feministischen Umbrüche. Mierle Laderman Ukeles hatte einige Jahre warten müssen, bis das Wadsworth Atheneum in Hartford ihr 1973 die Gelegenheit gab, ihr *Manifesto for Maintenance Art* von 1969 als Performanceserie aufzuführen. Das Wischen des Bodens als traditionell der Sphäre der hausfraulichen Reproduktion zugeordneten Tätigkeit wurde als künstlerische Aktion in die Institution des Museums überführt *(Washing/Tracks/Maintenance: Outside/Inside)*. Martha Roslers 1975 in einer Privatküche gedrehte Videoarbeit *Semiotics of the Kitchen* nahm mit ihrer wissenschaftlich anmutenden Analyse diverser Küchenutensilien deren parodistische Verfremdung im TV-Format vor, womit erneut deutlich wurde, dass es sich bei Bildern des Privaten immer auch um Zeichen handelt, die sich an bestehenden Bedeutungsformen und -traditionen – mitunter an massenmedial und kommerziell codierten Bilderwelten – orientieren. 1980 beantwortete die Künstlerin die im Kontext der ICA-Konferenz *Questions of Women's Art* eine von ihr selbst rhetorisch gestellte Frage „Well, is the personal political?" mit einem bedingten „Ja": „Yes, if understood to be so, and if one brings the consciousness of a larger, collective struggle to bear on questions of personal life, in the sense of regarding the two spheres as both dialectically opposed and unitary."[16] Ihre Antwort, ebenso wie frühere Arbeitsserien, etwa *Bringing the War Home* (1967–1972), die Montage häuslicher Hochglanzmagazinidylle mit *Life*-Vietnamkriegsbildern, bringt in bezeichnender Weise zum Ausdruck, dass das Persönliche weit über die Grenzen des Individuellen hinausgeht und nicht ohne dialektische Beziehung zur Kollektivität zu denken ist.

In den 1990er-Jahren ist eine regelrechte Konjunktur des Privaten in der Kunst zu beobachten, die so charakteristisch ist, dass sich für sie eine Semantik des Privaten formulieren lässt. Viele in dieser Dekade entstandene Arbeiten geben vor, eigene private Lebenserfahrungen unverstellt wiederzugeben. So fotografierte Wolfgang Tillmans ab 1990 Intimszenen seines Freundeskreises; Félix González-Torres installierte 1992 in New York Werbetafeln mit der Großaufnahme des Bettes, das er mit seinem an AIDS verstorbenen Partner geteilt hatte. *Untitled* verdeutlicht, dass die Sphäre des Öffentlichen und die Sphäre des Privaten Teil desselben Diskurses sein können, wie González-Torres prägnant formulierte: „Manche Privaträume sind öffentlicher als andere."[17] Statt eine verheißungsvolle Auflösung von Grenzen heraufzubeschwören, werden hier anhand einer Semantik des Privaten die Strukturmerkmale des Begriffs „Privatheit" inklusive seiner Ambivalenzen vorgeführt. Bereits in den 1970er-Jahren hatten Fotografen wie Larry Clark und Nan Goldin intime Einblicke in die eigene Subkultur ermöglicht, dabei das Belauschen oder Beobachten im oben angesprochenen Sinne der informationellen Privatheit der eigenen Szene programmatisch ein-

geführt, doch wurden ihre Arbeiten noch weitgehend außerhalb des Kunstsystems präsentiert. Solche Bilder,
die die eigene Teilhabe am gezeigten Privatleben anderer voraussetzen oder zumindest suggerieren, fanden
hingegen in den 1980er- und 1990er-Jahren – so bei Jack Pierson, Wolfgang Tillmans, Mark Morrisroe, Richard
Billingham – verstärkt Eingang in die institutionellen Ausstellungsräume des Kunstbetriebs.
Dass das Problem der Bestimmung des Privaten bis heute virulent bleibt, zeigte 2013 die Frankfurter
Ausstellung *Privat/Privacy* in der Schirn Kunsthalle, mit Arbeiten unter anderem von Andy Warhol, Stan
Brakhage, Martha Rosler, Mark Wallinger, Sophie Calle, Tracey Emin, Nan Goldin, Mark Morrisroe, Dash Snow,
Merry Alpern, Ai Wei Wei, Leigh Ledare und Mike Bouchet. Der von amateurhaften Aufzeichnungen – Filme,
Fotos und Tagebücher – über Kabinette mit Warnhinweisen hin zu einem Digitalmosaik aus Internetporno-
plattformen geleitete Ausstellungsparcours verhieß einen Weg ins Verbotene, der so die voyeuristische
Rezeption geradezu mitsteuerte, nicht zuletzt durch den Ausstellungsuntertitel *Das Ende der Intimität*.
Die Annahme, Privatbilder würden schlicht in Kunst transformiert, scheint der in der Ausstellung heran-
gezogene Begriff „Post-Privacy", der nun das „Private" ersetzen soll, noch einmal heraufzubeschwören.
Dass aber dieses „Private" speziell für jene Einblicke hergerichtet, quasi mit einem Schlüsselloch versehen
worden ist, zeugt von einer „Rhetorik des Privaten", die auf dem konstruierten Effekt des Authentischen im
Ausstellungsraum beruht. Ein Rückzug auf die Mikroebene des Individuellen bei gleichzeitiger Inanspruch-
nahme des institutionellen Rahmens macht die entscheidende Differenz aktueller Arbeiten zu denen der
1960er- und 1970er-Jahre aus. Damals wurde besonders in der Frauenbewegung das „Private" als politisch
innerhalb der Gesellschaft im Sinne eines Pars pro Toto betrachtet; der künstlerische Prozess bevorzugte
oft den außerinstitutionellen Raum und die Auflösung herkömmlicher Gattungsgrenzen. Gleichzeitig zielte
die vorwiegend feministische Kritik auf möglichst rasche Veränderungen des politischen Charakters des
Privaten. Seit den 1990er-Jahren weisen die künstlerischen Arbeiten hingegen oftmals keinen ausdrücklich
gesellschaftlichen Anspruch mehr auf. Im Zentrum stehen eher die (eigene) Lebensgeschichte und eigene
Privatheit, die installativ unter Einbeziehung der Besucher und Besucherinnen im institutionellen Rahmen
als Identitätsmodelle vorgeführt werden. Solche Überschreitungsstrategien sind erfolgreich, wenn sie die
Ambivalenz der Dualität des Öffentlichen und Privaten im Rahmen der Funktionsmechanismen des Kunstsystems erörtern und somit auch deutlich machen, wie und wo manche Privaträume öffentlicher sind als andere.

"Although a few late remnants of the '68 generation still fight against the 'snooping state', a new generation has grown up happy to throw caution to the winds."[1]

"Private sphere", "private feelings", "private affairs", "private reasons", "in a private circle", "a private tone" (familiar), "private conversation" (not official) – these everyday expressions and sayings already evidence the wide variety of meaning conveyed by the word "private".[2] This is not just the result of a gradual process of linguistic development, but is actually laid out in the original Latin word "privatus": "robbed of authority; separate, standing alone; not public".[3] Despite its long history, it was not until the 20th century that the concept progressed into a key object of sociological and philosophical discourse. Two main threads can be identified here: on the one hand, there is a perspective that sets the private in opposition to the public and believes it can discern increasing suppression or even dissolution of the culture of the public. Exemplary representatives of this way of thinking in political and sociological debates since the 1950s are the positions of Hannah Arendt and, in the 1970s, Richard Sennett.[4] There is also feminist criticism of the liberal concept of privacy: the private as the field excluded from the public, and therefore also exempt from control by the public, was recognized and attacked as a gateway for the wielding of power over women in society. About 1968, women began to question decisively any separation of the "public" and the "private".
A standard definition of the private in social science sees its fundamental meaning as being in the domestic field of the family and intimacy. Philosopher Beate Rössler differentiates three basic types of privacy, which she refers to as "decisional", "informational" and "local" and so attributes to three specific areas: "First, we call some types of action and behaviour 'private', secondly a specific knowledge, and thirdly places or rooms."[5] Generally, privacy is derived from the individual's right to freedom originating in liberal theory, from which it emerges as a sphere of self-determination. Asking about the "private", therefore, means asking about the distinction between the public and the private. This also occurs in the second main thread of the discussion, which defends the "right to privacy". It continues to the present day – above all, in the course of discussion about threats to the (informational) private sphere via the development of new surveillance technologies.

Private or (not?) political

Hannah Arendt's attempt to define the nature of privacy through a process of exclusion is notable. Arendt elucidates the problems of the dialectic between private and public by starting out from the ancient world of the polis – a world of ideas that also begins with the liberal definition of privacy: "To be political, to live in a polis, meant that everything was decided through words and persuasion and not through force and violence. In Greek self-understanding, to force people by violence, to command rather than persuade, were prepolitical ways to deal with people characteristic of life outside the polis, of home and family life, where the household head ruled with uncontested, despotic powers, or of life in the barbarian empires of Asia, whose despotism was frequently likened to the organization of the household."[6]

Two spheres of existence are distinguished here, therefore: the sphere of the household and the sphere of politics. This very differentiation is comparable to that of "private" and "public". Through the emergence of a social sphere in the true sense of the word, the appearance of which coincided with the start of the modern age for Arendt, and which has found a political form in the national state, the private now experiences a fundamentally different evaluation. Formerly private things – that is, things from the sphere of survival – suddenly appear in society, in public space and shape it decisively. The public, therefore, is altered decisively by what is permitted to some extent within it.

But what happens when the public disintegrates as a forum for social experience and cultural exchange? This question is posed by a study oriented on Hannah Arendt's *Vita activa* by sociologist Richard Sennett in the first half of the 1970s, *The Fall of Public Man. The Tyranny of Intimacy.*[7] Sennett investigates the increasing separation of the private sphere from the concerns of the community and the reasons for the growing depletion of "public styles of behaviour" that he highlights – hence the title. Sennett also sees the private and the public spheres as the two basic orders in social relations – for example, when he notes that currently the balance between private and public life is being threatened decisively by a "tyranny of intimacy". This increasingly "tyrannical" intimacy, he claims, threatens public man as he emerged in the civil cities of the 18th and 19th centuries: "Intimacy is a field of vision and an expectation of human relations. It is the localizing of human experience, so that what is close to the immediate circumstances of life is paramount. The more this localizing rules, the more people seek out or put pressure on each other to strip away the barriers of custom, manners, and gesture which stand in the way of frankness and mutual openness. The expectation is that when relations are close, they are warm; it is an intense kind of sociability which people seek out in attempting to remove the barriers to intimate contact, but this expectation is defeated by the act. The closer people come, the less sociable, the more painful, the more fratricidal their relations."[8]

For Sennett, the personality structure appearing here is not, as one might initially think, that of the ego(t)ist, but one that fits with the clinical profile of the narcissist. His logical conclusion is that at the moment when the self becomes the measure of social relations and develops into the fundamental principle of society per se, the fall of the public sphere has begun. For that sphere is characterized precisely by non-personal significance and non-personal actions which the predominantly narcissistic individual rejects categorically.

Ultimately, with his thesis of the "Tyranny of Intimacy" Sennett so vehemently criticizes the negation of, or contempt for the dividing line maintained between the public and the private because he interprets it as a pathological occurrence, which threatens the health of society itself.

Starting out from reflection or rather criticism of the gender-specific attributions according to which the (domestic) private is understood as the natural place of (re-)production and ultimately as the place of female exploitation in relationships and family, the development of feminist theory laid claim to a dissolution of the borderline between the private and the political. The speech given by Helke Sanders at the 23rd Delegate Conference of the Socialist German Student Association (SDS) in Frankfurt am Main on 13th September 1968 was regarded as the start of the new women's movement in the Federal Republic of Germany; there, the slogan "the private is political" was used to accuse the patriarchy of being the beneficiary of any division between the two spheres. At the same time, feminist theory was directed against the liberal idea of the private sphere as free and autonomous, which presupposed a male subject.

Reconceptualizing in the 1990s: multidimensionalism in privacy

Philosopher Beate Rössler sums up the concept of privacy's inner contradiction – in the sense of a "subjective right to freedom" within liberal tradition and the sense of gender-specific encoding – in the following way: "Private is thus the term applied to certain dimensions of life to the extent that freedom in one's way of living, guaranteed by the liberal state, can here find expression and is protected in a whole variety of ways. Yet on the other hand it is also the term applied to a realm that is delimited in its content and coded in gender-specific terms, a realm traditionally devoted to the family, to reproduction, child-raising and serving the emotional and other needs of the family, a realm of 'nature' and thus also of women. The two aspects, therefore, the dimensions of individual freedom no less than the female sphere of the family and care, are subsumed within one and the same concept, privacy."[9]

Local privacy

The dimension of privacy that is linked most directly to the theme of the interior is the local privacy of one's "own four walls". In modern liberal societies it is here that one's "actual" private life is located: "the privacy of the household, of one's flat or room and thus of [...] personal objects, which also form an inherent part of the privacy of these spaces."[10] To have a private space at one's disposal – to be able to say "this is my room"– corresponds to a dimension of meaning of "privacy", according to Rössler, which signifies "that in it, we can do or not do just what we want, unobserved, undisturbed".[11] What is implied is the chance to take a rest from social roles, the possibility to find oneself while protected from view. The concept of the "private room" describes correspondingly more than just the room": "It is also the objects within the room that are private [...] their presence within a private space giving them a private significance that must be respected and that can be violated by strangers in a very specific way."[12] As a place to withdraw, a room of one's own is constitutive of one's own identity, whereby local privacy defines an area in which "the diversity of private life finds expression [...] not only in the opportunity it presents for different modes of conduct towards oneself and (intimate) others, but also in the spatial arrangement itself".[13]

'Privacy" as part of a space open to the public in the art institution

The spatial arrangement of privacy in a room open and accessible to the art public inevitably throws any division between the private and the public spheres into question. Here, an historically important role is played by criticism of the "liberal separation dispositive".[14] This is understood as "a social construct, whose supposed foundation in the right to freedom is based on depriving women and men at the margins of society of their rights and on their (frequently repressive) exclusion from the public sphere. Consequently, privacy is inalienably linked to the construction of hegemonial gender identities in society and the attribution of social and political roles derived from them."[15] This is a matter of the gender-based attributions of specific places (of action), and an associated demand to break open such equations as man (public) = production versus woman (private) = reproduction. As early as 1947/48 Louise Bourgeois thematized, in her series of surrealist drawings and paintings *Femme Maison*, the symbol of bourgeois privacy developed, architecturally as well, since the 19th century. In 1997 Monica Bonvicini chose a house-wife, quite literally, as the protagonist for her video installation *Hausfrau Swinging*: a naked woman whose head is stuck in a cardboard house. In an endless loop, it ricochets off two plaster board panels mounted across the corners. In the video installation the wall-shaped panels delimit the "house-wife's" extremely limited space for movement, while in real space they simultaneously mark out the limits for the exhibition visitors.

A genealogical line from the current up- or down-valuation of privacy in the field of art can be traced back in terms of art history and also social criticism to the mood of departure in the 1960s and 1970s – the years of the sexual revolution, the struggle for civil rights, and radical feminist change. Mierle Laderman Ukeles had to wait a number of years before the Wadsworth Atheneum in Hartford gave her the opportunity, in 1973, to present as a series of performances her *Manifesto for Maintenance Art* dating from 1969. Here, wiping the floor as an activity traditionally attributed to the sphere of housewifely reproduction was transferred into the museum institution as an artistic action (*Washing/Tracks/Maintenance: Outside/Inside*). Martha Rosler's video work *Semiotics of the Kitchen* filmed in a private kitchen in 1975 was a seemingly scientific analysis, parodying TV formats with its alienation of various kitchen utensils. It clarified once more how images of privacy are always symbols as well, oriented on existent forms and traditions of meaning – and sometimes on pictorial worlds encoded by the mass media and commerce. In 1980 the artist answered a question she had asked herself rhetorically in the context of the ICA conference *Questions of Women's Art*, "Well, is the personal political?" with a conditionally affirmative response: "Yes, if understood to be so, and if one brings the consciousness of a larger, collective struggle to bear on questions of personal life, in the sense of regarding the two spheres as both dialectically opposed and unitary."[16] Like earlier series of works, e.g. *Bringing the War Home* (1967–1972), a montage of glossy-magazine domestic idylls and images of the Vietnam war taken from *Life*, her answer was an exemplary expression of the fact that the personal extends far beyond the individual's own limits and cannot be conceived without a dialectic reference to the collective.

In the 1990s a real boom in the private could be observed in art, so characteristic that a semantics of privacy may be formulated for it. Many works produced in this decade claim to reproduce the artists' own private experiences without distortion. For example, since 1990 Wolfgang Tillmans photographed scenes of intimacy from his circle of friends; and in 1992 Félix González-Torres installed advertising boards in New York with the large-format photo of the bed he had shared with his partner, who died of AIDS. *Untitled* makes clear that the spheres of the public and the private can be part of the same discourse, as González-Torres puts it succinctly: "Some private rooms are more public than others."[17] Instead of conjuring a promise to open the boundaries, here – on the basis of semantics of privacy – the structural features of the concept of "privacy" are presented, including its ambivalences. In the 1970s photographers uch as Larry Clark and Nan Goldin had already permitted intimate insights into their own subculture, thereby introducing programmatically an insight into or overhearing of their scene in the aforementioned sense of informational privacy; however, their works were still presented, in the main, outside the art system. Such images, which presuppose or at least suggest one's own participation in the private lives of others shown, were increasingly – in the 1980s and 1990s – admitted into the institutional exhibition spaces of the art business: witness Jack Pierson, Wolfgang Tillmans, Mark Morrisroe or Richard Billingham.

The problem of defining privacy remains virulent to the present day, as was shown by the Frankfurt exhibition *Privat/Privacy* in the Schirn Kunsthalle in 2013 – with works by, among others, Andy Warhol, Stan Brakhage, Martha Rosler, Mark Wallinger, Sophie Calle, Tracey Emin, Nan Goldin, Mark Morrisroe, Dash Snow, Merry Alpern, Ai Wei Wei, Leigh Ledare and Mike Bouchet. A tour of the exhibition leading from amateurish recordings – films, photos and diaries – to cabinets with warning notices and even to a digital mosaic of Internet porn platforms, promised entry into something forbidden; the voyeurist reception also contributed directly to this, not least with the exhibition's subtitle *The End of Intimacy*. The assumption that private images were simply being transformed into art seemed to be conjured once more by the term used in the exhibition, a "post-privacy" that was to replace the "private".

But the fact that this "privacy" had been prepared especially for those insights, quasi provided with a keyhole, evidences a "rhetoric of the private" based on the constructed effect of authenticity in the exhibition space. Withdrawal to the individual micro-level with simultaneous utilization of the institutional framework constitutes the decisive distinction between contemporary works and those of the 1960s and 1970s. At that time, particularly in the women's movement, the "private" was seen as political within society, in the sense of a *pars pro toto*; the artistic process often preferred the space outside of institutions and the dissolution of traditional genre borders. At the same time, predominantly feminist criticism aimed toward the quickest possible changes in the political character of the private. Since the 1990s, by contrast, the artworks often no longer reveal any expressly social pretension. Insead, they centre on the (artist's own) biography and a personal privacy, often presented as installations in the institutional framework, as models of identity incorporating the visitors. Such cross-over strategies are successful when they examine the ambivalence of the duality of the public and the private in the context of the functional mechanisms of the art system, and so clarify how and where some private rooms are more public than others.

* Dieser Text basiert auf meiner Publikation *Privat – bitte eintreten! Rhetoriken des Privaten in der Kunst der 1990er Jahre*, Bielefeld 2015 (Dissertation 2012) sowie auf meinem Text „Repräsentationen des Privaten", in: Hubertus Butin (Hrsg.): *Begriffslexikon zur zeitgenössischen Kunst*, Köln 2014, S. 311–314.

1 Rebecca Casati: „Ende der Privatheit", in: *Der Spiegel*, Nr. 31, 30.7.2007, S. 132–135, hier S. 132.

2 Eintrag „privat", in: *Deutsches Universalwörterbuch*, 5. überarb. Aufl., Mannheim u. a. 2003, S. 1241.

3 Ebd.

4 Hannah Arendt: „Der Raum des Öffentlichen und der Bereich des Privaten", in: *Vita Activa oder vom tätigen Leben*, München 1992 (zuerst Chicago 1958); Richard Sennett: *Verfall und Ende des öffentlichen Lebens. Die Tyrannei der Intimität*, 13. Aufl., Frankfurt am Main 2002 (zuerst New York 1974).

5 Beate Rössler: *Der Wert des Privaten*, Frankfurt am Main 2001, S. 19.

6 Arendt (wie Anm. 4), S. 30.

7 Sennett (wie Anm. 4).

8 Ebd., S. 425.

9 Rössler (wie Anm. 5), S. 44.

10 Ebd., S. 255.

11 Ebd., S. 260.

12 Ebd.

13 Ebd., S. 256f.

14 Diese Formulierung geht auf Birgit Sauer zurück: Dies., *Die Asche des Souveräns: Staat und Demokratie in der Geschlechterdebatte*, Frankfurt am Main 2001, S. 184f.

15 Beate Rosenzweig, „Von der Bedeutung des Privaten für die Politik: Grenzziehungen zwischen oikos und polis bei Platon und Aristoteles", in: Sandra Seubert/Peter Niesen (Hrsg.): *Die Grenzen des Privaten*, Baden-Baden 2010, S. 25–40, hier S. 25.

16 Martha Rosler: „Well, is the Personal Political? – Statement für die Konferenz Questions on Women's Art", ICA, London, 15.–16.11.1980, Nachdruck in: Hilary Robinson (Hrsg.): *Feminism-art-theory: an anthology 1968–2000*, Oxford u. a. 2001, S. 95f.

17 Félix González-Torres: „Public and Private. Spheres of Influence", in: *Symptoms of interference, conditions of possibility: Ad Reinhardt, Joseph Kosuth, Félix González-Torres*, Ausst.-Kat. Camden Arts Center, London 1993/94, London 1994, S. 87–91, hier S. 91.

* This text is based on my publication *Privat – bitte eintreten! Rhetoriken des Privaten in der Kunst der 1990er Jahre*, Bielefeld 2015 (doctoral dissertation 2012) and on my text "Repräsentationen des Privaten", in: Hubertus Butin (ed.): *Begriffslexikon zur zeitgenössischen Kunst*, Cologne 2014, pp. 311–314.

1 Rebecca Casati: "Ende der Privatheit", in: *Der Spiegel*, No. 31, 30.7.2007, pp. 132–135, here p. 132.

2 Entry "privat", in: *Deutsches Universalwörterbuch*, 5th revised edition, Mannheim et al. 2003, p. 1241.

3 Ibid.

4 Hannah Arendt: "Der Raum des Öffentlichen und der Bereich des Privaten", in: *Vita Activa oder vom tätigen Leben*, Munich 1992 (first published in Chicago 1958); Richard Sennett: *Verfall und Ende des öffentlichen Lebens. Die Tyrannei der Intimität*, 13th edition, Frankfurt am Main 2002 (first published in New York 1974).

5 Beate Rössler: *Der Wert des Privaten*, Frankfurt am Main 2001, p. 19.

6 Arendt (see note 4), p. 30.

7 Sennett (see note 4).

8 Ibid., p. 425.

9 Rössler (see note 5), p. 44.

10 Ibid., p. 255.

11 Ibid., p. 260.

12 Ibid.

13 Ibid., p. 256ff.

14 This phrase is derived from Birgit Sauer: Sauer, B., *Die Asche des Souveräns: Staat und Demokratie in der Geschlechterdebatte*, Frankfurt am Main 2001, p. 184ff.

15 Beate Rosenzweig, "Von der Bedeutung des Privaten für die Politik: Grenzziehungen zwischen oikos und polis bei Platon und Aristoteles", in: Sandra Seubert/Peter Niesen (eds.): *Die Grenzen des Privaten*, Baden-Baden 2010, pp. 25–40, here p. 25.

16 Martha Rosler: "Well, is the Personal Political? – Statement for the conference Questions on Women's Art", ICA, London, 15.–16.11.1980, reprinted in: Hilary Robinson (ed.): *Feminism-art-theory: an anthology 1968–2000*, Oxford et al. 2001, p. 95ff.

17 Félix González-Torres: "Public and Private. Spheres of Influence", in: *Symptoms of interference, conditions of possibility: Ad Reinhardt, Joseph Kosuth, Félix González-Torres*, exhib. cat. Camden Arts Centre, London 1993/94, London 1994, pp. 87–91, here p. 91.

*1969 in Rheydt (DE), lebt und arbeitet/lives and works in Rheydt (DE)

Gregor Schneider

Auf einem langen Podest präsentiert Gregor Schneider Schwarz-Weiß-Fotografien der verschiedenen Räume, die er seit 1985 vor allem in sein Wohnhaus in der Unterheydener Straße 12 in Rheydt eingebaut hat. Mitte der 1990er-Jahre war das Podest in zwei Soloausstellungen des Künstlers zu sehen: 1994 im Museum Haus Lange in Krefeld und 1996 leicht verändert und erweitert in der Kunsthalle Bern. Ergänzend wurden jeweils auf mehreren Monitoren verschiedene Filme Schneiders gezeigt, mit der Handkamera zentralperspektivisch aufgezeichnete Gänge durch diese Räume. Die Auswahl der Fotografien und Filme in der Ausstellung *Homebase* beruht weitgehend auf der Präsentation in Bern. Eine „Aktualisierung" fand insofern statt, als auf einem HDV-Monitor auch in den letzten Jahren entstandene Filme zu sehen sind.

In Gesprächen, die Ulrich Loock mit Gregor Schneider im Vorfeld der Ausstellung in Bern führte und die im Berner Katalog abgedruckt sind, finden sich bis heute gültige Aussagen des Künstlers zu seinem Vorgehen und seine Intentionen: „Das Haus u r ist ein Versuch, auf das Grundproblem der Wiedervereinigung von Kunst und Leben eine Lösung zu finden."

„Es gibt Arbeiten, in denen ich mich total isoliere, indem ich Räume mit Blei, Glaswolle, Schalldämmstoffen und Masse ausschlage. Ich selbst bin mitten drin und liefere mich der Arbeit so aus wie jeder andere, der hier herkommt. Ich bin also keiner, der irgendwelche Tricks veranstaltet. Ob ich mich von der Außenwelt isoliere oder ob es ein Durchbruch ist, weiß ich nicht genau {...}."

„Es entwickelten sich Arbeiten, die wir nicht erkennen. Ich baue komplette Räume aus Boden, Wänden und Decke, die nicht als Raum im Raum, Raum und Raum zu sehen sind. Es sind ständig neue Räume aus unterschiedlichen Materialien hinzugekommen, die sich teilweise – nicht bewusst wahrnehmbar – heben, senken oder komplett drehen können. Die Arbeit besteht eigentlich darin, dass ich immer wieder von neuem mit der Arbeit beginne {...}. Je länger ich an der Arbeit arbeite desto unbekannter wird sie für mich selber!"

„Ich bin gar nicht am Raum interessiert. Als ich das erste Mal einen Raum gebaut habe, habe ich gar nicht verstanden, dass ich einen Raum gebaut hatte. Das hat mir jemand anders gesagt {...}."

„Es entsteht ein Ort, der kein Ort mehr sein kann, eine Ahnung von etwas, was wir nicht kennen. Es kann sein, dass jemand ins Haus kommt, weil die Tür offen steht oder er zu Besuch eingeladen ist. Er trinkt mit mir einen Kaffee. Und wenn wir dabei noch ein langweiliges Gespräch führen, verlässt er das Haus und fragt sich nicht einmal, warum er überhaupt da war {...}."

„Ausstellen ist immer ein Abtöten der Arbeiten. Wir scheitern alle an unseren Ansprüchen. Nach der Ausstellung bin ich wieder allein. Dann fange ich mit der Arbeit wieder von vorn an." *LS*

Arbeiten

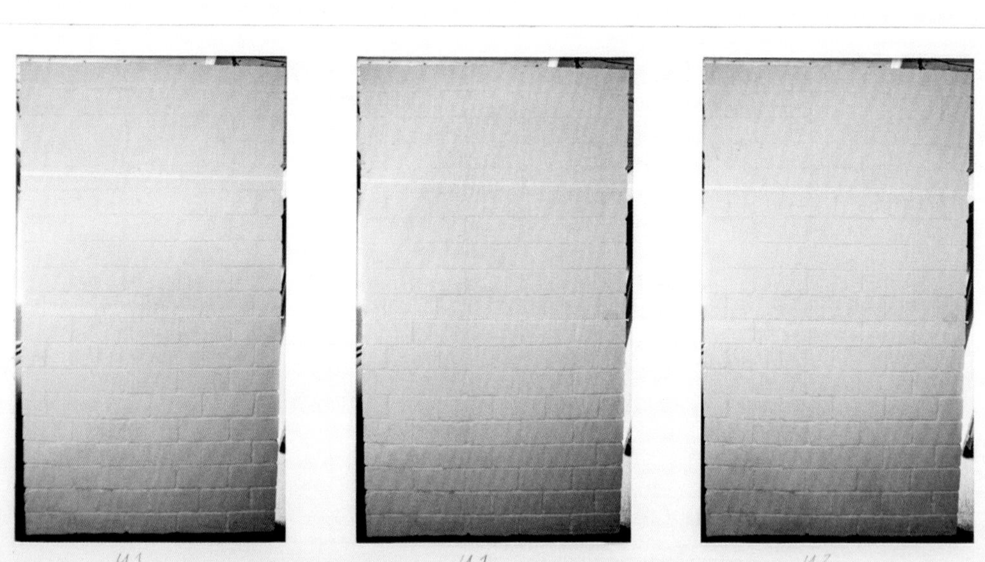
U 1
U 1
U 2

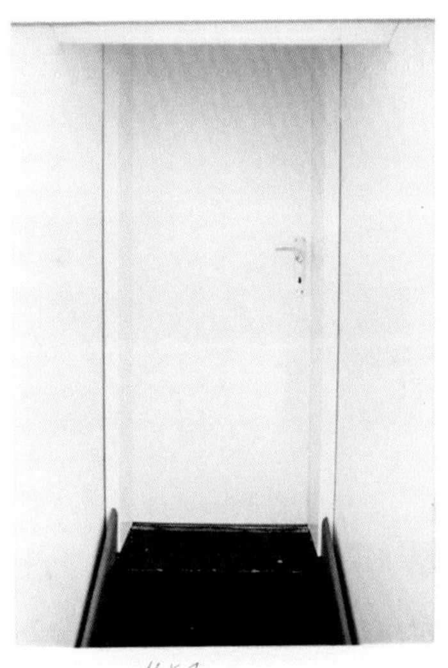

ur1

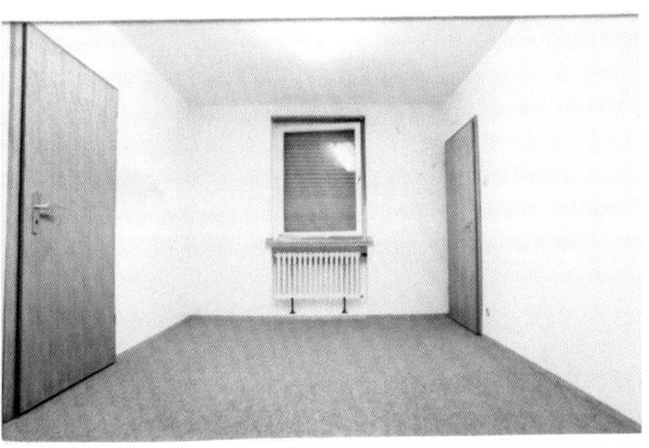

ur1

u4

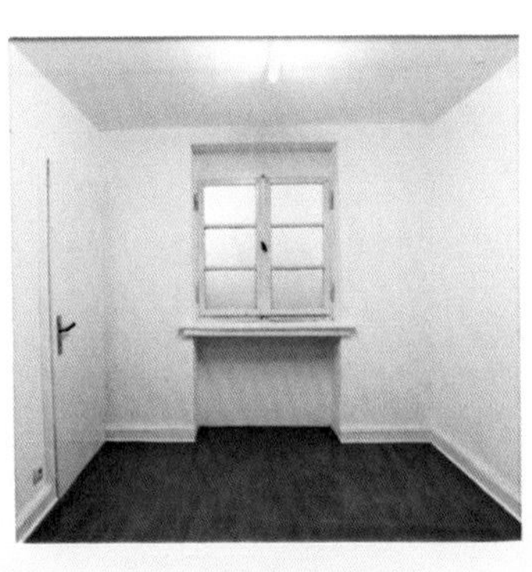

ur2

ur3

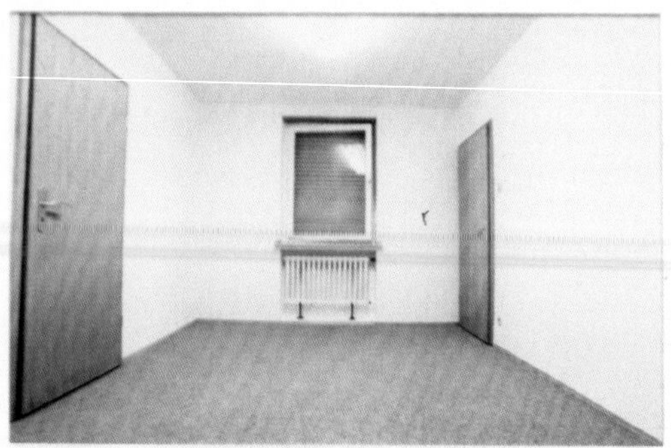

ur 1 - u 3

ur 1

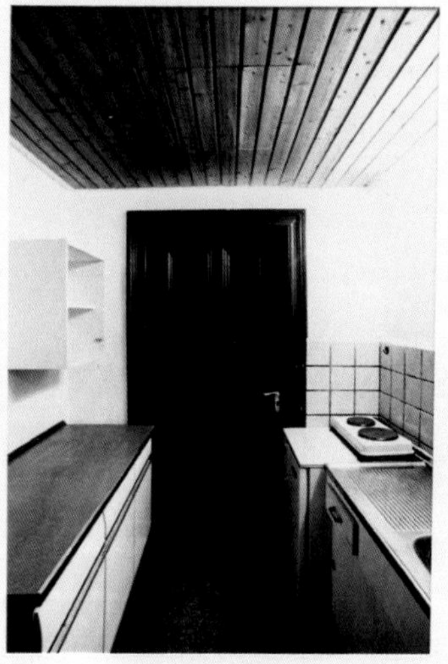

u 7 - 10

u 11

ur 4

ur 5

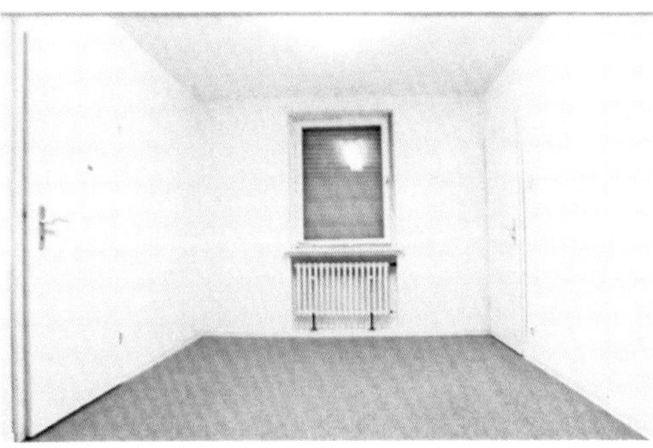

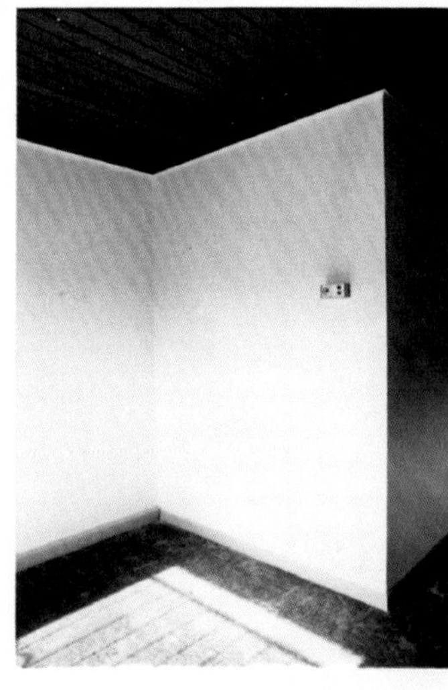

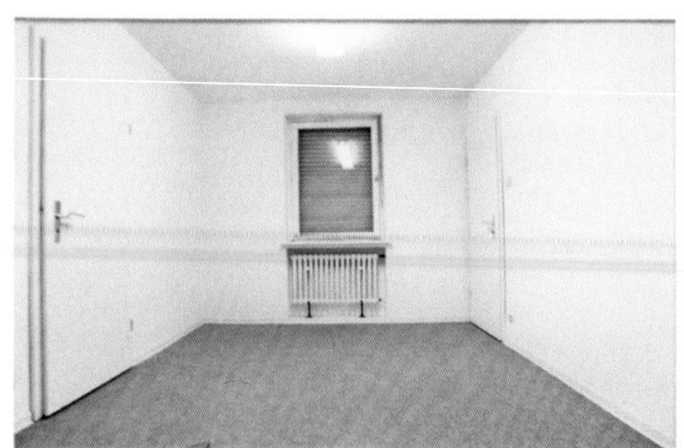

Ur1 U14

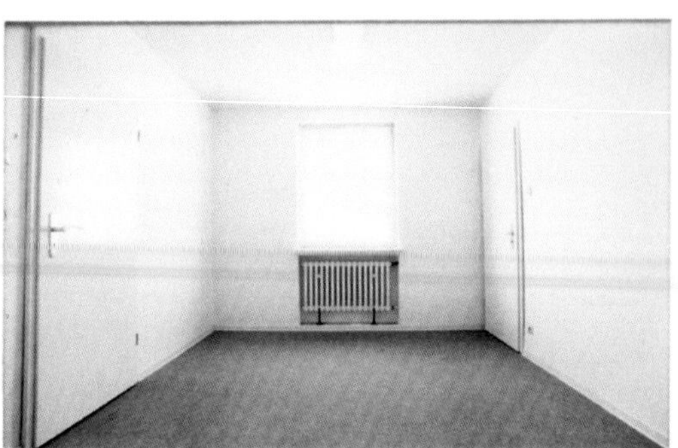

Ur1 U15

U 19

U 20

Ur6 U23

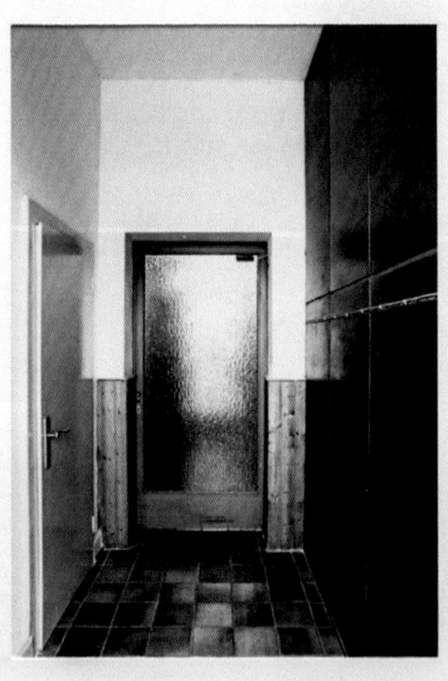

U 24

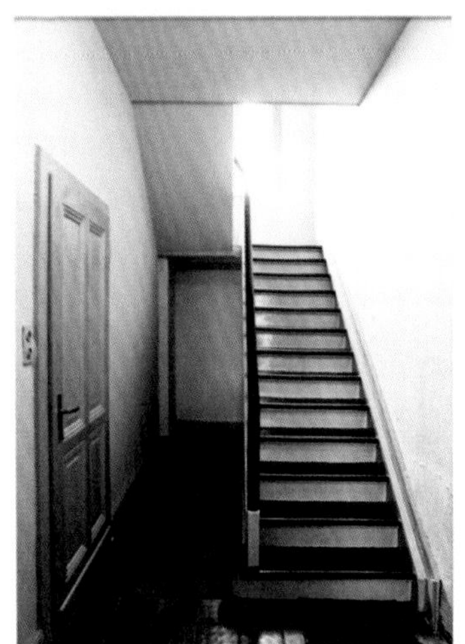

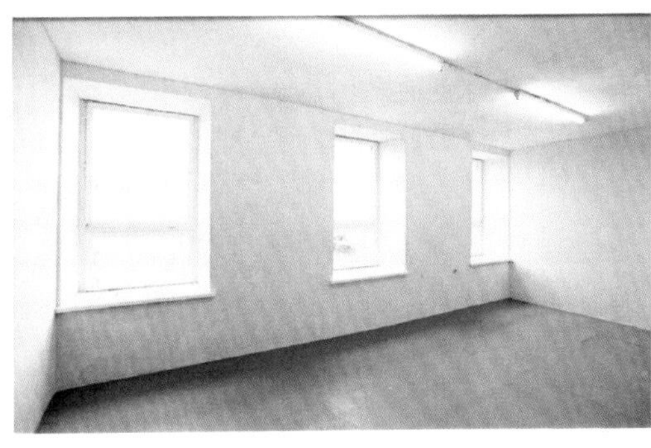

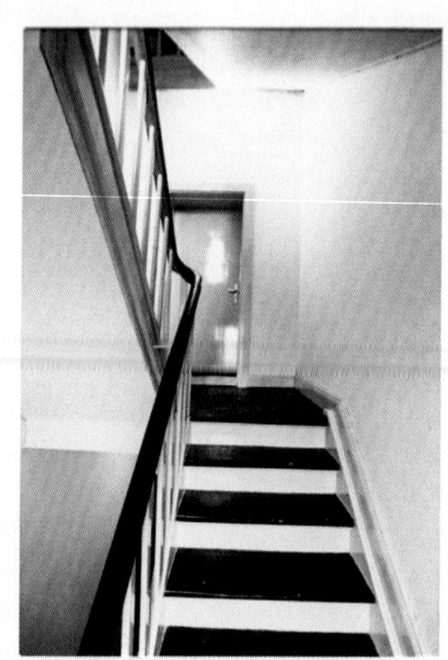

U 28 - 29   U 30

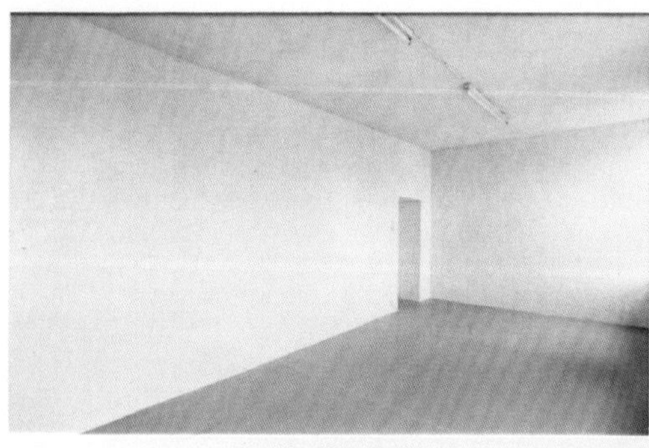

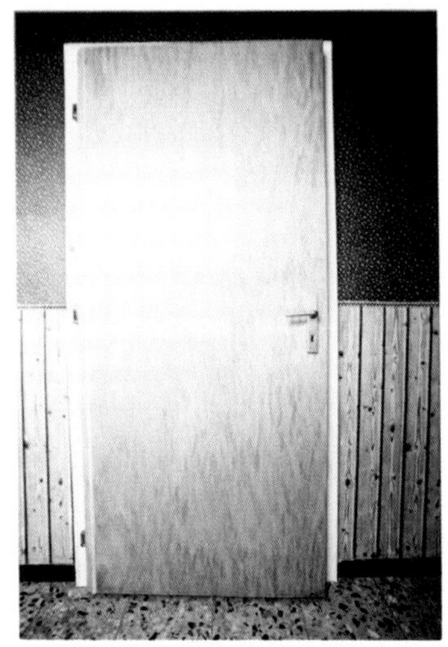

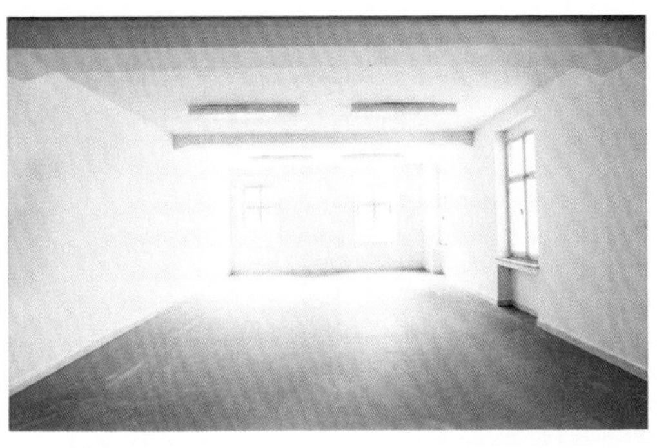

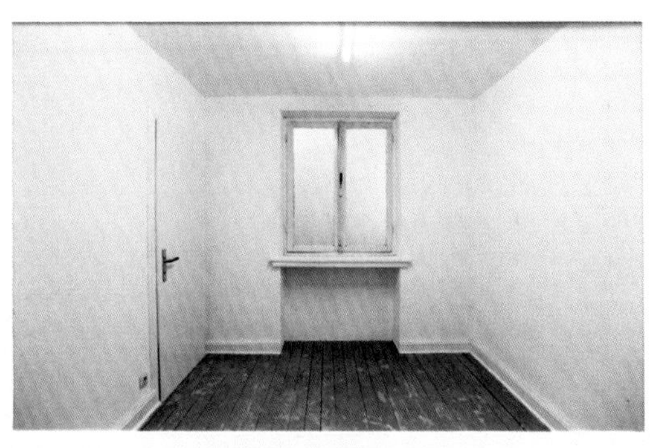

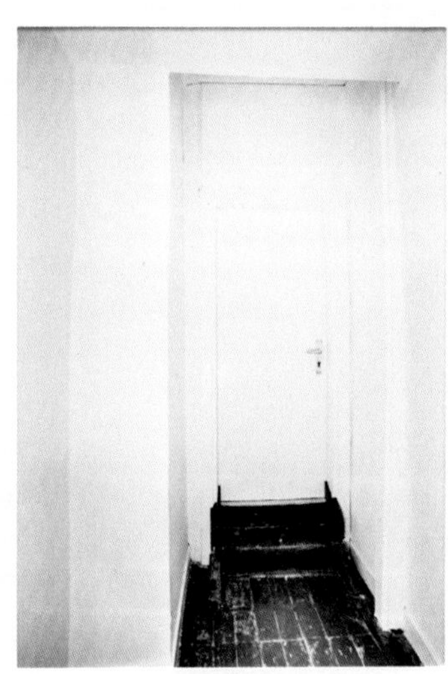

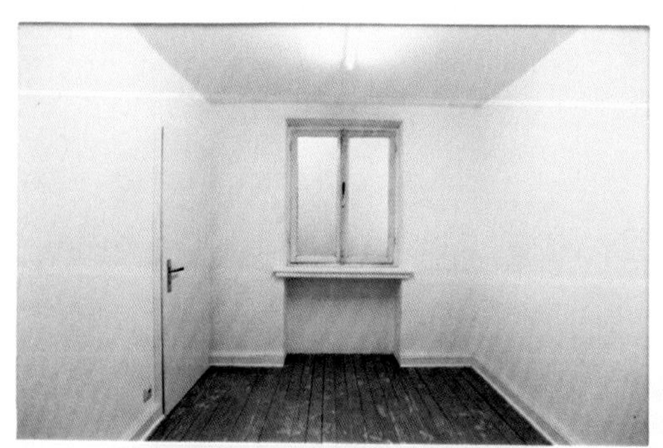

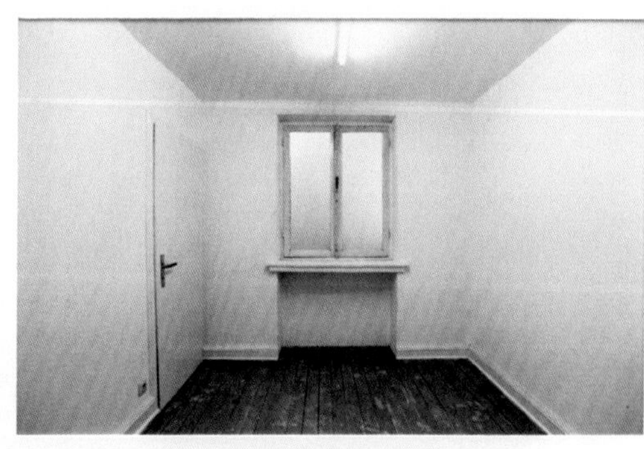

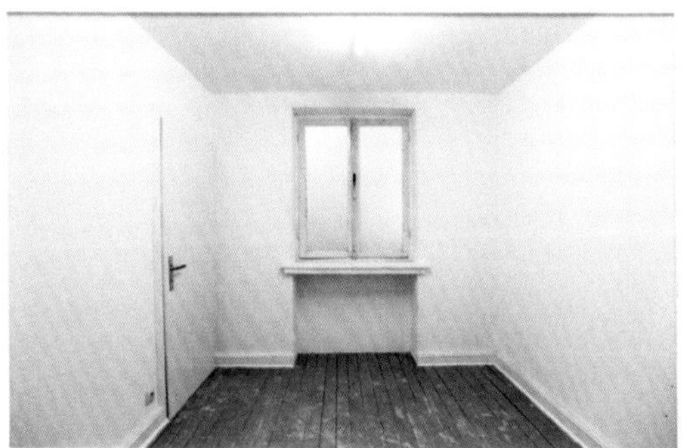

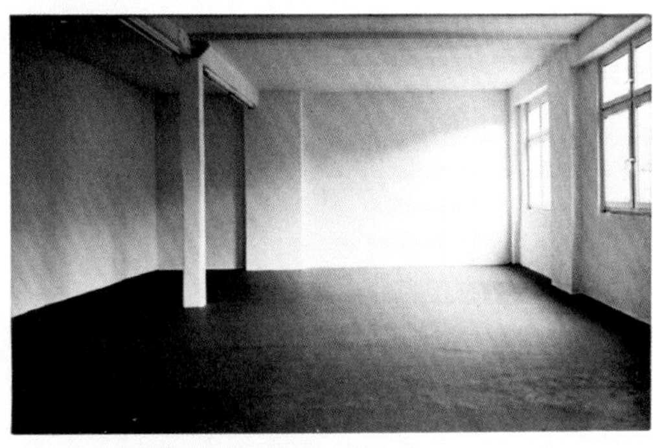

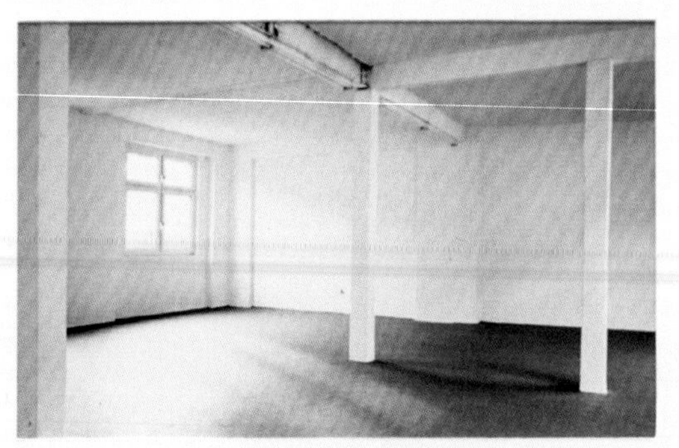

452 - 54

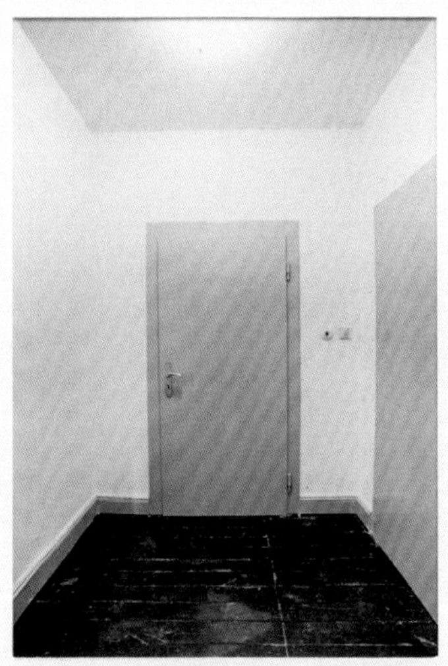

Ur 11   456

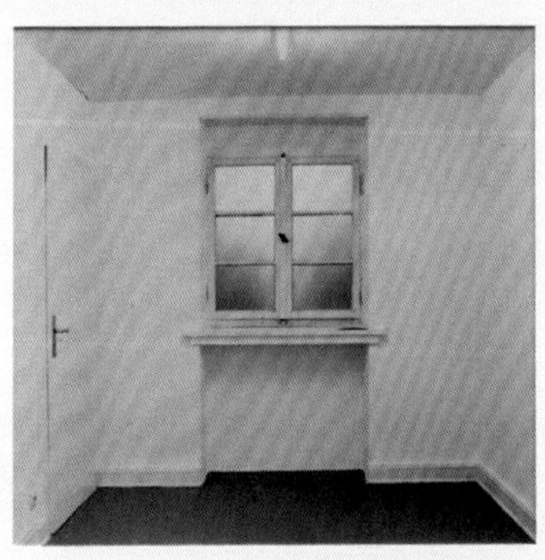

Ur 34

459

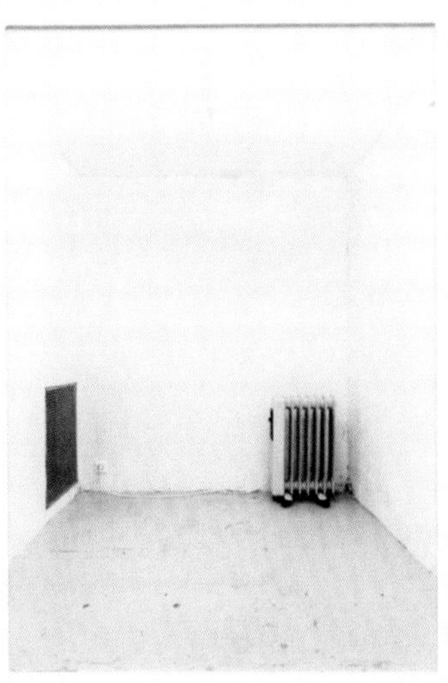

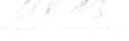

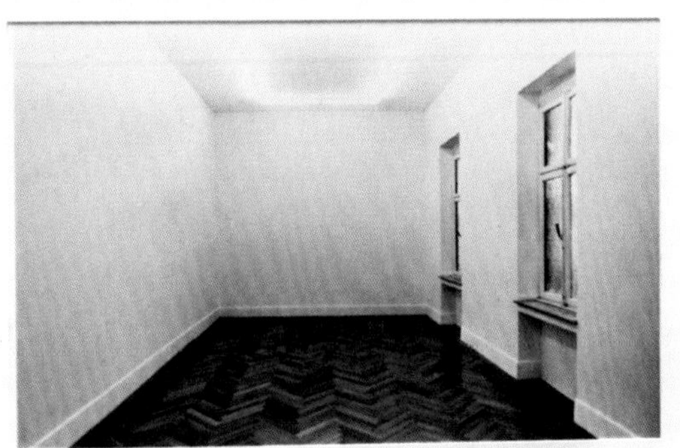

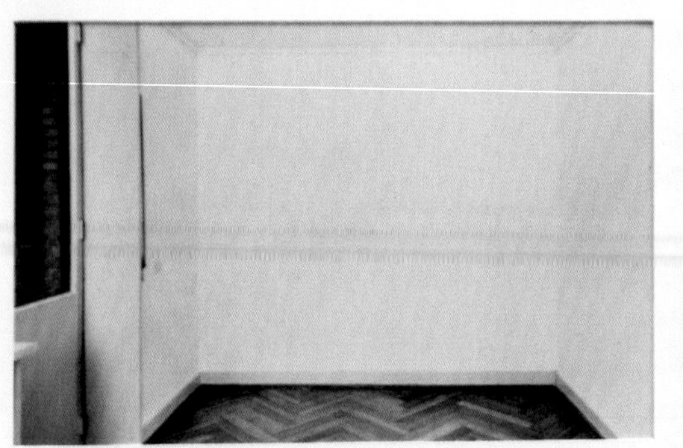
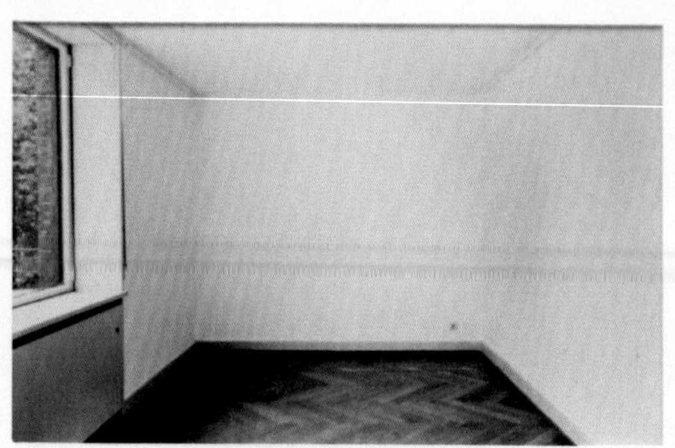

460

461

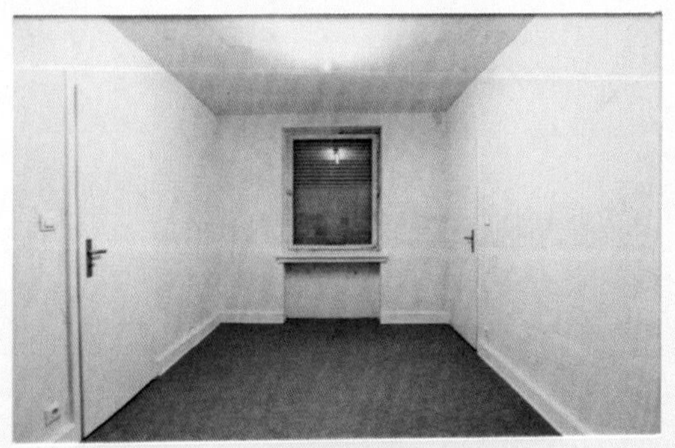

On a long platform, Gregor Schneider presents black and white photographs of various
rooms he constructed inside his house at 12 Unterheydener Straße in Rheydt from 1985
on. In the mid-1990s this platform could be seen in two solo exhibitions by the artist: in the
Museum Haus Lange in Krefeld in 1994 and, with slight changes and extensions, at the Kunsthalle
Bern in 1996. In each case, various films by Schneider were shown on several monitors to
supplement the photos; films made from a central perspective, recorded while walking through
the rooms with a hand-held camera. The selection of photographs and films in the exhibition
Homebase is based largely on the presentation in Bern. The work has been brought "up to date"
inasmuch as films from recent years can also be seen on an HDV screen.

In conversations that Ulrich Loock had with Gregor Schneider during the run-up to the exhibition
in Bern, later printed in the catalogue, we find statements by the artist about his method and
intentions, which are still valid today: "The house u r represents an attempt to find a solution
 to the fundamental problem of re-uniting art and life."

"There are works in which I isolate myself totally, by lining rooms with lead, glass fibre, sound
insulating fabrics, and material. I am right in the middle, and so I abandon myself to the work
just like anyone else who comes here. So, I am not one that arranges tricks of any kind. Whether
I isolate myself from the outside world in this way, or whether it's a way of breaking through,
I am not quite sure […]."

"Works that we don't recognize develop. I build complete rooms comprising floor, walls and
ceiling, which are not to be regarded as a room within a room, or as a room and a room. New
rooms are constantly being added, made from the widest range of materials, part of which –
although this is not consciously perceptible – can lift, drop or turn around completely. Actually,
the work consists of me beginning it from scratch again and again […]. The longer I work on the
piece, the less familiar it becomes to me personally!"

"I am completely uninterested in the room as such. When I had constructed a room for the first
time, I didn't even understand that I had built a room. It was someone else who told me that […]."

"A place emerges, which can no longer be a place; a sense of something we don't know. It could
be that someone comes into the house because the door is standing open or he is invited in as a
guest. He drinks coffee with me. And if we have a boring conversation while doing so, he leaves
the house and doesn't even ask why he was there at all […]."

"Exhibiting is always a deadening of the works. We all fail to meet our own demands. After the
exhibition I am alone once more. Then I start working all over again from the beginning." *LS*

Andreas Schulze

* 1955 in Hannover/Hanover (DE), lebt und arbeitet/lives and works in Köln/Cologne (DE)

Amorphe Röhren, wulstige Objekte, Lichtpunkte, nebelige Flächen und wellenförmige Objekte formieren sich in der Bildwelt von Andreas Schulze zu surreal anmutenden Landschaften und Interieurs. Seine Malerei ist jedoch nicht auf die Zweidimensionalität eines planen Bildträgers beschränkt: Seit Mitte der 1980er-Jahre wird sie immer wieder auch volumenhaft, dehnt sich aus und greift in die dritte Dimension. Es entstehen malerisch-plastische Environments, die die Möglichkeiten der Malerei als Tafelbild, Wandbild, Raumbild, Bild im Raum und Raum im Raum erproben. Aus einem komplexen Zusammenspiel von Gemälden, Wand- wie Bodenarbeiten, Mobiliar und Objekten ergeben sich eigentümlich-surreale Wohnwelten und ein bildnerischer Mikrokosmos, der hintersinnigen Humor mit Abgründigkeit verbindet.

In einem Interview äußert Andreas Schulze 1989, die Avantgarde-Kunst bewege sich zwischen den Extremen Intellektualität und grober Banalität, jedoch ginge es ihm um das bürgerliche Mittelmaß. Tatsächlich erinnern seine neodadaistischen Wohnlandschaften bisweilen an ein gutbürgerliches Arkadien aus Eckbank, Häkeldeckchen, Gummipalme und Nippes. Klug spielt er mit diesen Repräsentanten einer banal-alltäglichen Idylle und inszeniert seine „Kuriositätenkabinette" als pointierte Satire auf bürgerlich Dekoratives. Dabei wird die Trennung zwischen Bildraum und architektonischem Raum und damit auch zwischen Werk und Betrachter aufgehoben: Dieser wird zum Akteur und kann es sich in den gemalten Wohnlandschaft gemütlich machen. Jedoch wird bei aller Gastfreundlichkeit ein unterschwelliges Unbehagen bleiben, vielleicht weil diese verwirrend-vertraute Heimeligkeit zu sehr an die eigene kulturelle Prägung erinnert.

Andreas Schulze, seit 2008 Professor an der Kunstakademie in Düsseldorf, gehört zu der Generation von Künstlern, die sich im Übergang zu den 1980er-Jahren erneut zur Malerei bekannten. Nachdem die Minimal- und Concept-Art der vorangegangenen Jahrzehnte eine Intellektualisierung der Kunst forderten, führte Anfang der 1980er-Jahre der „Hunger nach Bildern" zu einer Renaissance der Malerei. In den vergangenen 35 Jahren hat Andreas Schulze eine unverwechselbare Bildsprache entwickelt, unabhängig von kurzlebigen Strömungen und Paradigmenwechseln. *HZ*

Ohne Titel (Wohnanhänger), 2007
S./pp. 136/137 Ausst.-Ansicht/installation view Art Basel Unlimited, 2012
S./pp. 138/139 Ausst.-Ansicht/installation view *Nebel im Wohnzimmer,* Kunstmuseum St. Gallen, 2015
S./pp. 140/141 Ausst.-Ansicht/installation view Team Gallery, New York, 2012

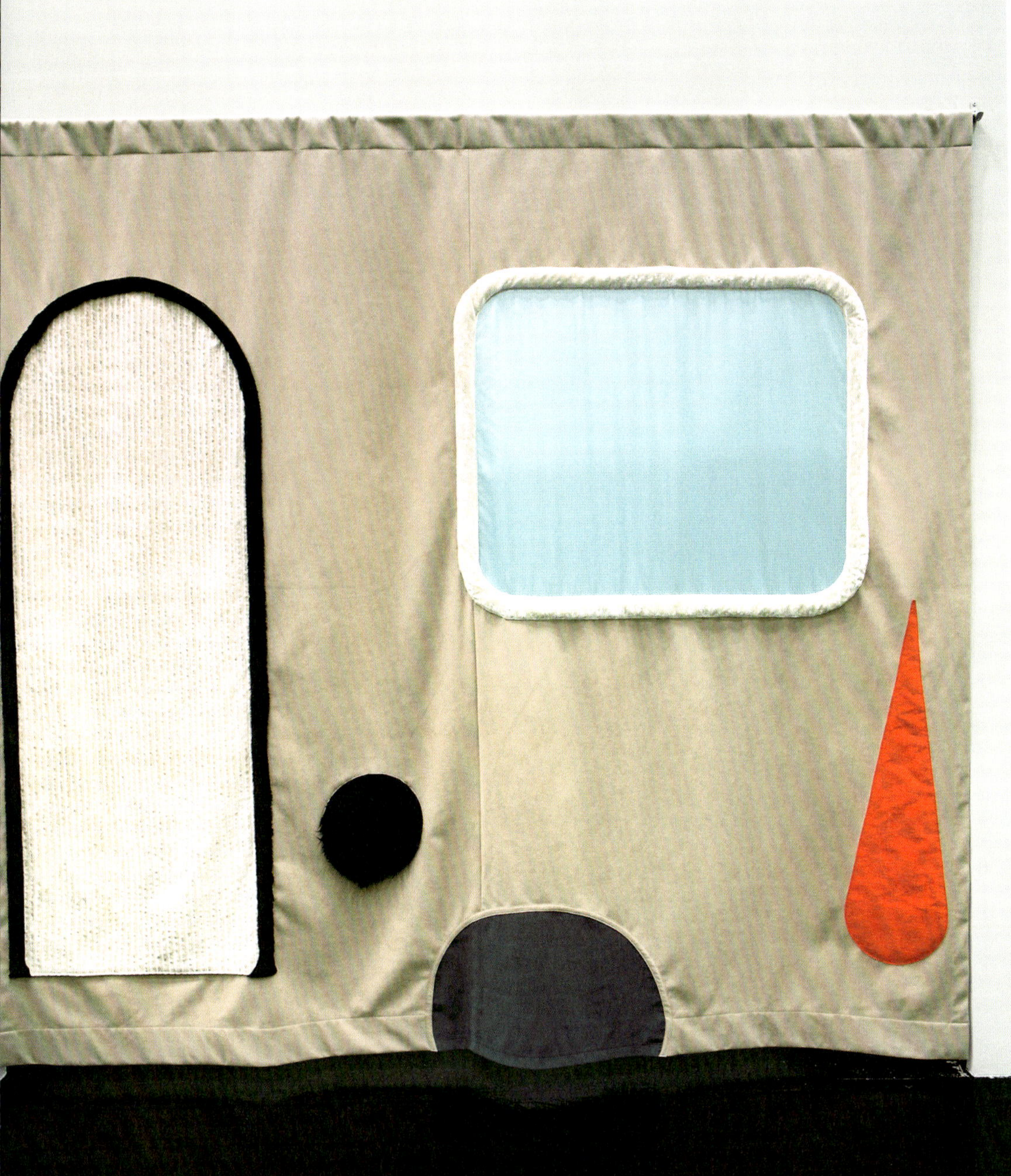

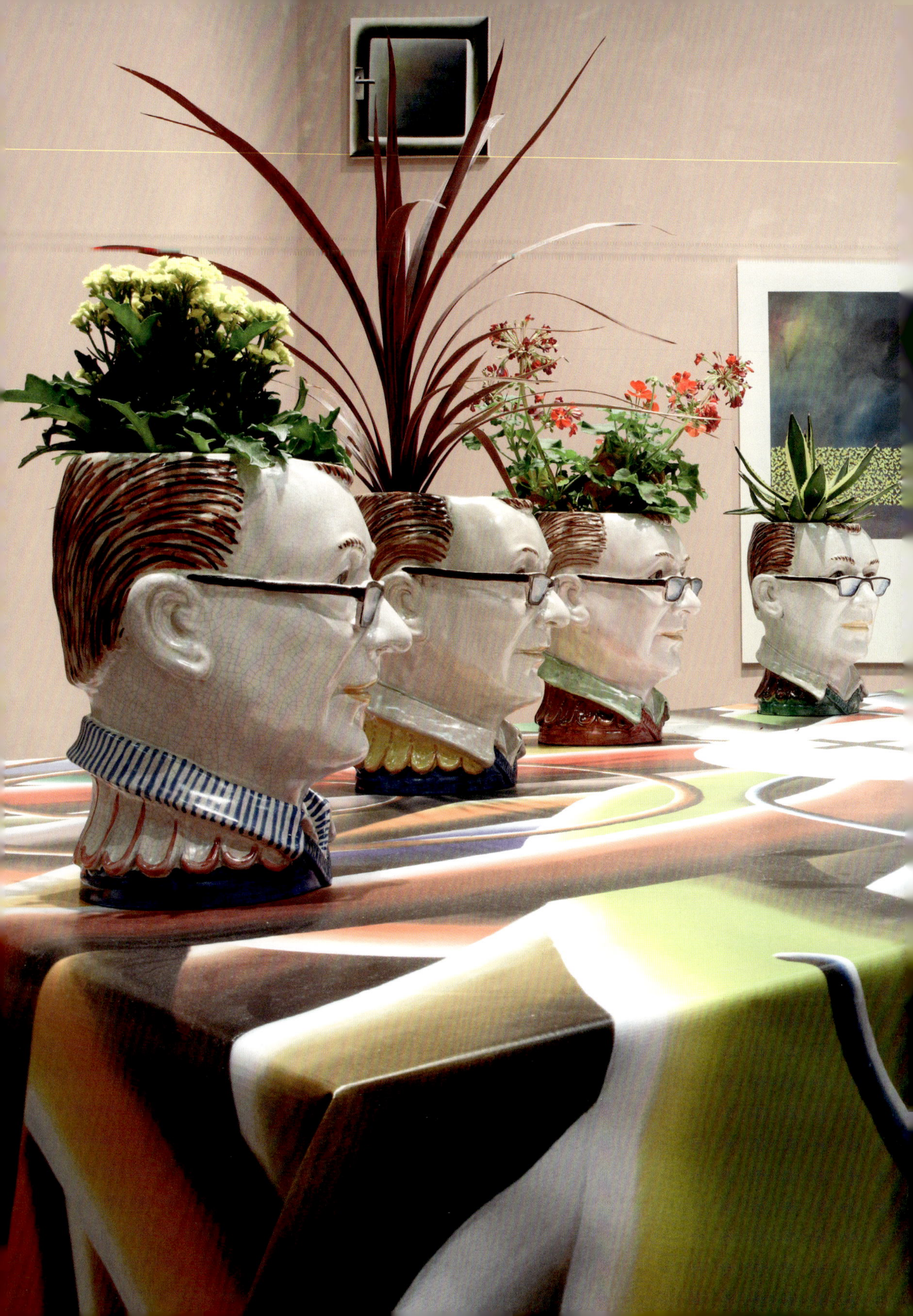

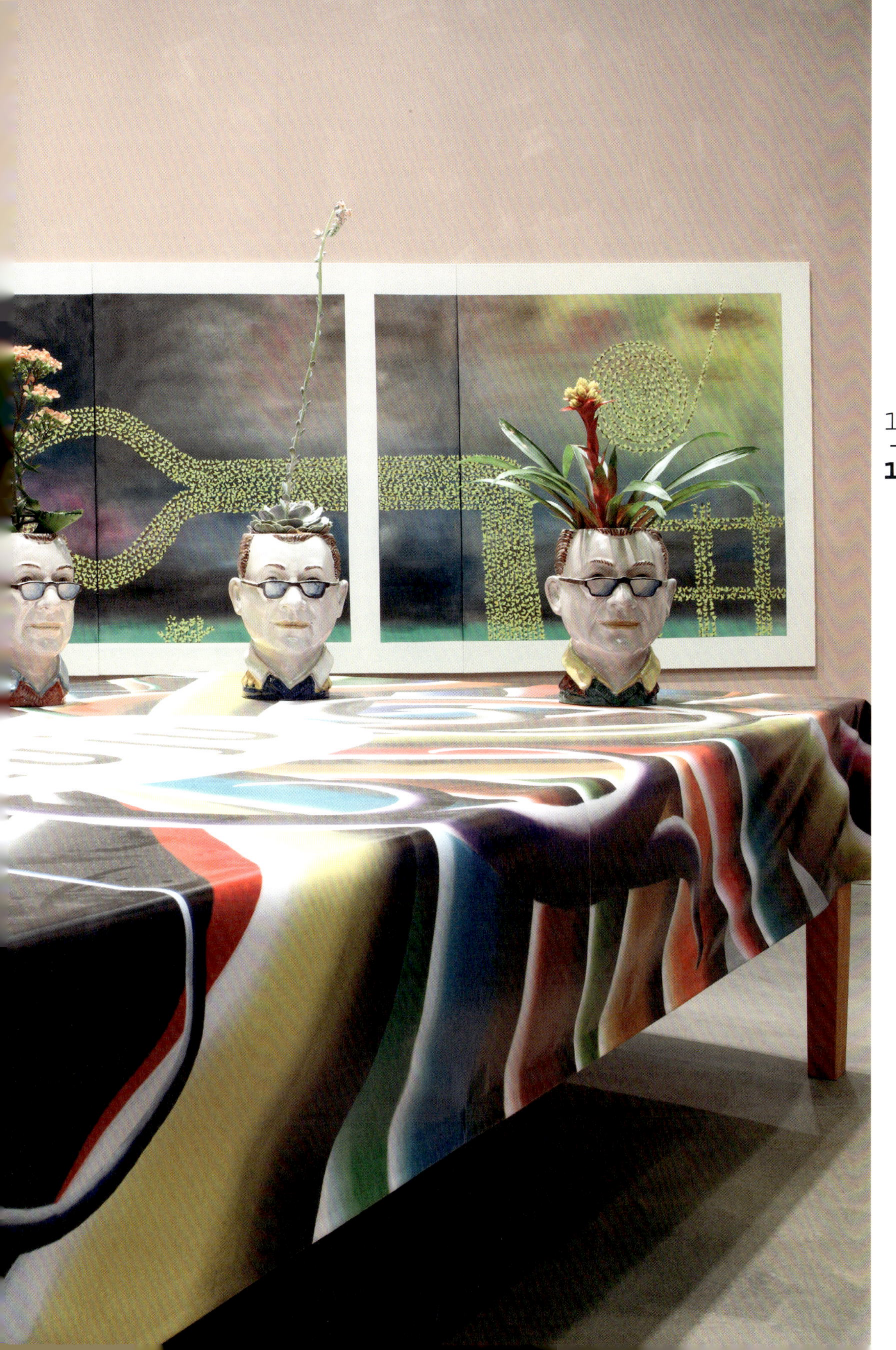

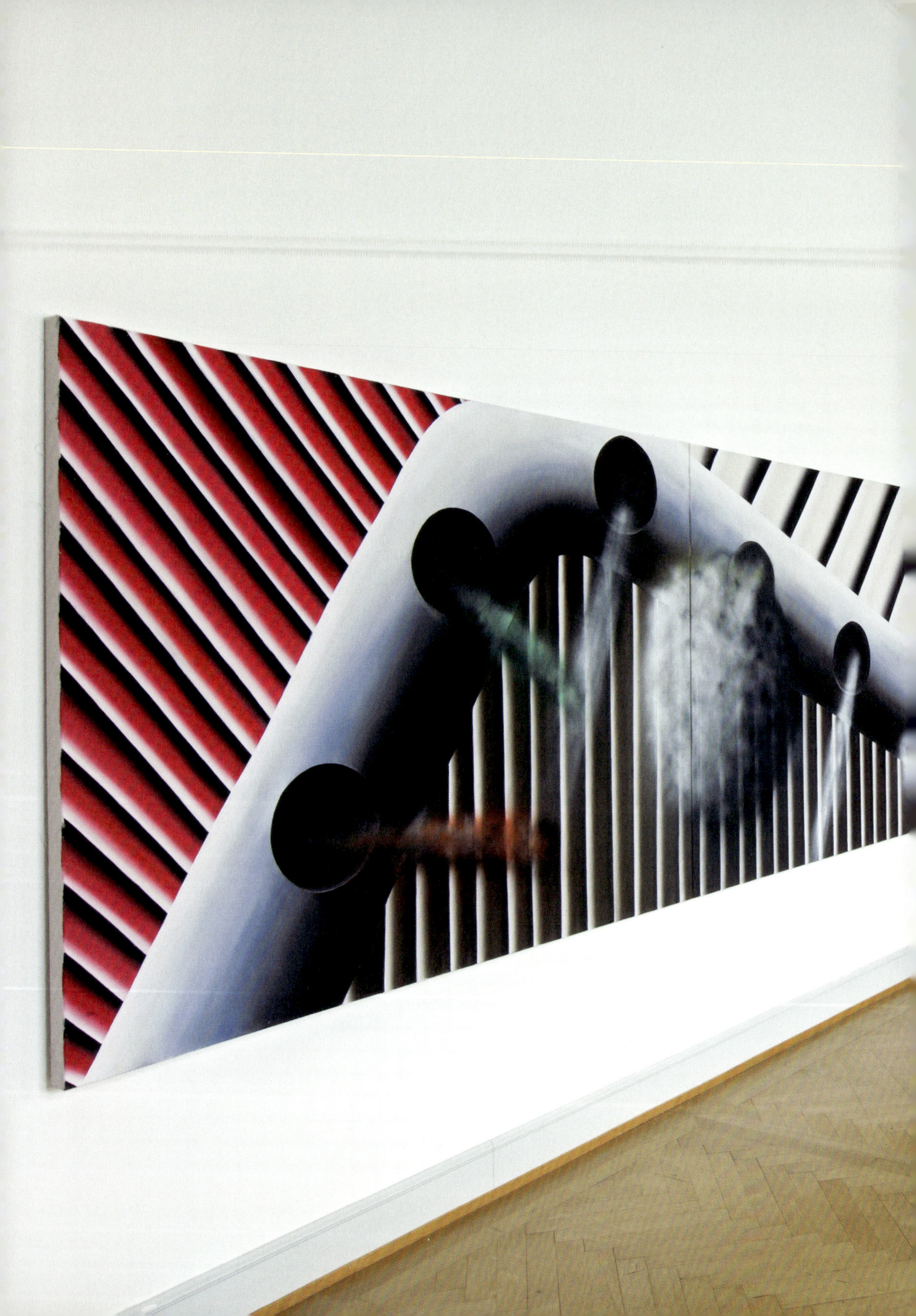

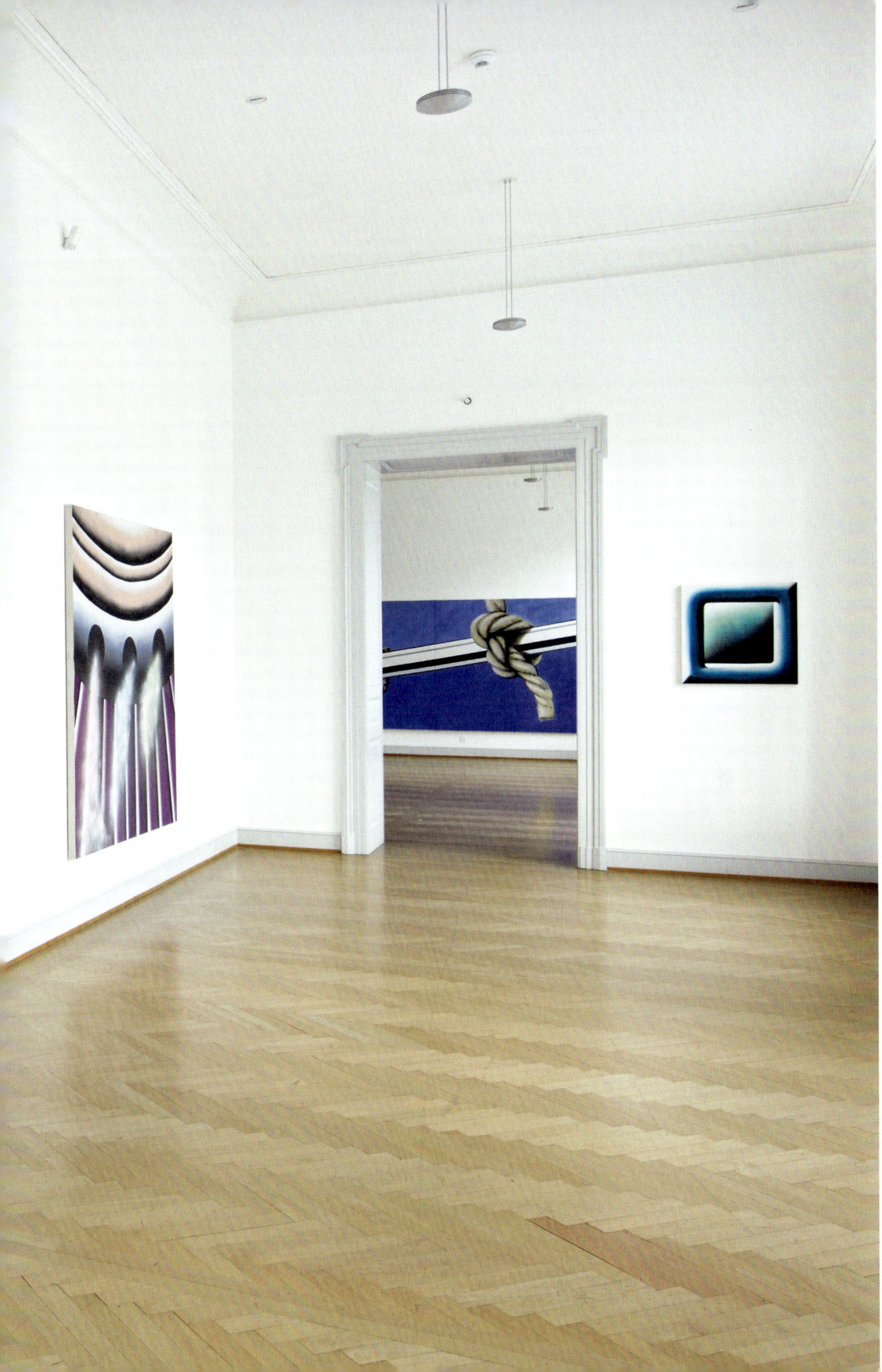

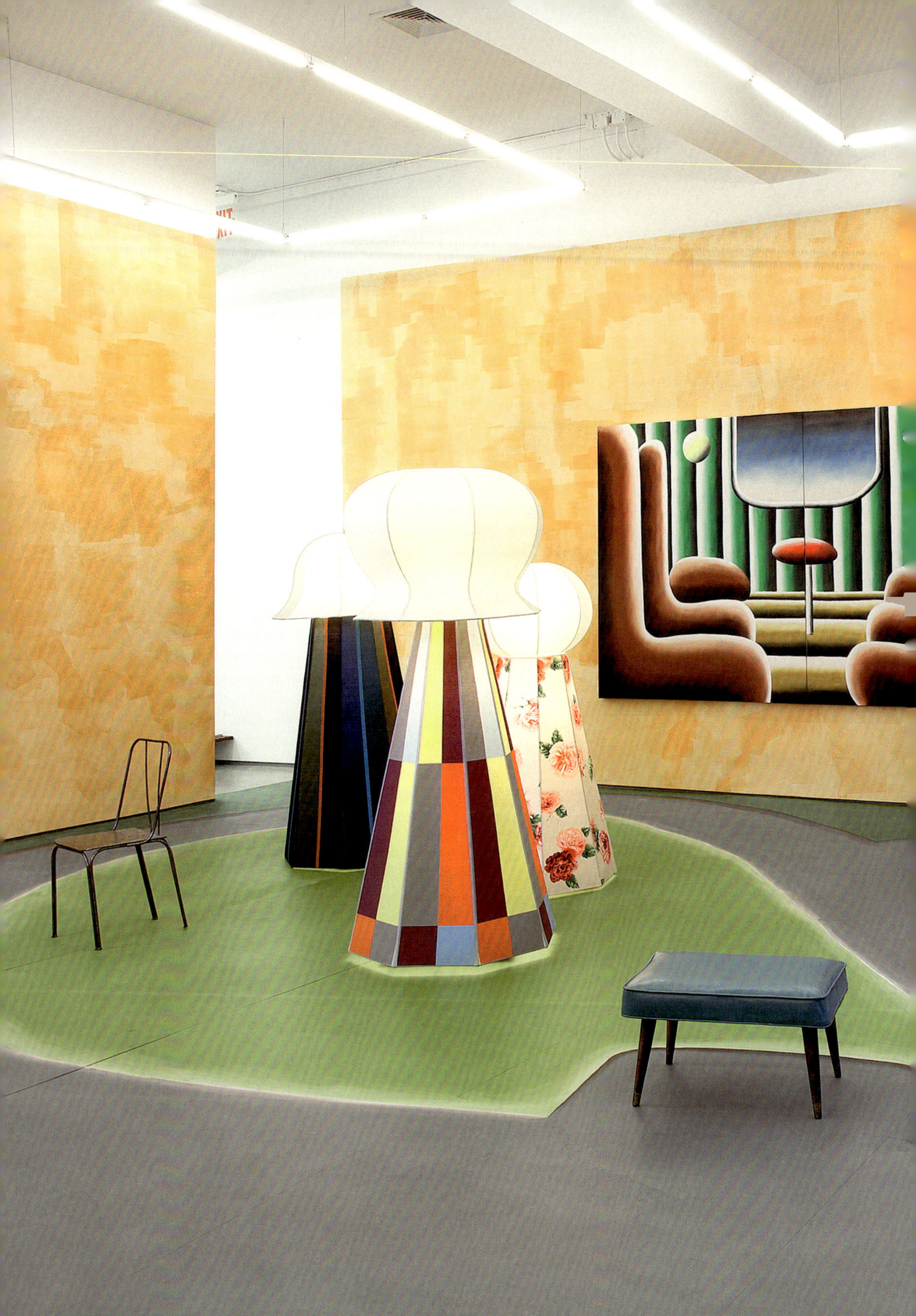

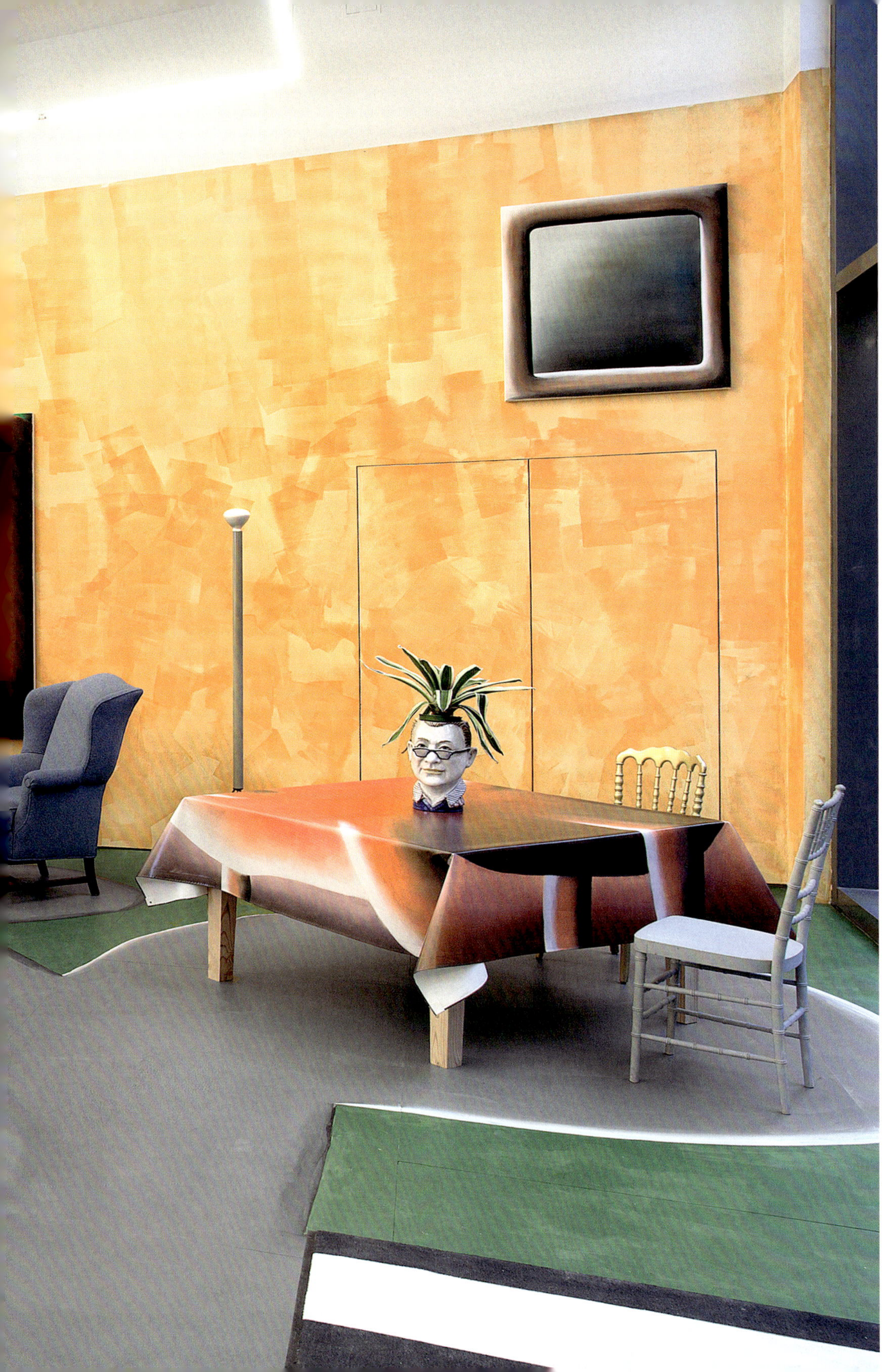

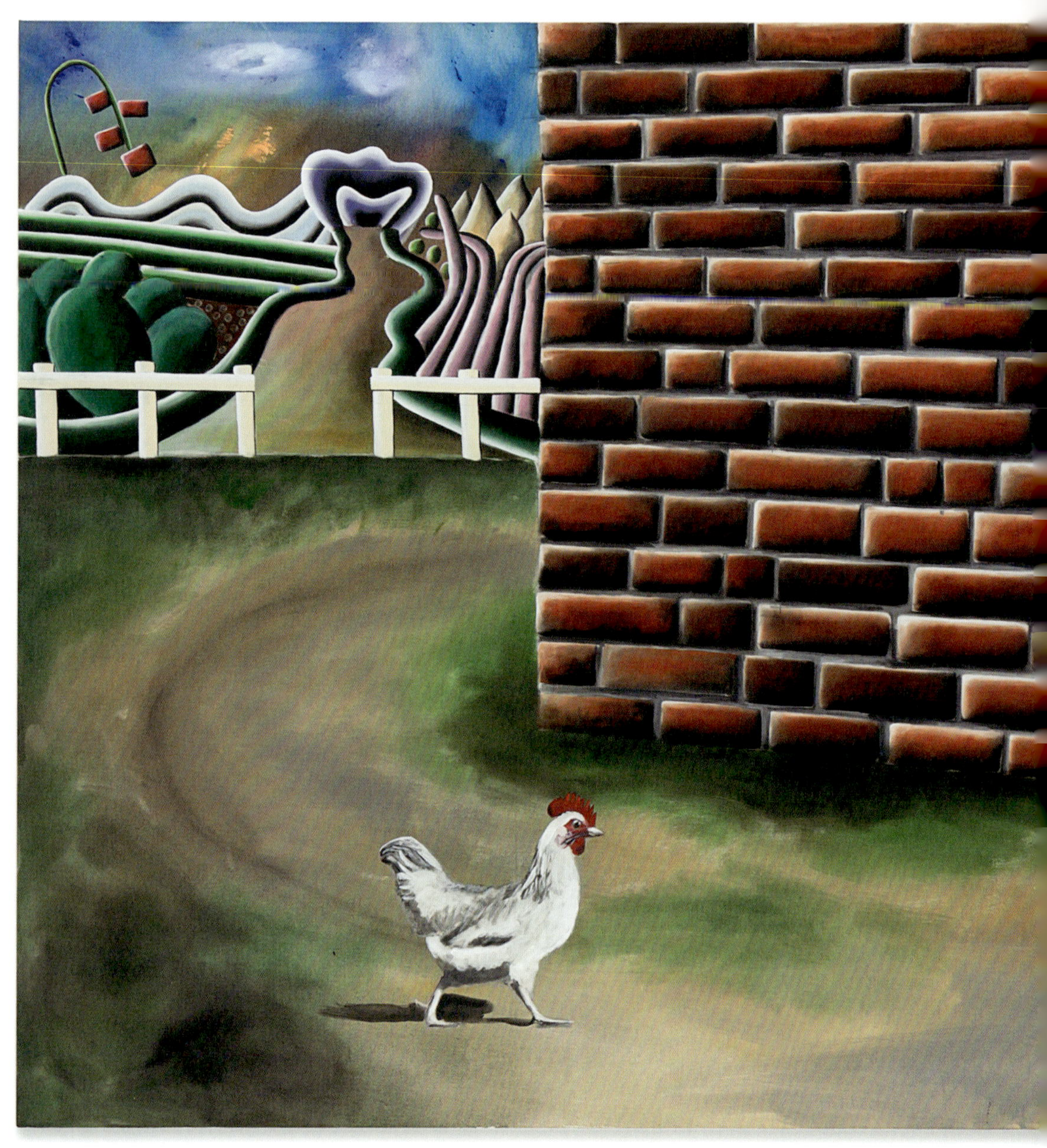

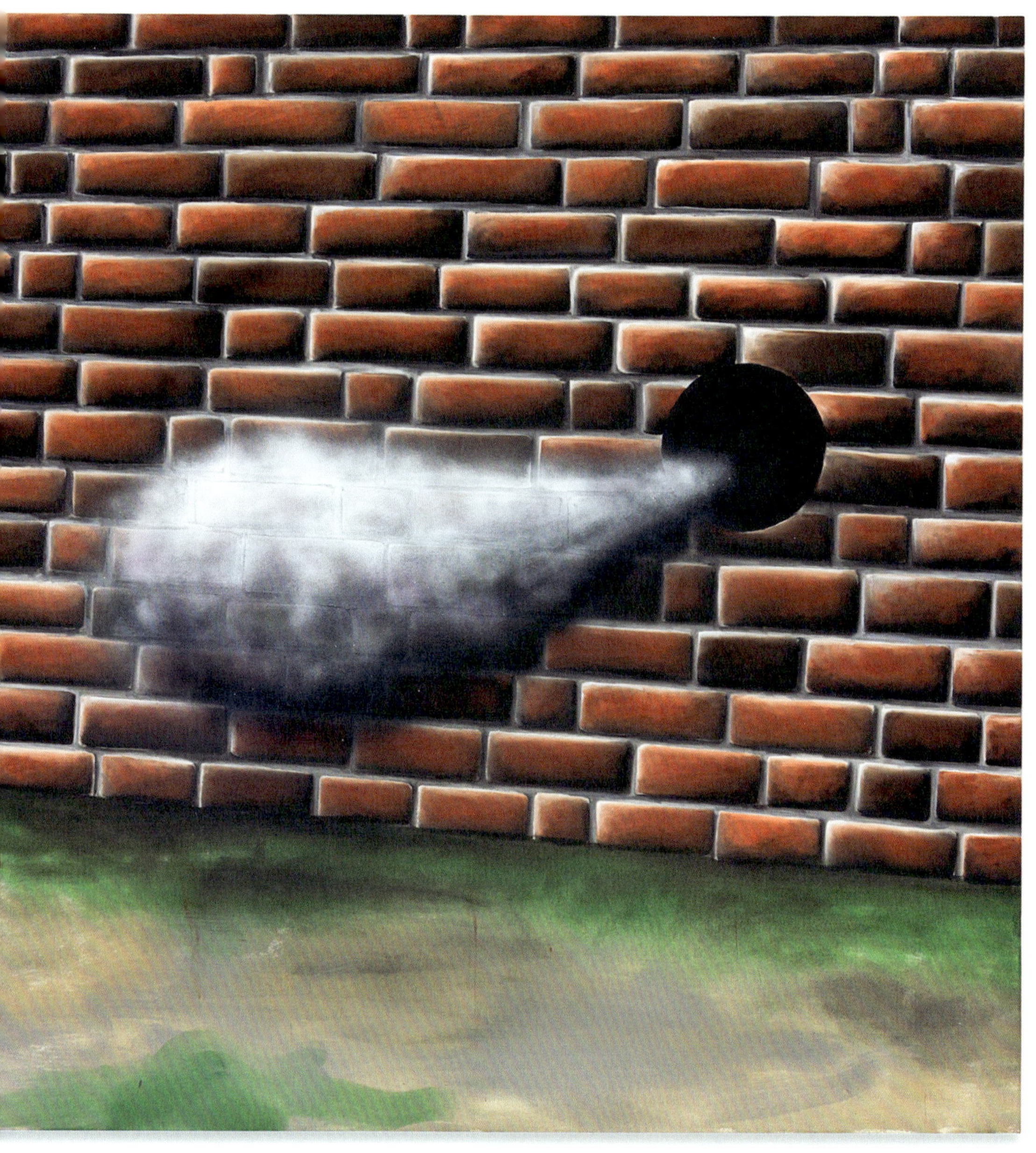

Ohne Titel (oder Bauernhof),
2014

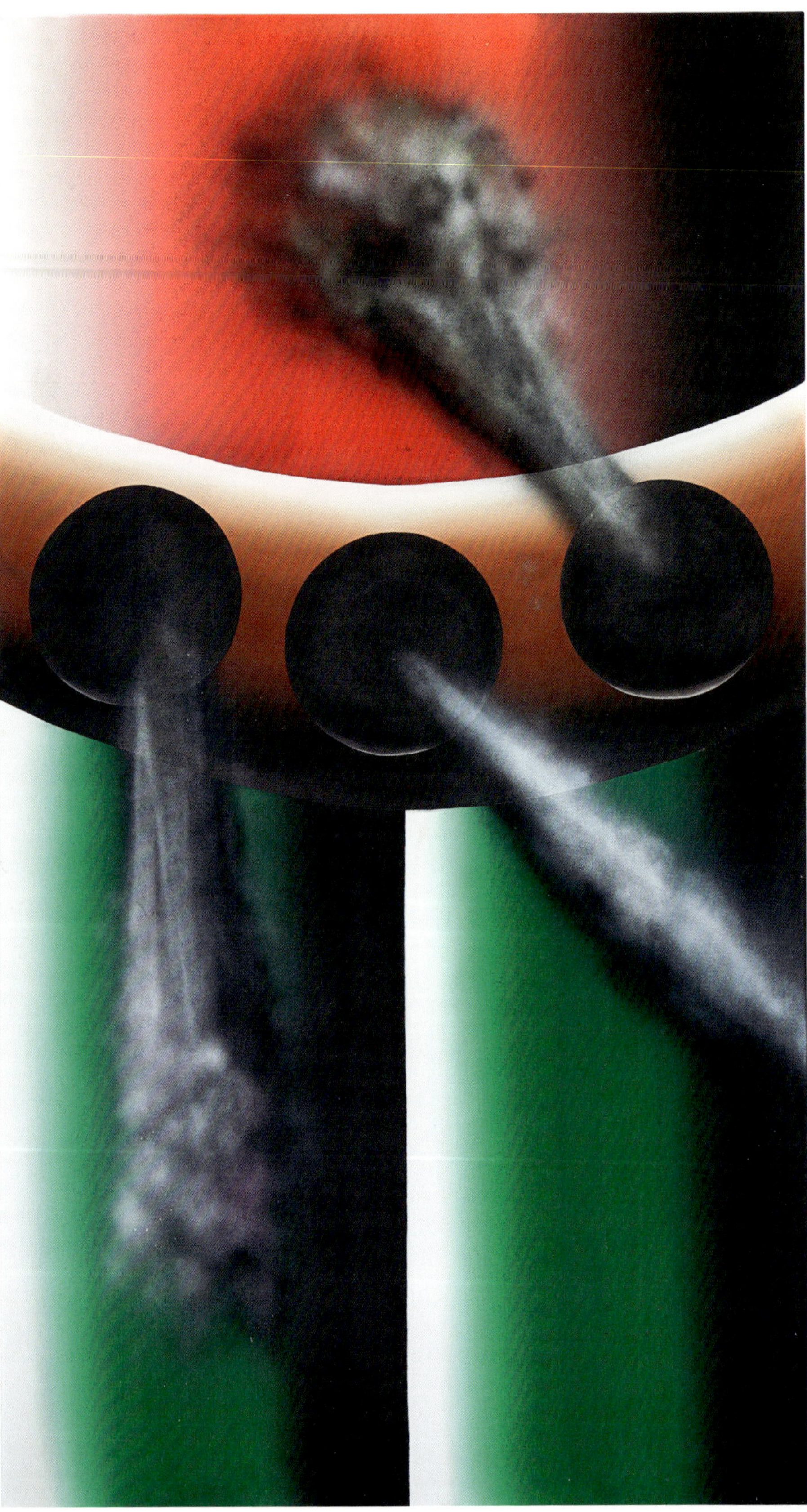

Amorphous tubing, bulging objects, points of light, misty fields and undulating objects evolve in Andreas Schulze's visual world, so creating apparently surreal landscapes and interiors. However, his painting is not limited to the two dimensions of the plane picture carrier: since the mid-1980s it has been growing ever more voluminous, expanding and reaching out into the third dimension. The outcome is painterly-plastic environments, which explore the possibilities of painting as a panel picture, mural, spatial image, image in space, and space within a space. Complex interplay between paintings, mural and floor works, furniture and objects leads to strange, surreal living environments and a sculptural microcosm combining cryptic humour with fathomlessness.

During an interview in 1989 Andreas Schulze stated that avant-garde art operated between the extremes of intellectualism and coarse banality, but that he was concerned with the bourgeois mean. Indeed, his neo-Dadaist interior landscapes are sometimes reminiscent of a bourgeois Arcadia comprising corner bench, crocheted mats, rubber plant, and knicknacks. He plays cleverly with these representatives of a banal, everyday idyll and stages his "cabinets of curiosities" as a pointed satire on bourgeois decor. In the process, the distinction is abolished between picture space and architectonic space, and thus between the work and the viewer: the latter becomes an actor who can settle comfortably into the painted living environment. However, a subliminal disquiet remains despite all this hospitality, perhaps because the confusing but familiar homey quality reminds us too much of our own cultural imprinting.

Andreas Schulze, a professor at the Kunstakademie in Düsseldorf since 2008, belongs to the generation of artists who made a renewed commitment to painting during the transition to the 1980s. After the Minimal and Concept Art of the preceding decades had contributed to an intellectualizing of art, at the start of the 1980s a "hunger for images" led to the renaissance of painting. In the past 35 years Andreas Schulze has developed an unmistakeable pictorial language, independent of short-lived trends and changes in paradigms. *HZ*

*1964 in Düsseldorf (DE), lebt und arbeitet/lives and works in Düsseldorf (DE) und am Bodensee/and at Lake Constance (DE)

Marcus Schwier

Es sind keine Postkartenmotive von historischen Schlössern, die Marcus Schwier in der Ausstellung *Homebase* präsentiert. Statt der historischen Einrichtung ehemaliger herrschaftlicher Bewohner dokumentieren seine Fotografien ein Aufeinandertreffen von museal anmutendem Interieur und moderner Einrichtung oder Technik. Designklassiker wie die von Verner Panton entworfenen Stühle oder der *Barcelona Chair* von Ludwig Mies van der Rohe wirken in einem Innenraum aus dem 16. Jahrhundert fremd und lassen die Zeitschichten erahnen, die in den Räumen übereinander lagern. Schwier retuschiert weder Steckdosen noch Notausgangsschilder, sondern lässt sie bewusst stehen. Andere oft als störend empfundene Elemente wie ein Bügelbrett werden gar bildbestimmend. Die Aufnahmen werden nicht nachträglich beschnitten, sondern im Moment des Auslösens steht bereits das fertige Bild. Dabei achtet Schwier auf eine klare Komposition, deren Linienführung den Betrachter in das Bild hineinzieht, Boden und Decke halten den Raumausschnitt wie eine Klammer zusammen – ein Stilelement, das in *Blauer Hund* deutlich hervortritt. Irritierend wirkt das abgestellte Spielzeug, Sinnbild für kindlichen Spaß und Lebendigkeit, das hier verloren und dem sonst kargen Raum nicht dazugehörig scheint. Ein weiteres Merkmal seiner Interieurs sind die Fenster, die so erstrahlen, dass ein Ausblick in die Landschaft verwehrt bleibt, der Betrachter ist im Innenraum gefangen. In anderen Fotografien sind Fenster- und Türrahmen meist vom Bildrand beschnitten und nur als Andeutung vorhanden.

Schwier komponiert seine Aufnahmen allein durch die präzise Wahl des Bildausschnitts, innerhalb dessen er Farben, Formen und Lichtsetzung genau kalkuliert. Keine Gegenstände werden hinzugefügt oder arrangiert, auch wenn das rote Kabel, das zum Baugerüst führt, perfekt inszeniert ist. Doch so hingelegt haben es die Restauratoren, die auf dem Baugerüst im Hintergrund arbeiten. Dies ist eine der wenigen Aufnahmen, auf der Personen anwesend sind. Meist verweisen nur Accessoires wie herumliegende Bücher oder Werkzeuge indirekt auf sie. Typischer für Schwier ist die Ahnengalerie in *Kicker*, die sich zu einer stummen Fangemeinschaft aus vergangener Zeit zusammenfügt und den derzeit verwaisten Kickertisch betrachtet. Personen stehen nie im Mittelpunkt, sondern sind flüchtiges Beiwerk einer Architektur, die Jahrhunderte überstanden und immer wieder Raum für das Leben der Menschen gegeben hat. *SK*

Rotes Kabel (Serie Intérieurs),
2011

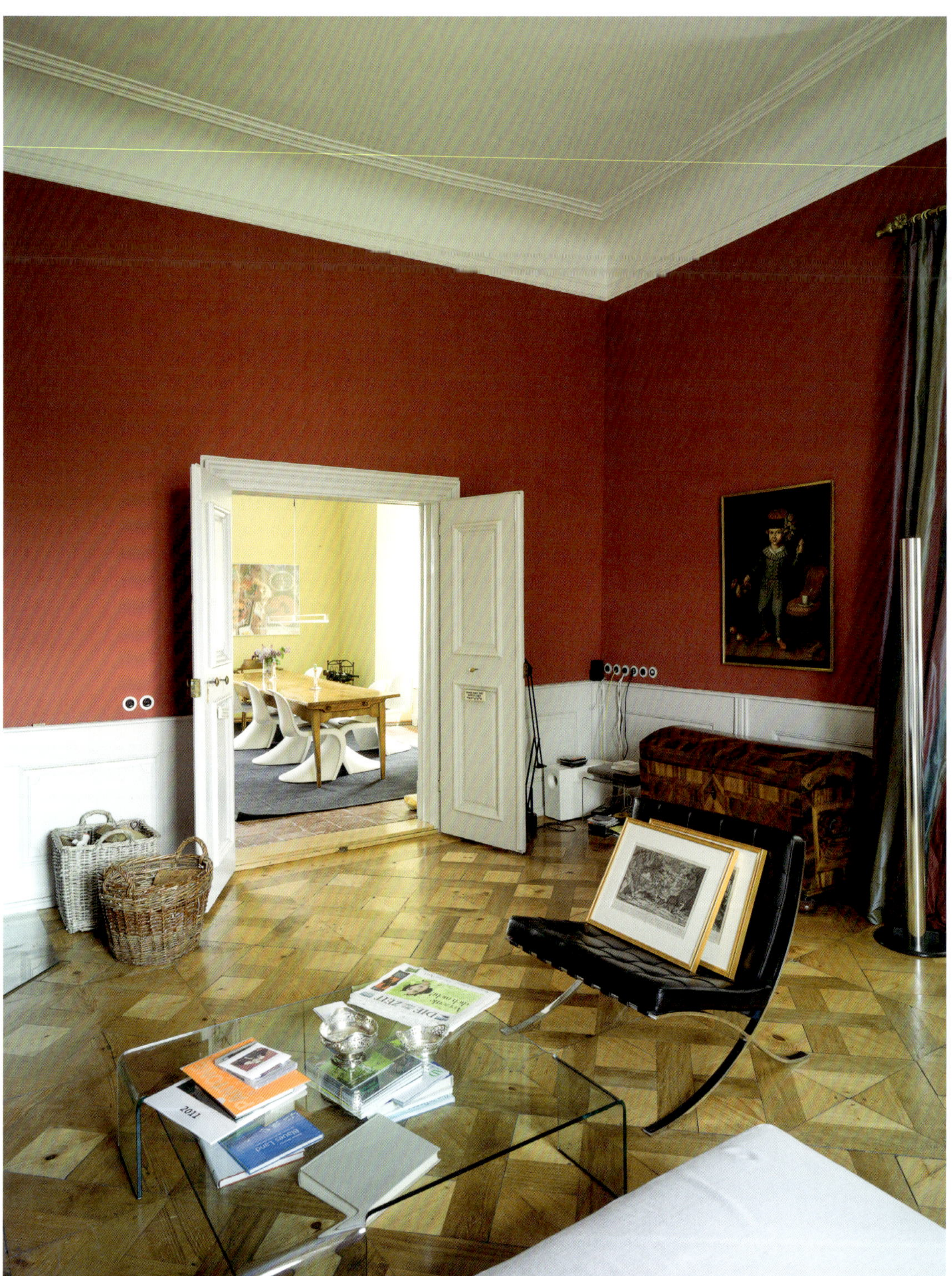

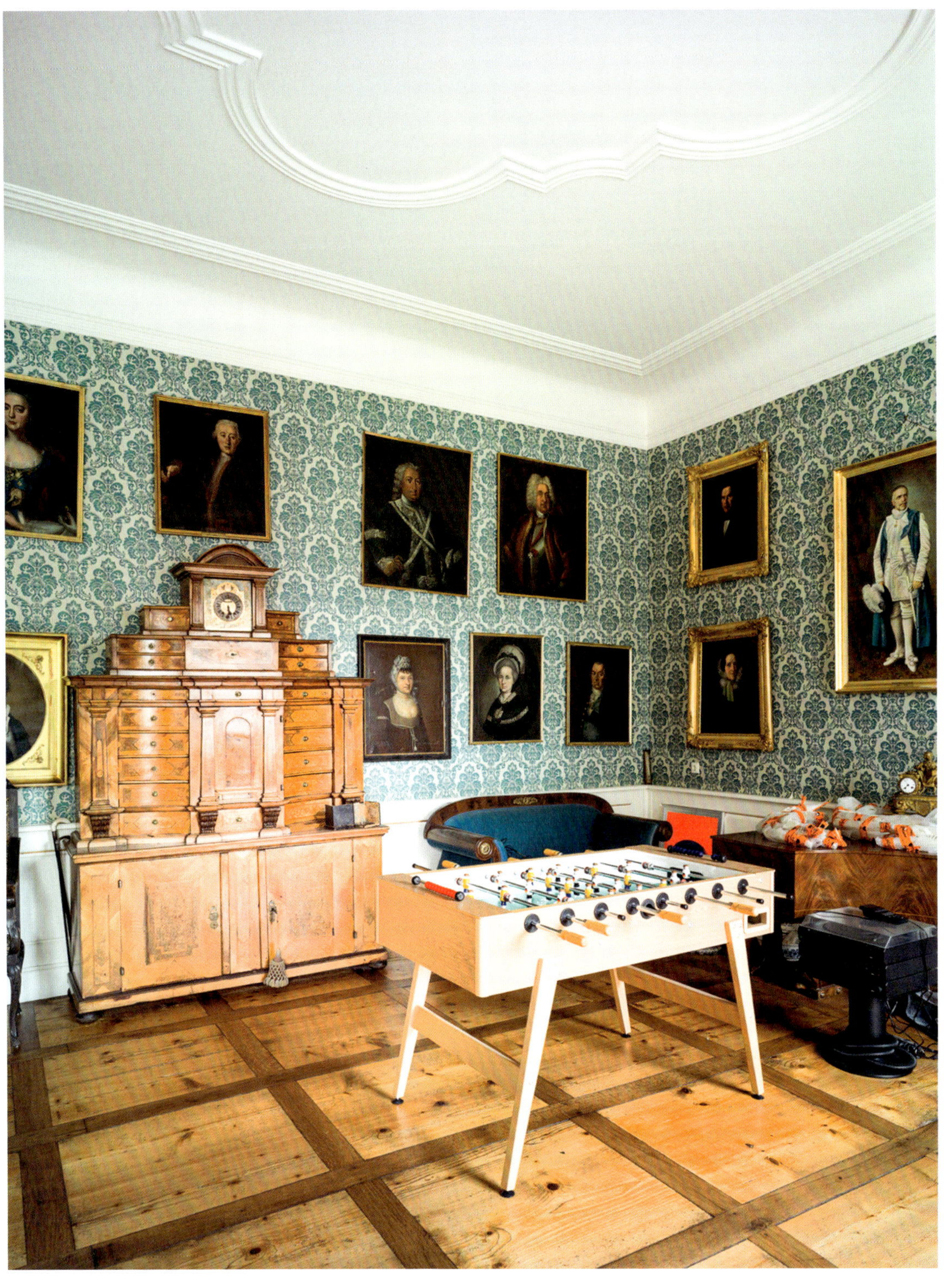

Barcelona Chair (Serie Intérieurs),
2011

Kicker (Serie Intérieurs),
2011

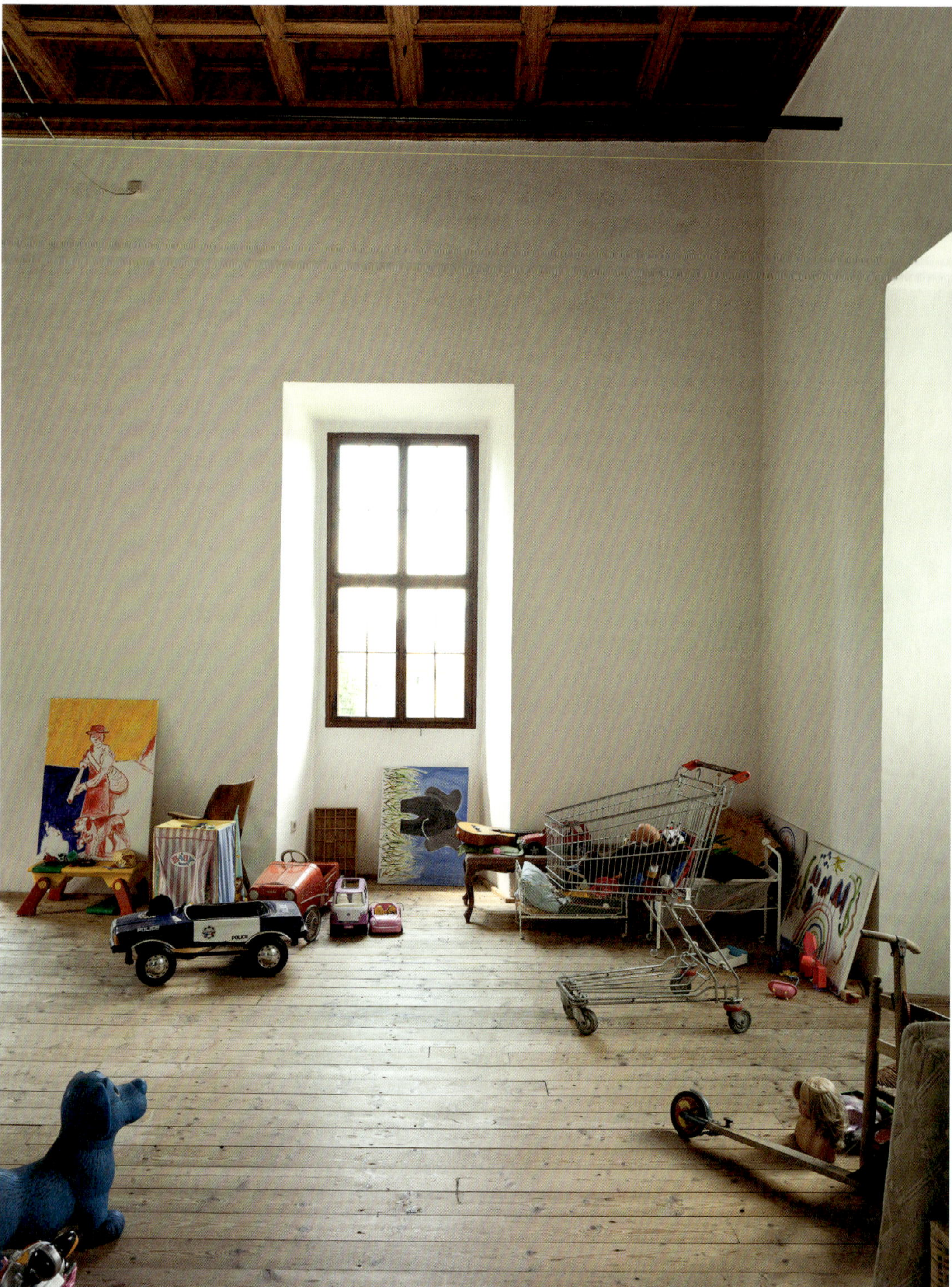

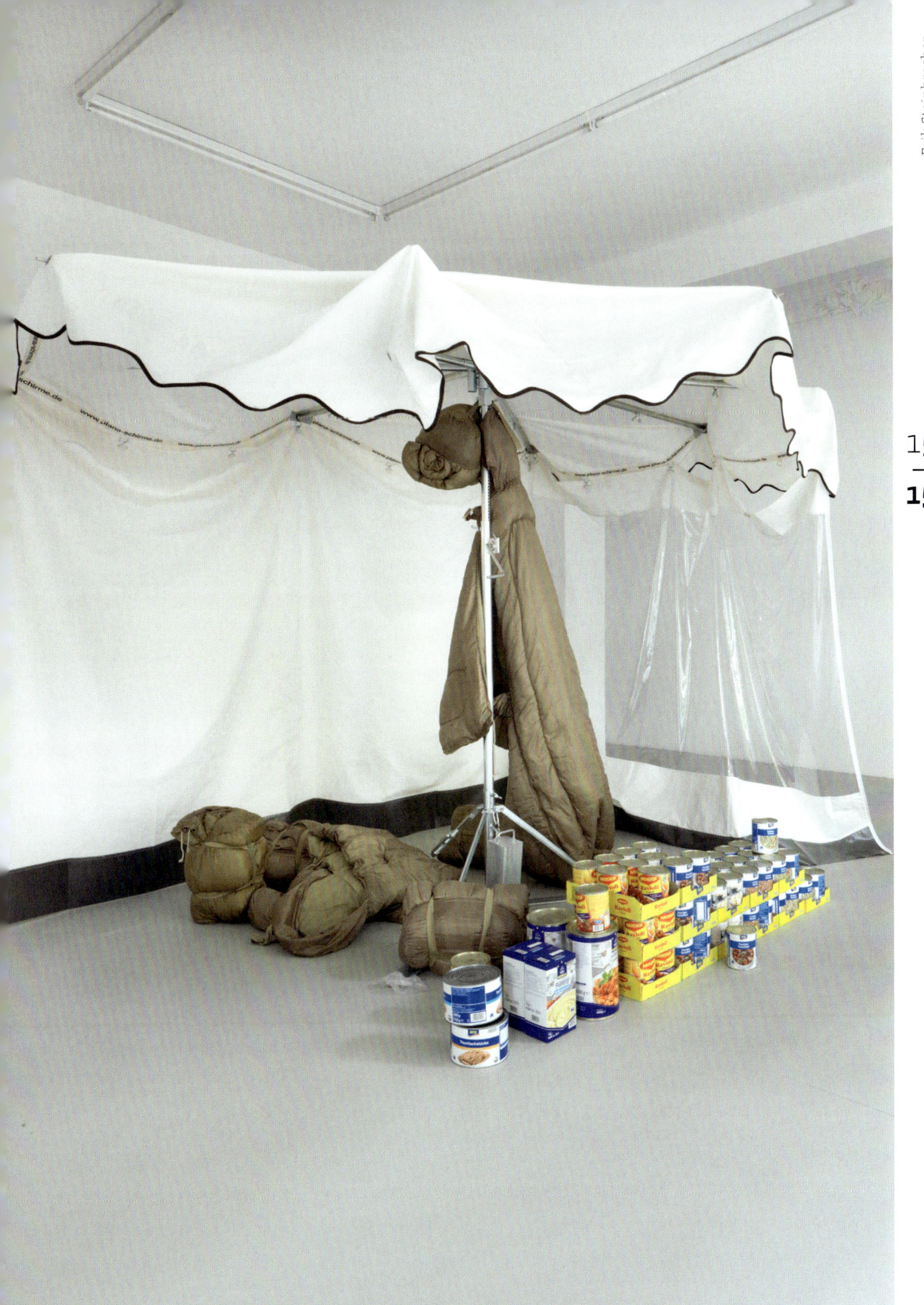

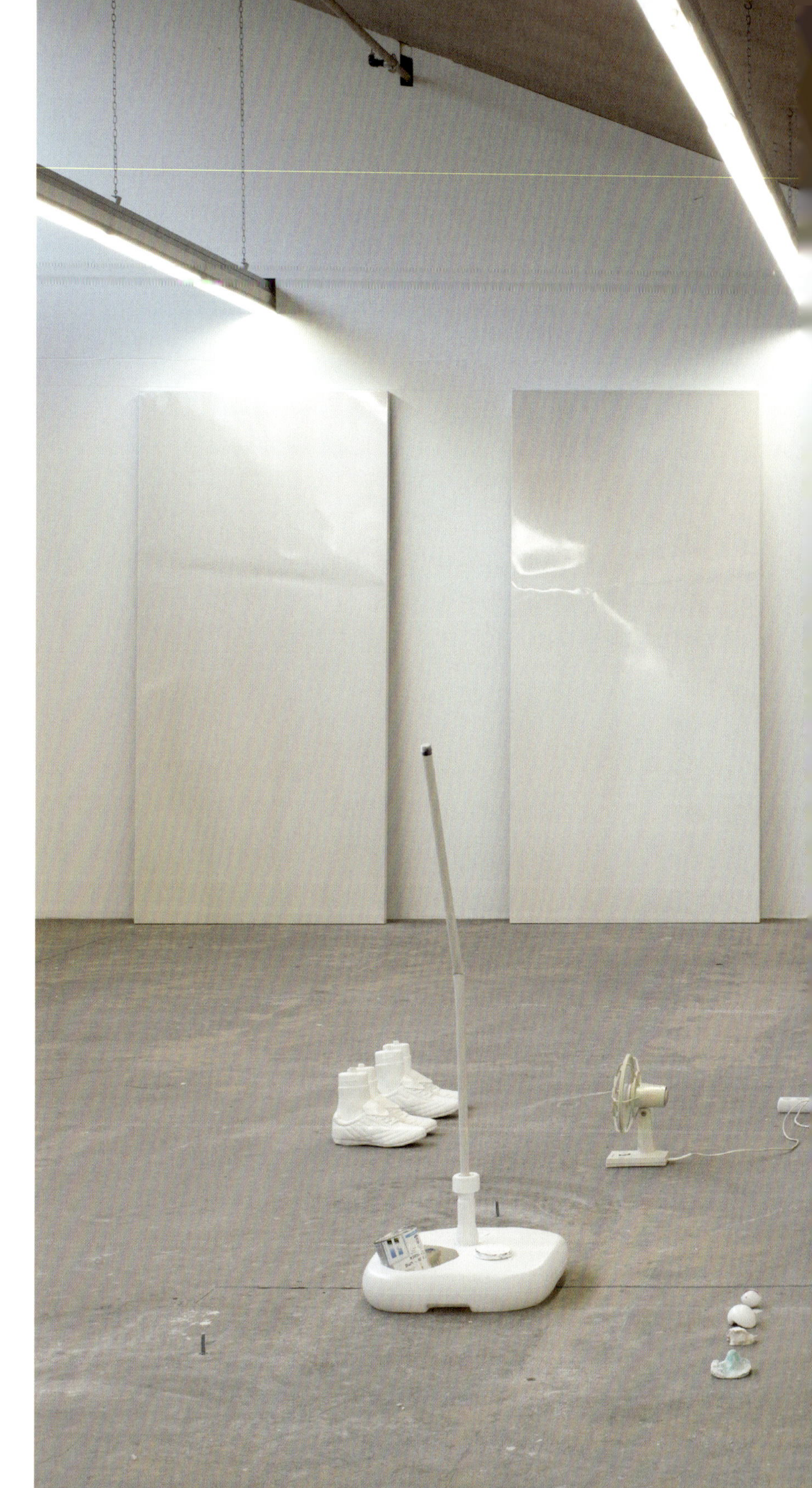

HALO ERIK, 2014

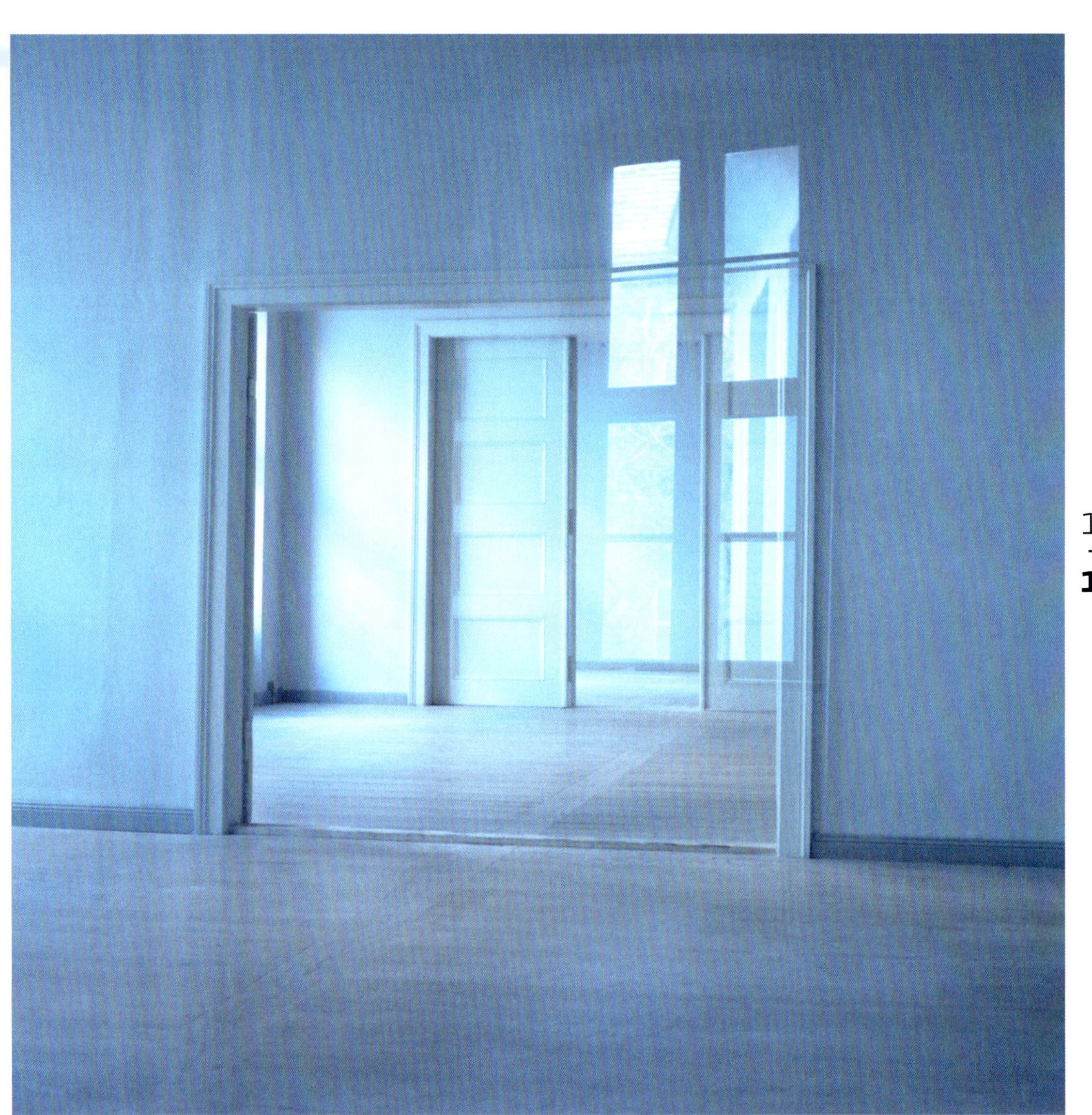

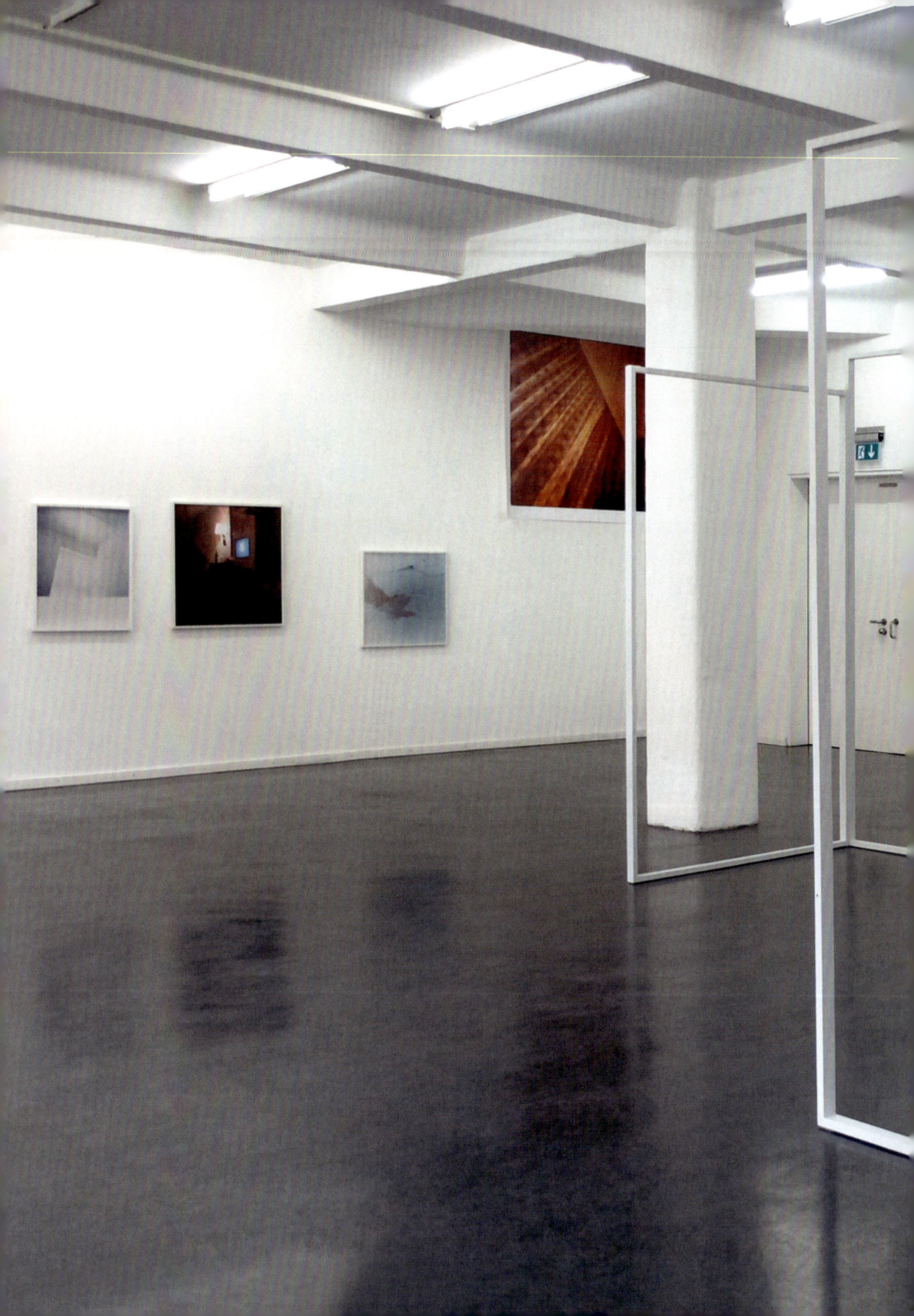

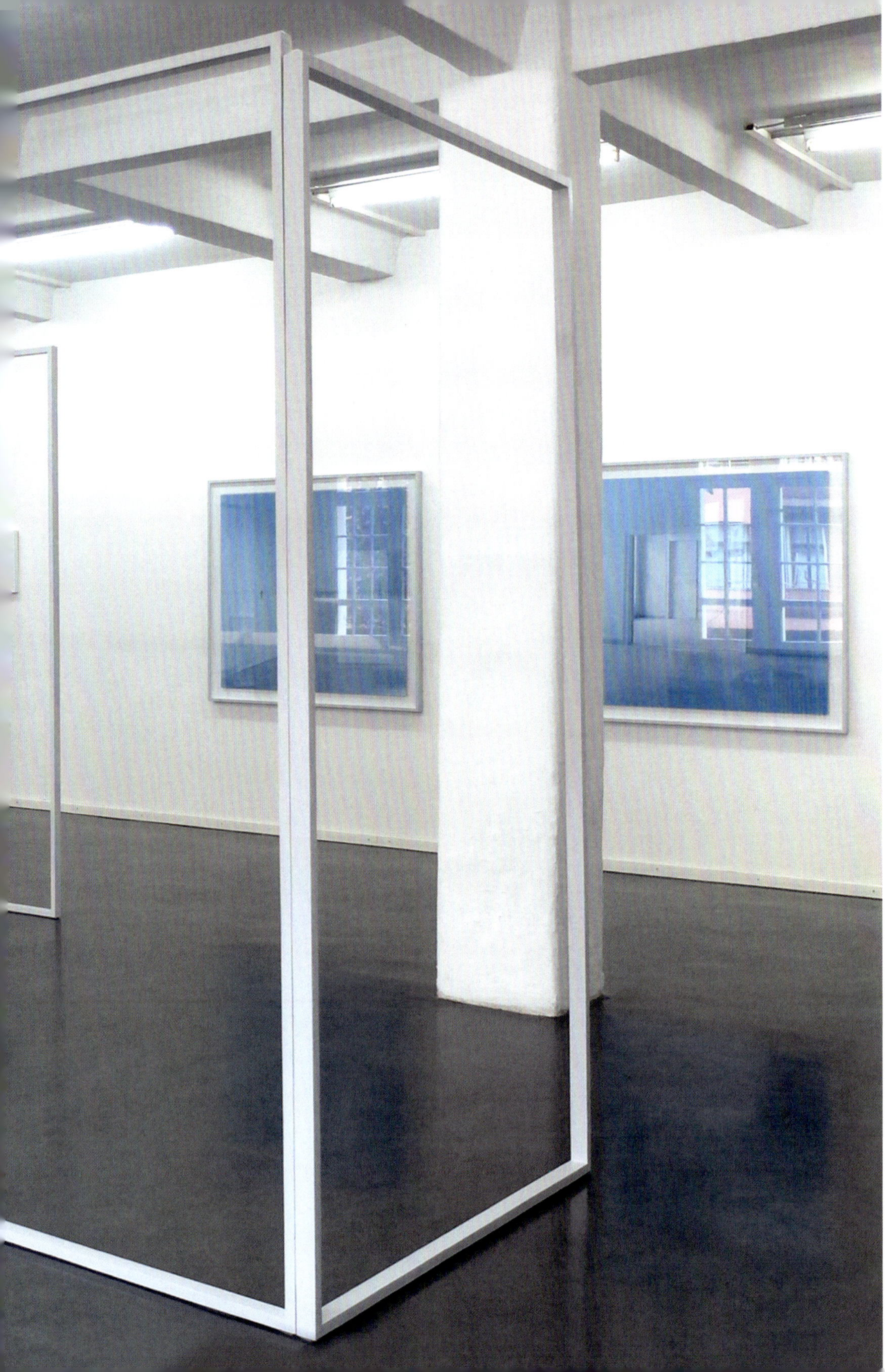

Susa Templin

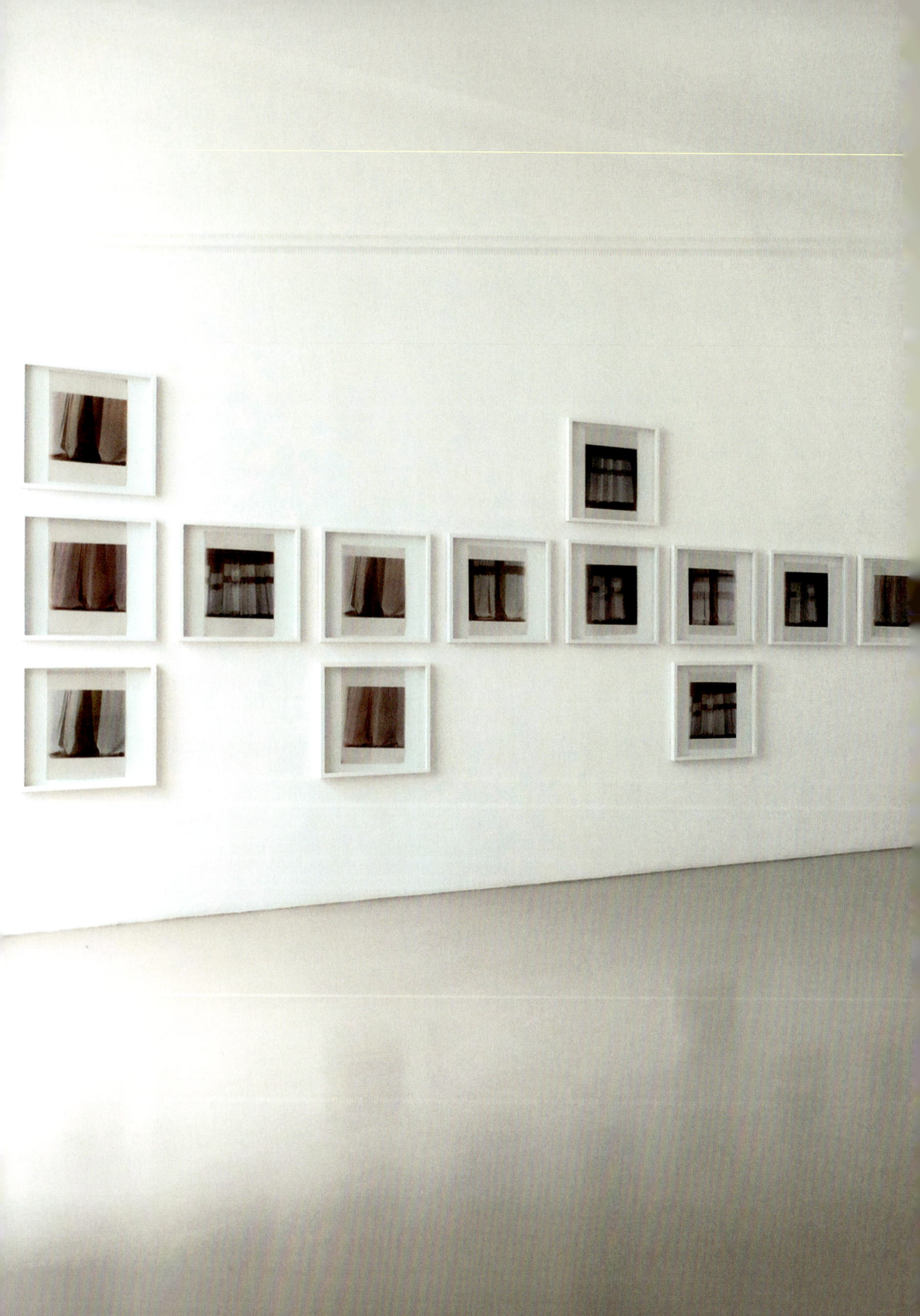

Claudia Wieser

*1973 in Freilassing (DE), lebt und arbeitet/lives and works in Berlin (DE)

Das Idealprofil der antiken Bronzestatue des *Wagenlenkers von Delphi*; die Füße des heiligen Johannes und ein zartes Naturstillleben aus Blumen und Gräsern, der *Medici Madonna* von Rogier van der Weyden entnommen: Häufig arbeitet Claudia Wieser in ihren Werken mit bereits vorhandenem Bildmaterial, u. a. mit historischen Fotografien von Kunstwerken, die sie bei Internetauktionshäusern erwirbt, antiquarischen Büchern entnimmt oder auch über Bildarchive bezieht. Die Papiertapete der installativen Raumkomposition *All That Is* (2015) verbindet diese kunsthistorischen Zitate mit den zeitgenössischen Aufnahmen eines neogotischen Treppenhauses oder einer Spiegelskulptur der Künstlerin. „Allover" füllen die disparaten Motive die Wände des Ausstellungsraums und bilden – in Korrespondenz mit einer gekachelten, umlaufenden Sitzbank – einen auratischen Raum, der aus der Zeit gefallen scheint und atmosphärisch vom Nachhall der Vergangenheit in der Gegenwart erzählt. Im Kontext der Ausstellung *Homebase* lädt dieser Ort zur kontemplativen Rast ein und erfüllt damit eine Funktion, die traditionell privaten Interieurs oder auch sakralen Räumen zugeschrieben wird.

Bereits in früheren Raumkompositionen verwendet Claudia Wieser unterschiedliche Materialien und Techniken und verbindet Spiegel-, Kupfer- und Keramikarbeiten, Tapeten und Gobelins, Holzskulpturen und Zeichnungen. Diese Elemente der bildenden Kunst, der Architektur und des Kunsthandwerks vereint sie zu einem „Gesamtkunstwerk" und verweist damit auf die übergreifenden Gestaltungsideen des Bauhauses und anderer Avantgarde-Strömungen der Moderne, die nicht nur die Grenze zwischen Kunst und Design aufbrechen wollten, sondern auch den Gegensatz von „High and Low", der unsere Kunstrezeption bis heute prägt.

Auch ihre aktuelle Rauminstallation *All That Is*, der Werktitel ist ein Verweis auf den gleichnamigen Roman des amerikanischen Autors James Salter, unternimmt den Brückenschlag zwischen angewandter und autonomer Kunst: Zwar ist die umlaufende Sitzbank ein Gebrauchsgegenstand mit konkreter Funktion, jedoch geht Claudia Wieser in ihrer Gestaltung über eine reine Funktionalität weit hinaus. Die geometrische Struktur der handbemalten Kacheln erinnert an das Formenvokabular der Konkreten Kunst oder des Konstruktivismus. Zugleich thematisiert das Dekor die komplexe Frage nach der Beziehung zwischen Farbe, Form, Komposition und visueller Wahrnehmung. *HZ*

Ausst.-Ansicht/installation view *She could steal but she could not rob,* Galerie Kamm, Berlin, 2013
S./pp. 172/173 Ausst.-Ansicht/installation view *The Mirror,* Marianne Boesky Gallery, New York, 2013
S./pp. 174/175 Ausst.-Ansicht/installation view *Furniture,* Kiosk, Gent, 2012

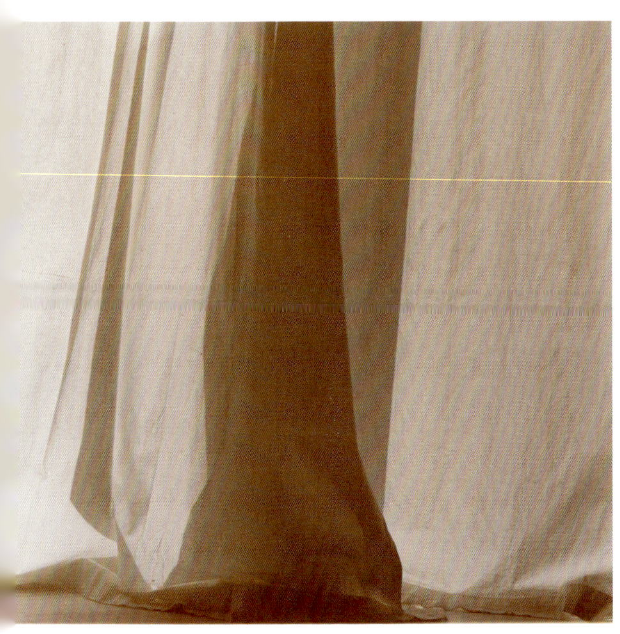

The interiors Susa Templin stages photographi- 168
cally in her images never become fully tangible. ——
Firstly, this is because the artist's usual way of **169**
working with double exposures causes firm
contours and spatial demarcations to disappear. Reflections and the fall of light also contribute
to the impression that windows or doors are floating in mid-air. The right-angles of their outlines form the only clearly delineated divisions on the picture surface.

As one of her sources of inspiration, the artist herself cites 17th-century Dutch paintings of interiors,
in particular the *Interior with Artist, Woman Reading and Maid Sweeping* by Pieter Janssens Elinga,
which she had admired in the Städel Museum even during her days as a student in Frankfurt. The peep-
box perspective of the Dutch painters turns into a sense of being in the room in Susa Templin's work.
Here, the solidly constructed room seems like an atmosphere, in which clear distances cannot be
discerned. There is no sign of people, often immersed in domestic activities in the Dutch paintings.
If they were present at all, the length of the exposure time would have made them invisible.

Susa Templin has lived in a number of different cities, for example Hamburg, Frankfurt, New York
and Berlin. Her perspective on the interior resembles that of a traveller for whom every apartment is too restricting, since she wishes again and again to break out of the four solid walls. This
impulse is also shown in the freestanding framework constructions which the artist exhibits to
supplement her photographs. The frame-like modules are made from wooden slats painted pale-
grey; in the space of *Homebase* they are set up to echo the ground plan of Susa Templin's apartment
in Berlin. Here, the walls that dissolve optically in the photographs are missing in a physical way.
Such constructions may also serve the artist as frames for the presentation of photographs, so that
photo papers to a maximum height of nine metres, crumpled or arranged almost like fabric drapes,
turn into a sculptural form – also one of Susa Templin's frequent "escapes from the frame". However,
in her installation for *Homebase* she does not employ this technique. As visitors, here we can
walk through the artist's small apartment in our imagination; thus the installation provides
additional frameworks through which to view the photos hanging on the walls – like imaginary
windows to a sequence of rooms that is lost in a blue distance. *LS*

Gartenstrasse, 2014/15
(Details)

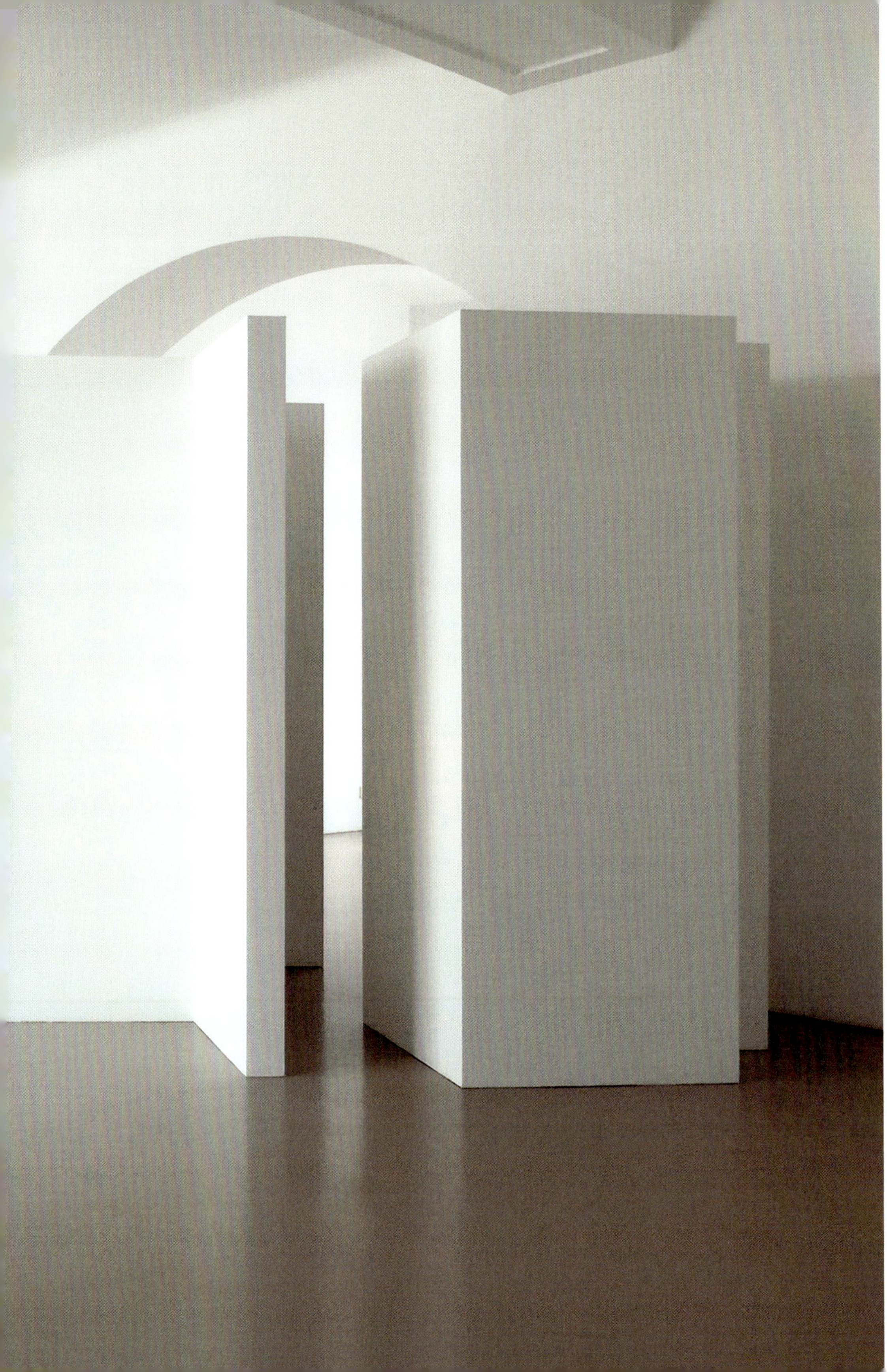

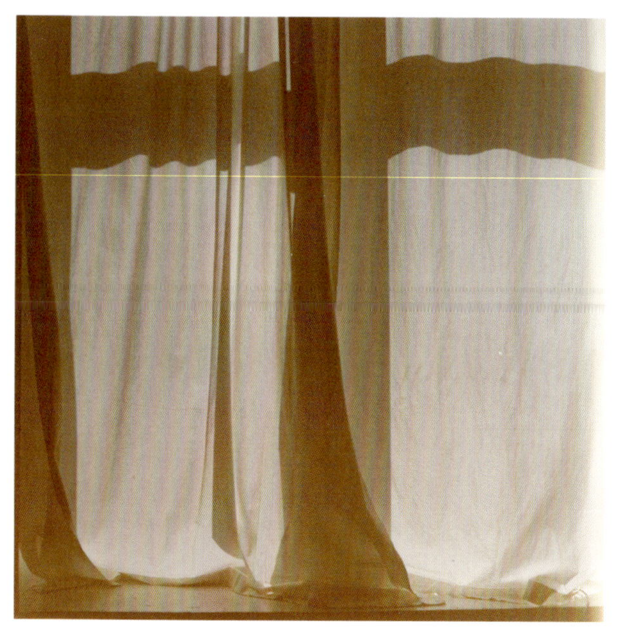

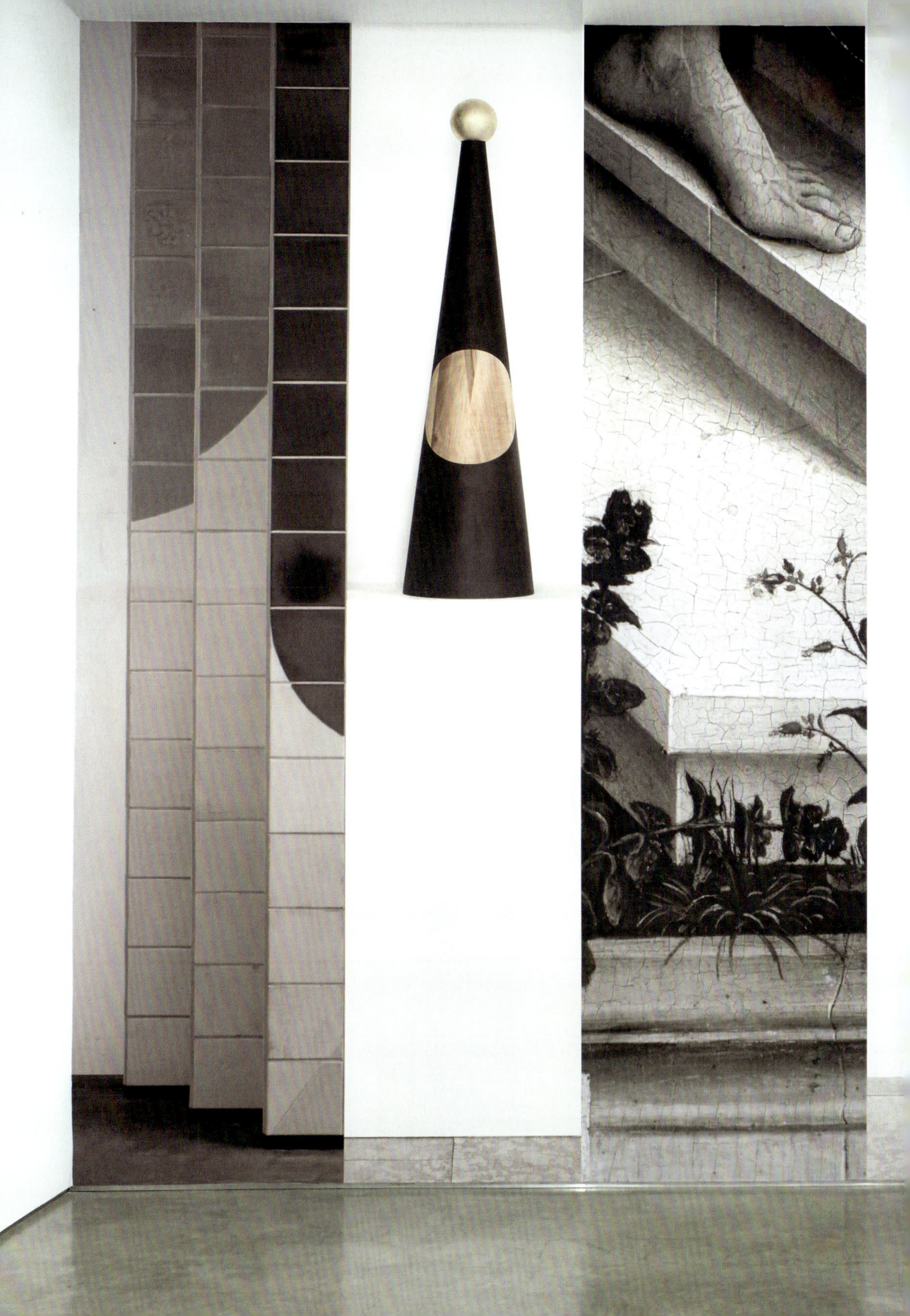

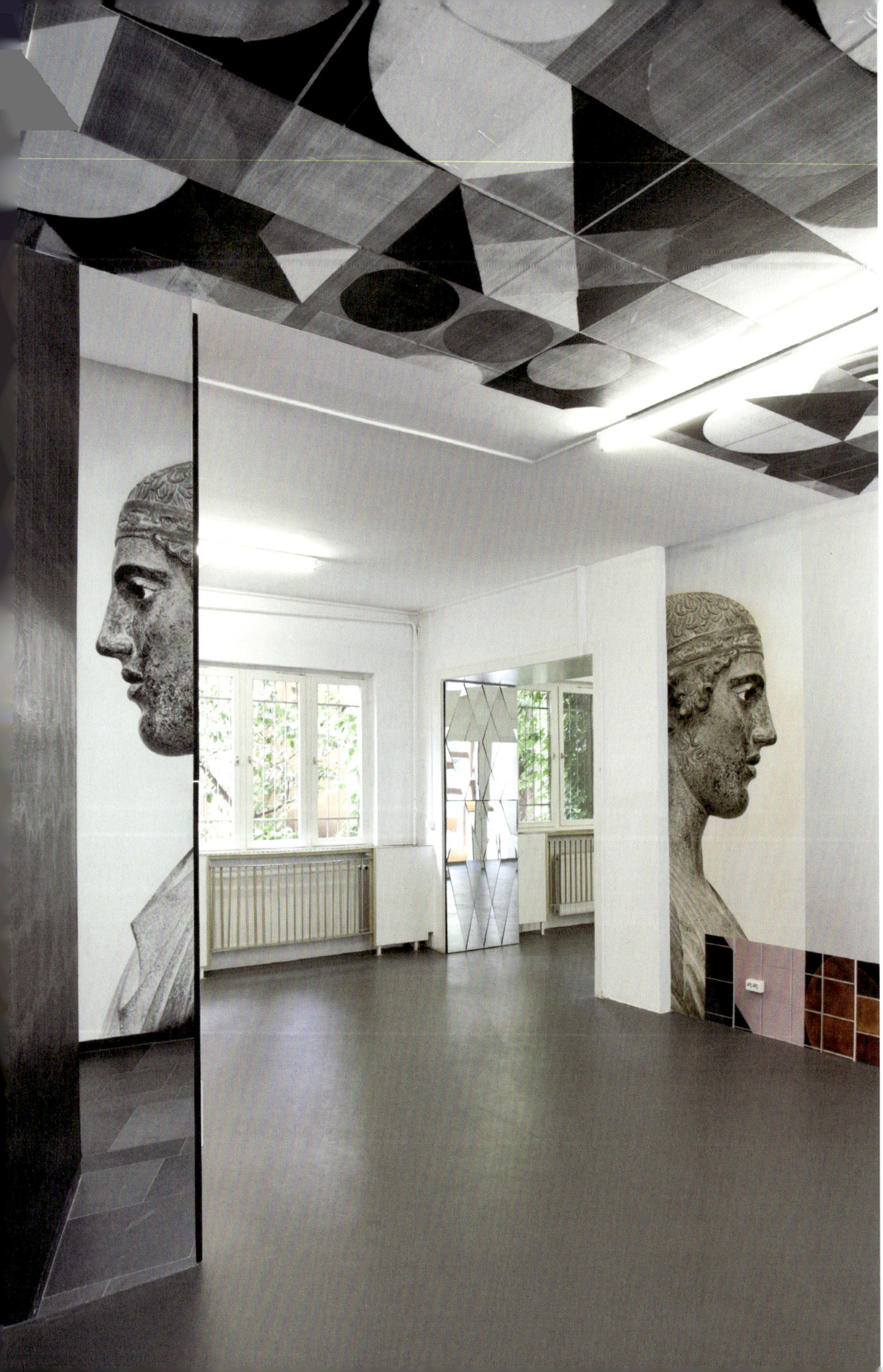

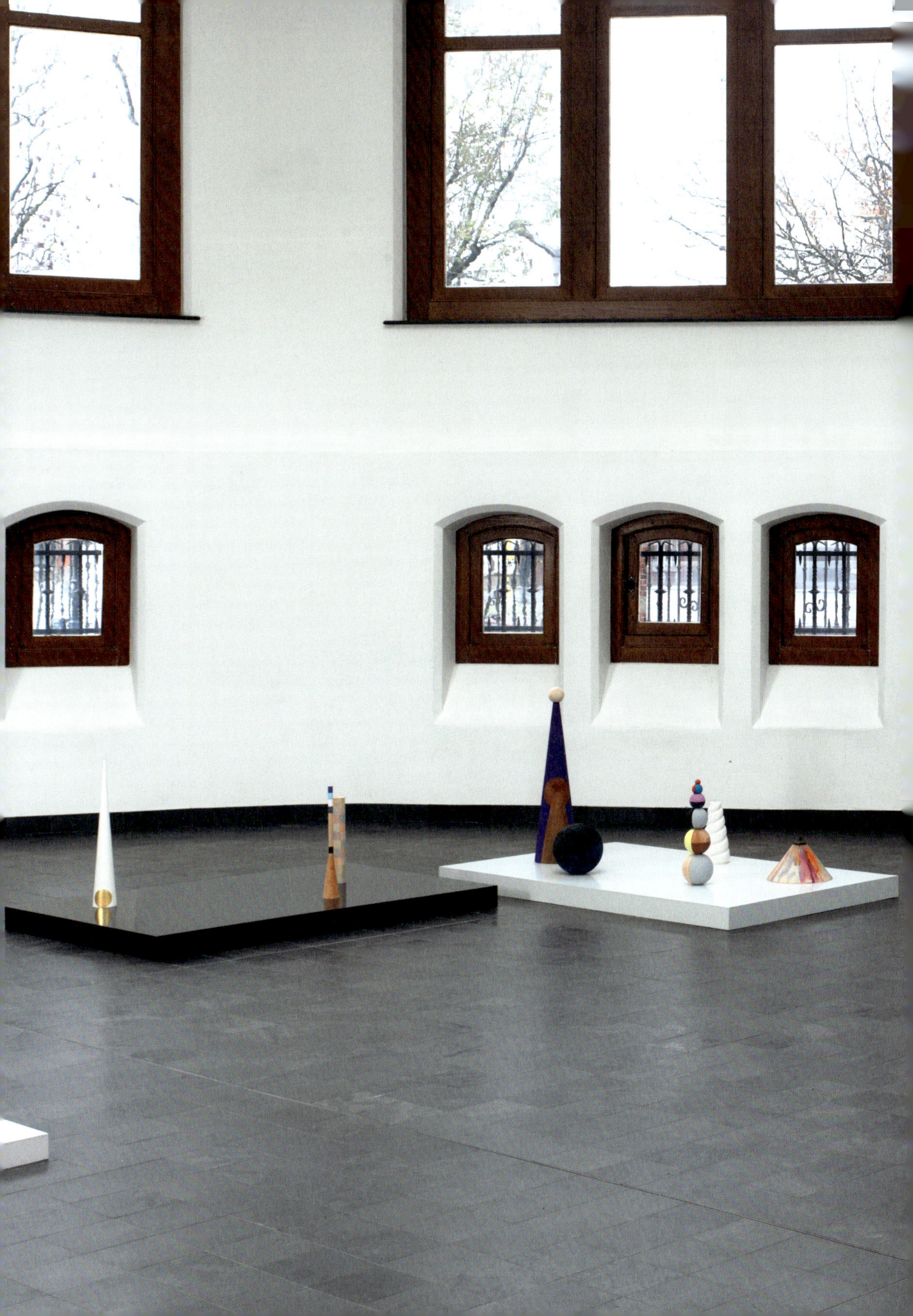

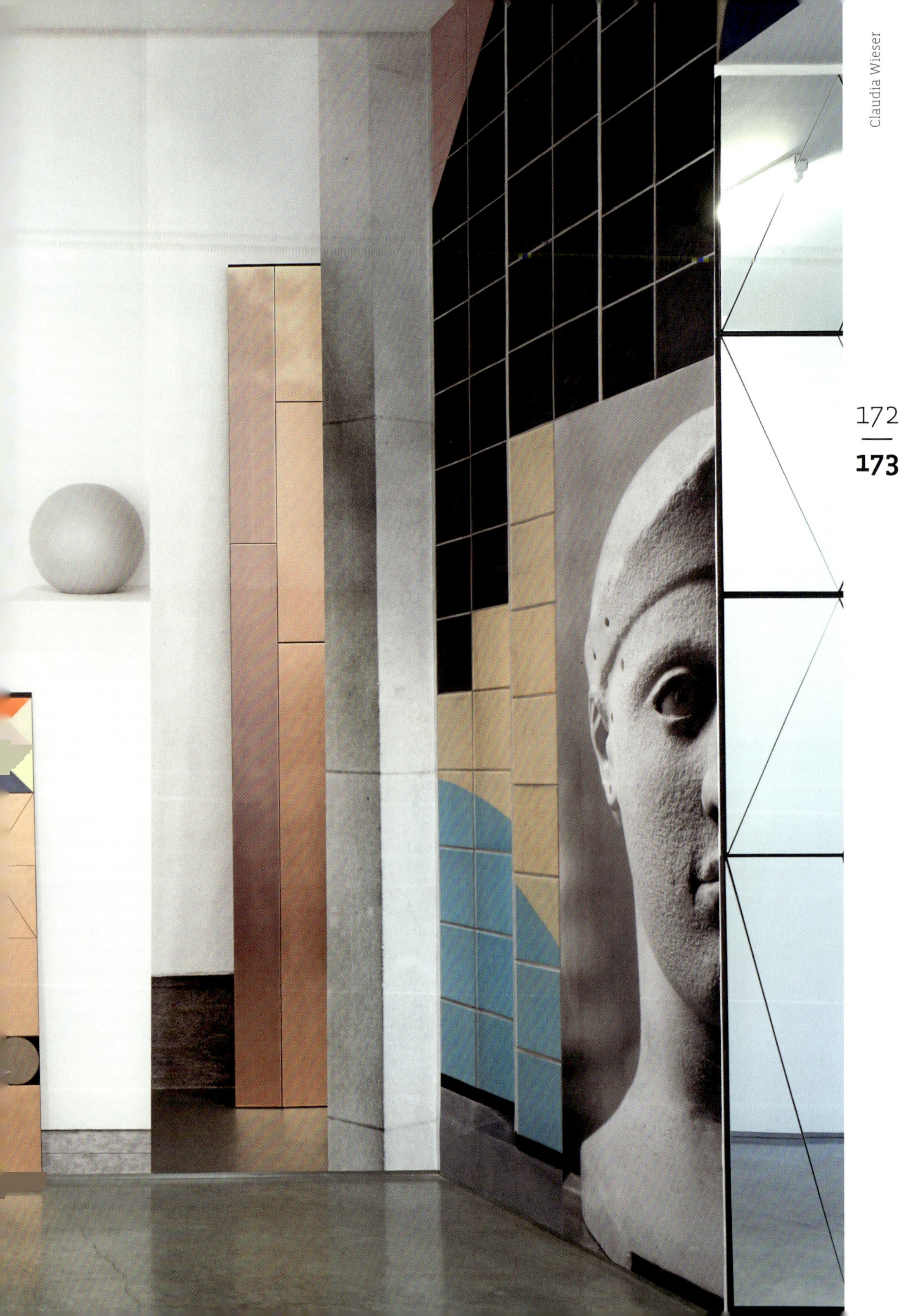

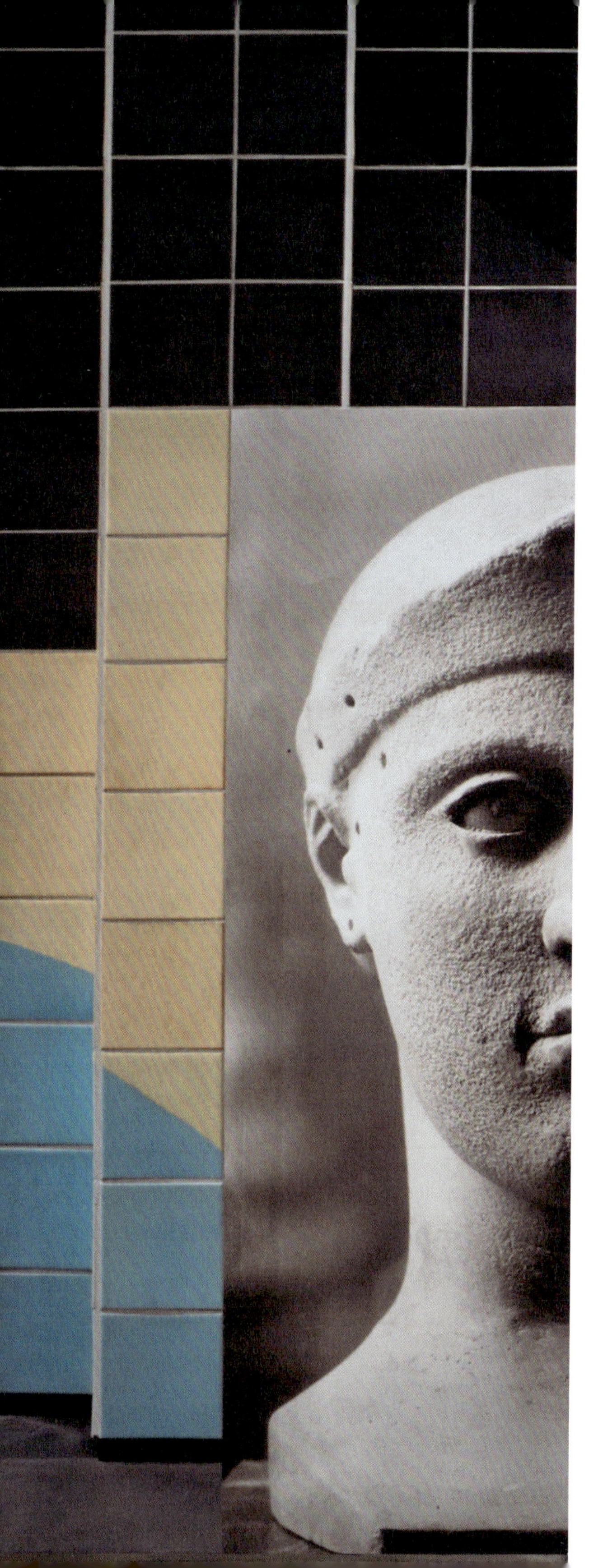

Daniel Schre

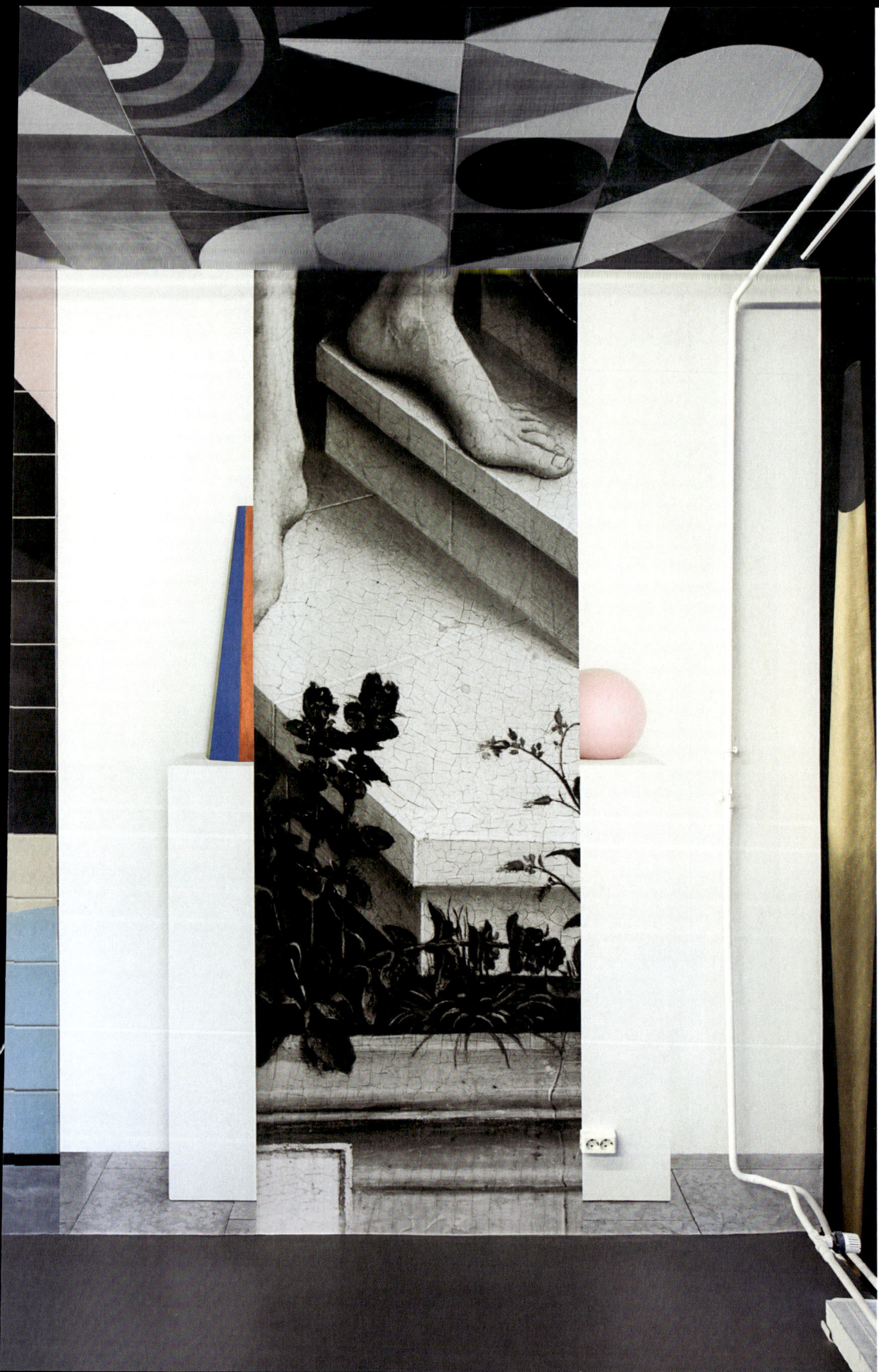

kamin, Marmortisch, gepolsterten Stühlen und einer mit Zebrafell bespannten Recamière schien *La Piscine* das Sommerlicht und die Atmosphäre Südfrankreichs in das Zimmer zu bringen und von langen Nachmittagen im Freibad oder am Strand zu erzählen. Bis zu seinem Tod zwei Jahre später sah sich Matisse sein aquatisches Ballett, das heute im New Yorker Museum of Modern Art ausgestellt ist, jeden Tag an.

Trotz ihrer Alltäglichkeit sind die Interieurs, in denen wir leben, Orte existenzieller Symbolik. Wenn man Matisses *La Piscine* heute sieht, hinterlassen die federleichten, ultramarinblauen Formen einen fast überwältigenden Eindruck. Nicht nur wegen der Souveränität, mit der diese Formen die Gattungsgrenzen zwischen Malerei, Plastik und Installation transzendieren, oder der künstlerischen Unbedingtheit, die hier zutage tritt. Vielmehr erzählt diese Arbeit die Geschichte von jemandem, der sich zum Sterben zurückzieht und sich dazu Formen jener Erinnerungen in seinen Rückzugsort holt, deretwegen es sich gelohnt hat, am Leben gewesen zu sein. *La Piscine* ist eine intime Symbiose aus Lebensbejahung und Abschied von der Welt. Es ist eine Arbeit, der man sich nur schwer entziehen kann.

Kaum ein Ort spiegelt so grundlegend unsere Art und Weise wider, in der Welt zu sein, wie unsere Wohnung. Sie ist die tonangebende Inszenierungsform unseres privaten Alltags. Sie ist der Ort, an dem es zu den ersten kindlichen Zusammenstößen mit der Welt kommt. Der Ort eines realen und eines symbolischen Schutzes für das Ich. Unsere Wohnung ist der Ort, an dem wir die meiste Zeit unseres Lebens verbringen, der Ort, an dem wir für gewöhnlich essen, schlafen und Sex haben, es ist der Ort, an dem die meisten von uns sterben werden. Im Begriff des Interieurs schwingen nicht ohne Grund sowohl die Bedeutungen des wohnlichen als auch des seelischen Innenraums mit. Nirgends sonst schlagen sich unsere Gewohnheiten und Rituale, unsere Begehren, Sehnsüchte und Erinnerungen so konzentriert nieder.

In der traditionellen Kunstgeschichte bezeichnet der Begriff des „Interieurs" nicht den architektonischen Innenraum oder die Einrichtung einer Wohnung, sondern seine bildliche Darstellung. Das Interieur ist eine kulturhistorisch relativ junge und für die zeitgenössische Kunst kaum noch relevante Form der Genremalerei. Trotz seiner weiten Verbreitung hat es nie einen eigenständigen Platz in der klassischen Hierarchie der Malereigattungen – Historienmalerei, Porträt, Genre, Stillleben, Landschaft – eingenommen. Selbst im Holland des

n der Grenze zur Welt Privatheit und Öffentlichkeit in der Kunst des Interieurs

Eines Sommermorgens im Jahr 1952 erzählte Henri Matisse seiner Assistentin Lydia Delectorskaya, dass er Menschen im Wasser sehen wolle. Er wolle sehen, wie sie schwimmen, tauchen und hineinspringen. Nachdem er 1941 am Zwölffingerdarm operiert worden war, um ein bösartiges Krebsgeschwür zu beseitigen, war der inzwischen 82-Jährige auf einen Rollstuhl angewiesen und musste gepflegt werden. Zu schwach zum Malen, hatte er eine aufsehenerregende Scherenschnitttechnik entwickelt, mit der er Leinwände und schließlich ganze Atelierwände gestaltete. Seine Assistenten imprägnierten Papierbahnen mit Gouache in der strahlenden Matisse-Farbskala. Er selbst schnitt das Papier zu abstrakten, geometrischen und biomorphen Formen. Seine Assistenten wiederum befestigten diese Schnitte nach seinen Anweisungen auf dem Bild oder an der Wand.

Der Ausflug an jenem Sommermorgen zu einem Freibad in Cannes, das Matisse immer geliebt hatte, war eine frustrierende Erfahrung. Der Künstler litt unter der Hitze, schon der Weg dorthin überforderte ihn. Zurück in Nizza, in seiner Wohnung im Hôtel Regina, entschloss er sich, seinen eigenen Pool zu fertigen. Delectorskaya brachte einen breiten Fries weißen Papiers auf den leinenbespannten Wänden des Esszimmers an. Aus ultramarinblau gefärbtem Papier schnitt Matisse abstrakte Formen, die an ins Wasser springende und schwimmende Menschen, an Meerestiere, an Wellen und Wasserspritzer erinnerten. Delectorskaya brachte sie auf dem Fries an. Über Jugendstil-

Claudia Wieser
Ausst.-Ansicht/installation view *The Mirror*
Marianne Boesky Gallery, New York, 2013

17. Jahrhunderts, zur frühen Hochblüte der Genremalerei und damit des Interieurbilds, begnügte man sich mit der Bezeichnung „moderne beelden" („moderne Bilder") – ein programmatischer Name, der auf die unerhört zeitgenössischen Sujets der Darstellungen verwies. Erst das bürgerliche 19. Jahrhundert erkannte das Interieur als Subgattung der Genremalerei an, nicht zuletzt weil es eine nie dagewesene, tiefgreifende Obsession ums Wohnen erlebte.

Heute ist das Interieur endgültig in die Fotografie, die Konzeptkunst, in Performance, Film und vor allem die raumgreifende Installation emigriert. Diese mediale Verschiebung ging mit einer neuen Blüte des Sujets des Interieurs einher. Homestorys in unzähligen Wohn-, Design- und Architekturzeitschriften und die globale Reichweite der Einrichtungs- und Lifestyle-Industrie legen nahe, dass wir einen ebenso ausgeprägten Kult ums Wohnen betreiben wie das „wohnsüchtige" 19. Jahrhundert, wenn auch unter anderen Vorzeichen. So elaboriert und aufwendig wie heute wurde noch nie gewohnt. Wie der Kultur- und Designhistoriker Gert Selle in seiner Studie *Die eigenen vier Wände* beschreibt, ist das Wohnen im Westen mehr als je zuvor zu einer Art „Hauptbeschäftigung" geworden. Die zeitgenössische Kunst kommt nicht umhin, diese Hauptbeschäftigung zu reflektieren.

Quer durch alle Darstellungsarten entwerfen Künstler heute private Wohnutopien und Gegenwelten, verwischen die Grenzen zwischen Interieur, Design und Kunst, loten die innenräumlichen Wechselwirkungen zwischen kulturellem Gedächtnis und persönlichen Erinnerungen aus, durchsuchen den Wohnraum in seiner Bedeutung für die eigene Biografie und benutzen ihn als Metapher für den Wandel in unseren Auffassungen von Öffentlichkeit und Privatsphäre. Quer durch alle künstlerischen Medien markieren Interieurs wieder Suchbewegungen von Menschen nach einem Ort zwischen Selbst-, Wunsch- und Fremdbild, nach dem persönlichen und dem politischen Ort, den man als Individuum in den prekären Gesellschaften zu Beginn des 21. Jahrhunderts einnehmen kann.

Nicht nur die zeitgenössische Kunst hat die kunsthistorische Begrifflichkeit des Interieurs schon lange überholt. Ein Blick in die Kunstgeschichte legt nahe, dass das Interieur schon immer sehr viel mehr als ein „Interieur" war. Darstellungen und Konstruktionen des Wohnraums verhandelten schon lange jene, je nach Epoche und Kultur verschiedene Ebene des Menschseins, die Theodor W. Adorno einst als „Soziologie der Innerlichkeit" bezeichnete. Innenräume folgen einem weit zurückreichenden kulturgenetischen Ordnungssystem, das soziale Trennung und Gemeinschaftlichkeit regelt. Das Interieur ist eine anthropologische Konstante, die bis in die Anfänge der Menschwerdung zurückreicht. Seine Genetik, geformt von den Parametern des menschlichen Körpers, erschließt einen Zwischenraum zwischen uns und der Welt. Ein Raum, der zwischen innen und außen vermittelt, zwischen Isolation und Teilhabe, zwischen dem wie auch immer gearteten Ich und der Gesellschaft, in der es lebt.

Ein wesentliches Element dieser Genetik des liminalen Grenzraums des Interieurs ist die Kunst. In gewissem Sinne ist jeder Wohnraum eine Bildersammlung, sowohl im ganz konkreten Sinne von Wandmalereien, Skulpturen und Bildern, die seit den Anfängen der Menschheitsgeschichte Bestandteile von Wohnräumen waren, als auch im übertragenen Sinne. Die Interieurs, in denen wir uns einrichten, erzählen private und kulturhistorische Geschichten, berichten von den Möglichkeiten und Grenzen unserer Körper und unserer Gemeinschaften. Die in ihnen versammelten Gegenstände sind Restbestände vieler Generationen gelebten Lebens, die Sedimente einer kollektiven Historie.

Folgt man dem französischen Philosophen Gaston Bachelard, sind solche Sedimente, solche Bilder nichts weniger als ontologische Realitäten. Das Interieur ist deshalb nie ein unbestrittener Raum, sondern ein Raum, der immer schon geprägt von unterschwelligen Konflikten ist. „Das Draußen und das Drinnen sind zwei Innerlichkeiten", schreibt Bachelard in seinem legendären letzten Buch *Die Poetik des Raumes*. „Sie sind immer bereit umzukippen, ihre Feindlichkeit auszutauschen. Wenn es eine Grenzfläche zwischen einem solchen Innen und Außen gibt, so ist diese Grenzfläche auf beiden Seiten schmerzhaft." In gewissem Sinne lässt sich anhand dieses für unsere Humanität zentralen Konflikts zwischen dem Inneren des Menschen und seiner Außenwelt die Kulturgeschichte erzählen. Eine Kulturgeschichte des Interieurs, die davon berichtet, wie sich Menschen in Beziehung zu der Gesellschaft, in der sie leben, sehen.

Noch in der griechischen und römischen Antike war die innere Ausstattung eines gehobenen Hauses, samt der repräsentativen Wandbemalungen, nach außen gerichtet. Das Wohnhaus war primär ein Ort der

Kommunikation und der Selbstdarstellung, der die soziale Stellung und die Zugehörigkeit zu einer quasi „natürlichen" Ordnung zum Ausdruck brachte. Privatheit, so Philip Ariès in seiner *Geschichte des privaten Lebens* war in erster Linie ein negatives Konzept regelfreier Zügellosigkeit. Erst im Spätmittelalter begann sich das Interieur von der Außenwelt zu emanzipieren und mit ihm begann der Prozess der Subjektwerdung des modernen Menschen. Im 14. Jahrhundert, gefördert durch ein diesseitig orientiertes Elitebewusstsein der aufstrebenden Aristokratie, verbreitete sich die Idee, dass die Gegenwart Gottes nicht nur in sakralen Kirchenräumen zu finden sei, sondern auch in privaten Räumen. In derselben Zeit entstanden auch die ersten Innenraumdarstellungen der europäischen Malerei. Giotto begründete nichts weniger als eine neue malerische Ära, indem er den byzantinischen Stil überwand und sich wieder an der Kunst der Antike und an der Figürlichkeit der Natur orientierte. Bereits hundert Jahre vor der Erfindung der Linearperspektive malte er verblüffende architektonische Innenräume. Seine Verkündigungs- und Marienbilder, etwa das Fresko *Verkündigung an Anna* (1305) in der Arenakapelle in Padua, erinnern an ehrfurchtsgebietende Puppenhäuschen, in die mit aller Gewalt das Sakrale einbricht.

Die Geschichte der europäischen Interieurmalerei nach Giotto – von van Eyck über Vermeer bis Watteau – ist die Geschichte einer zunehmenden gesellschaftlichen und ökonomischen Differenzierung und einer damit einhergehenden Ausformung der bürgerlichen Privatsphäre in einem spezifisch modernen Sinn. Im 19. Jahrhundert erreichte diese Entwicklung ihren Höhepunkt. Es überrascht nicht, dass das auch die Glanzzeit der malerischen Gattung des Interieurs war. Der englische Präraffaelit und Mitbegründer der Arts-and-Crafts-Bewegung William Morris erklärte das Interieur gar zum Ausgangspunkt der „Weltgenesung" und gründete die bis heute bekannte Firma für Innenausstattung Morris & Co.

Der größte Kritiker dieses Strukturwandels der Innerlichkeit war wahrscheinlich Walter Benjamin. Im nachgelassenen *Passagen-Werk* konterkariert der Philosoph aufs Bitterste die historistischen Stilekstasen des Wohnraums im 19. Jahrhunderts, mit denen sich das bürgerliche Subjekt seine Emanzipation und Abschottung von der Gesellschaft erkaufte. In der „Wohnsucht" des 19. Jahrhunderts fand er den Ausdruck des „Daseinszustands" einer ganzen Epoche. „Der Raum verkleidet sich", so Benjamin,

„nimmt wie ein lockendes Wesen die Kostüme der Stimmungen an. Der satte Spießer soll etwas von dem Gefühl erfahren, nebenan im Zimmer könnten sowohl die Kaiserkrönung Karls des Großen, wie die Ermordung Heinrichs IV., die Unterzeichnung des Vertrags von Verdun wie die Hochzeit von Otto und Theophano sich abgespielt haben. {...} Solch Nihilismus ist der innerste Kern der bürgerlichen Gemütlichkeit." Worauf Benjamin hinauswollte, war, dass die radikale Abgrenzung vom Außen immer auch einen Preis hat. In seinem neuen, totalen Ich-Bezug entdeckt das Interieur das, was zuvor weitgehend ausgelagert war: Ängste, Mysterien und Perversionen. Es ist kein Zufall, dass Sigmund Freud das menschliche Ich auf dem Sofa entdeckte. Es ist kein Zufall, dass er dort, wo er das Zuhause, das Heim suchte, das Unheimliche fand.

Vor dieser Folie wird deutlich, wie sehr das Pendel zwischen den Räumen des Innen und des Außen, zwischen Privatsphäre und Öffentlichkeit während der vergangenen hundert Jahre wieder in die entgegengesetzte Richtung geschwungen ist. Nicht nur die medialen Revolutionen von Rundfunk, Fernsehen und Internet, nicht nur die nachhaltige Unterminierung unserer privaten Leben durch Facebook, Google & Co. haben dafür gesorgt, dass die traditionelle bürgerliche Idee der Privatsphäre nach und nach aufgeweicht wurde. Den ästhetischen Grundstein für diese Entwicklung legten – lange vor Abhöraffären und sozialen Netzwerken – Anti-Ornament-Architekt Adolf Loos, die Vordenker von Werkbund und Bauhaus und die Pioniere der Abstraktion. Sie alle entwarfen Interieurs für den „neuen Menschen", Interieurs, die sich mit der ideellen Macht der Glasfassade wieder radikal dem Außen öffneten. Im gleichen Atemzug wurde das Außen auf nie dagewesene Weise zum Teil des Innenraums. Wir leben in einer Zeit der Nivellierung öffentlicher und privater Sphären. Unsere Ideale von Wohnraum und Businesslounge sind heute kaum noch voneinander zu unterscheiden.

Wenn es eine Denkfigur gibt, gegen die fast die ganze zeitgenössische Kunst angeht, die das Interieur in den Blick nimmt, dann ist es die der Transparenz. Es gibt sie noch, die Innerlichkeit im frühen 21. Jahrhundert, aber sie ist für alle einsehbar. Nicht nur unsere Wohnungen sehen heute ähnlich aus und werden in der Folge sich wandelnder Moden von den gleichen Einrichtungshäusern beliefert. Auch die innere Welt des Ichs droht sich heute nahtlos in die vorherrschenden Normen und Erwartungen unserer Umgebung einzufügen und sich in vorgefertigten, vertrauten Narrativen zu bewegen. Individuelle Abweichungen werden wegtherapiert oder von der ökonomischen Logik überholt. Transparenz ist heute längst eine gesellschaftliche Realität geworden. Und die zeitgenössische Kunst tut gut daran, dieser Entwicklung so viel Widerstand entgegenzusetzen wie möglich.

Die Zukunft des Wohnens ist dennoch nie eingetreten. Der neue Mensch, für den die Avantgarden bauen wollten, ist nie gekommen. Stattdessen kam eine neue Welt. In den Grundzügen wohnen wir noch genauso wie unsere Eltern, Großeltern und viele Generationen vor uns. Die Genetik des Interieurs, so anfällig für epistemologische Schwankungen, so anfällig für sich wandelnde Auffassungen von Innerlichkeit und Äußerlichkeit, ist erstaunlich resistent, wenn es zu Veränderungen seiner grundlegenden Formen kommt. In all seinen Variationen scheint das Interieur immer ein Dreh- und Angelpunkt einer Tiefenerfahrung des Geschichtlichen zu bleiben. Es haftet ihm immer etwas Konservatives an. Vielleicht wirken auch deshalb alle Zukunftsvisionen des Wohnens so skurril. Wer könnte sich vorstellen, je in einer transparenten, mit der Welt nur durch virtuelle Kanäle verbundenen Wohnhaube ohne Fenster und Türen zu leben, die der französische Philosoph Paul Virilio in seinem Buch *Rasender Stillstand* erfand? Wer in den zellulären, fragilen Weltblasen „ko-isolierter Existenzen" aus Peter Sloterdijks *Sphären-Trilogie*? Die elementaren architektonischen Formen des Interieurs – Wand, Decke, Feuerstelle, Boden, Tisch, Stuhl und Bett – reichen vielmehr so tief in die Menschheitshistorie zurück, dass es schwerfällt sich vorzustellen, dass sie sich je grundlegend ändern werden. Das hat auch etwas Beruhigendes.

Die Geschichte des Interieurs zeigt, dass wir noch sehr lange nicht aufhören werden so zu wohnen, wie wir wohnen. Wir werden nicht aufhören, zu essen, uns auszuruhen und miteinander zu schlafen. Wie auch immer die Fenster der Zukunft aussehen werden, wir werden nicht aufhören, aus ihnen die Welt zu betrachten und uns zu fragen, wer wir sind. Und wir werden auch nicht aufhören, Kunst zu machen und damit diesen Raum zu markieren. Solange wir am Leben sind, werden wir uns wie Matisse in Interieurs aufhalten und auf die ultramarinen Schwimmer und Taucher unserer abstrakten Swimmingpools schauen, um herauszufinden, was unser Platz auf dieser Erde ist und warum es sich lohnt, am Leben zu sein.

One summer morning in 1952 Henri Matisse told his assistant Lydia Delectorskaya that he wanted to see people in the water. He wanted to see how they swim, dive and jump in. Following an operation in 1941 to avert a malignant duodenal cancer, the now 82 year old was confined to a wheelchair and nursed. Too weak to paint, he had developed a sensational cut-out technique, with which he decorated screens and, finally, entire studio walls. His assistants painted paper with Gouache in the radiant Matisse colour palette. He himself cut the paper into abstract, geometric and biomorphic forms. His assistants in turn fixed these cut-out elements, under his direction, to the picture or to the wall.

The excursion on that summer morning to a lido in Cannes, one which Matisse had always admired, was a frustrating experience. The artist suffered from the heat – already the journey there was a strain. Back in Nice, at his apartment in the Hôtel Regina, he decided to craft his own pool. Delectorskaya mounted a wide expanse of white paper on the linen-covered walls of the dining room. From ultramarine blue coloured paper Matisse cut abstract forms that recalled people jumping into water and swimming, marine animals, waves and splashes. Delectorskaya attached them to the frieze. Above the art-deco fireplace, marble table, upholstered chairs and a zebra-skin-draped ottoman, *La Piscine* appeared to bring into the room the summer light and the atmosphere of the south of France, and to speak of long afternoons at the lido or beach. Until his death two years later Matisse beheld his aquatic ballet, which today may be seen in MoMA, New York, on a daily basis.

Despite their everydayness, the interiors we live in are places of existential symbolism. When one sees Matisse's *La Piscine* today, the feather-light, ultramarine forms leave behind an almost overwhelming impression. Not only on account of the aplomb with which these forms transcend the borders between painting, sculpture and installation, or the artistic necessity with which he expressed himself. More than that, this work tells the story of someone withdrawing towards death and who to this end gathers into his redoubt the shapes of those memories that attest to the worth of living. *La Piscine* is an intimate symbiosis of life affirmation and of parting from the world. It is difficult not to be captivated by this work.

Hardly any place reflects so fundamentally our way and manner of being in the world as does our home. It is the predominant setting of our private everyday life. It is the place in which we experience, as a child, our first

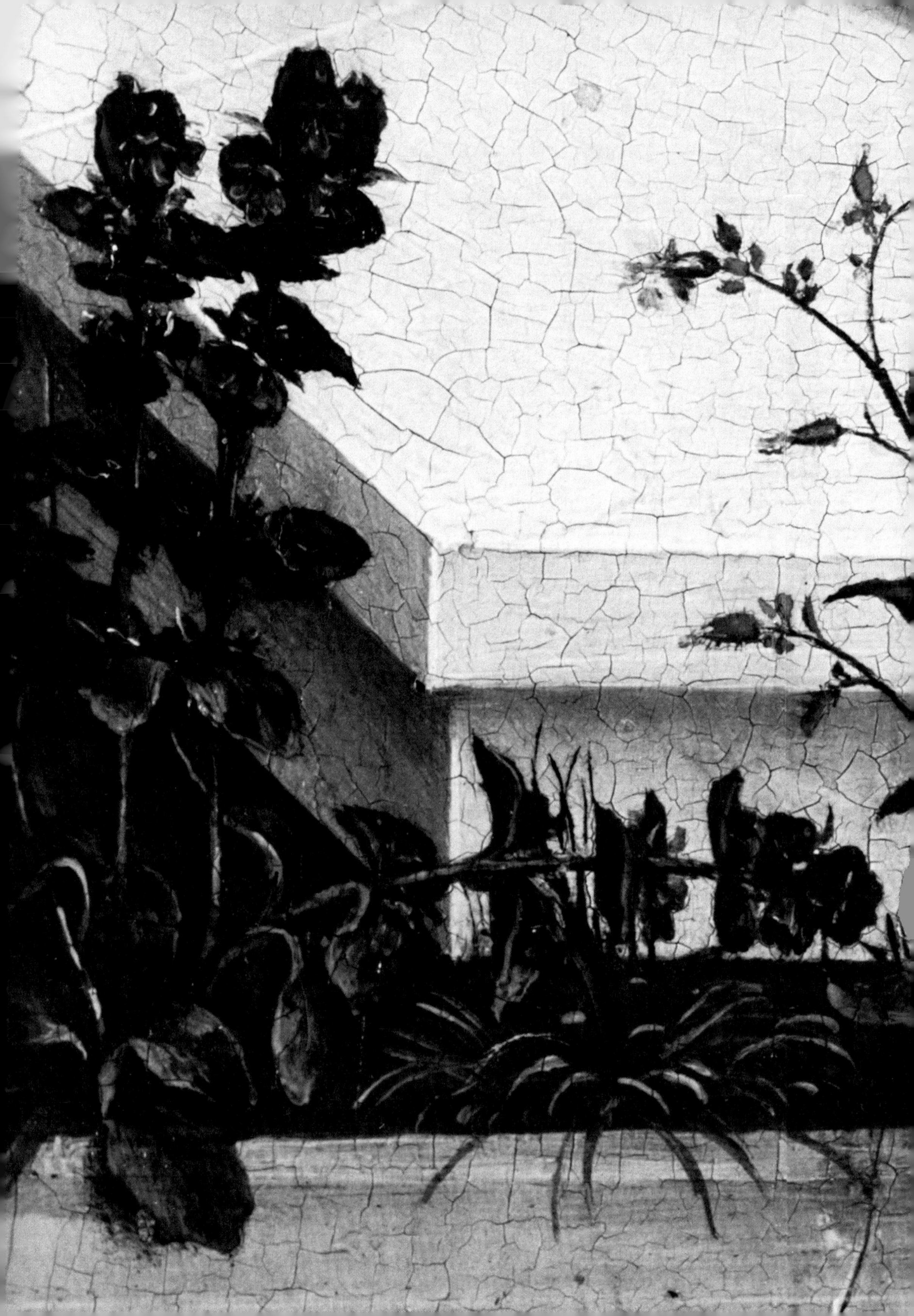

Liste der abgebildeten Werke
List of Works in the Catalogue

Laurenz Berges

S./p. 23
Kaiser-Wilhelm-Str. I, 2011
C-Print, auf Aludibond kaschiert,
unter Passepartout, gerahmt/
C-print, mounted on Aludibond,
framed, 82 x 58 cm

S./p. 24
Kaiser-Wilhelm-Str. III, 2011
C-Print, auf Aludibond kaschiert,
unter Passepartout, gerahmt/
C-print, mounted on Aludibond,
framed, 82 x 58 cm

S./p. 25
Kaiser-Wilhelm-Str. IV, 2012
C-Print, auf Aludibond kaschiert,
unter Passepartout, gerahmt/
C-print, mounted on Aludibond,
framed, 82 x 58 cm

S./pp. 26/27
Etzweiler, 2001
C-Print, auf Aludibond kaschiert,
unter Passepartout, gerahmt/
C-print, mounted on Aludibond,
framed, 130 x 172 cm

S./pp. 28/29
Karlshorst VIII, 1995
C-Print, auf Aludibond kaschiert,
unter Passepartout, gerahmt/
C-print, mounted on Aludibond,
framed, 63 x 72 cm

S./p. 30
Potsdam V, 1994
C-Print, auf Aludibond kaschiert,
unter Passepartout, gerahmt/
C-print, mounted on Aludibond,
framed, 63 x 72 cm

Alle Werke/all works:
Courtesy Galerie Wilma Tolksdorf,
Frankfurt am Main
© VG Bild-Kunst Bonn, 2015

Franz Burkhardt

S./pp. 10/11
Ausst.-Ansicht/installation view
DEHORS DEDANS
Galerie Rupert Pfab,
Düsseldorf, 2014

S./pp. 32/33
Nr. 5, culture & loisir, 2014
Holz, Farbe, verschiedene
Materialien/wood, paint,
various materials,
244 x 283 x 33,5 cm

Zilla Leutenegger

S./p. 71
Au clair de la lune, 2015
Ausst.-Ansicht/installation view
Palazzo Castelmur, 2015
Foto/photo: Ralph Feiner

S./pp. 72/73
At Night, 2009
Ausst.-Ansicht/installation view
Museum Franz Gertsch, 2014
Foto/photo: Bernhard Strahm

S./pp. 74/75
Schlafender Hund, 2013
Ausst.-Ansicht/installation view
Palazzo Castelmur, 2013
Foto/photo: Ralph Feiner

S./p. 76
Forever can begin, 2011
Ausst.-Ansicht/installation view
Galerie Peter Kilchmann,
Zürich/Zurich, 2011
Foto/photo: Thomas Strub

S./p. 77
FLAT, 2013
Ausst.-Ansicht/installation view
Galerie Peter Kilchmann,
Zürich/Zurich, 2013
Foto/photo: Thomas Strub

Alle Werke/all works:
Courtesy Zilla Leutenegger
und/and Galerie Peter
Kilchmann, Zürich/Zurich

Marjetica Potrč

S./p. 78
Dokumentarfoto/documentary
photo, 1997, 29,7 x 21 cm
Courtesy Housing
Generator Project, Rotterdamse
Academie van Bouwkunst

S./pp. 79–85
*The Citizens of Duncan
Village Speak Out,* 2012
7 gerahmte Zeichnungen, Tusche
auf Papier/7 framed drawings,
ink on paper, 29,7 x 21 cm

S./p. 86
Duncan Village Core Unit, 2002
Baumaterialien, Solarzellen/
building materials, solar cells,
294 x 185 x 200 cm
Ausst.-Ansicht/installation view
Through a Sequence of Space
Galerie Nordenhake, Berlin
Foto/photo: Thomas Meyer

Alle Werke/all works:
Courtesy Marjetica Potrč,
Galerie Nordenhake, Berlin/
Stockholm und/and
Sammlung Schnetkamp,
Düsseldorf/Schnetkamp
Collection, Dusseldorf

Jörg Sasse

S./p. 89
W-92-01-01, Düsseldorf 1992
Foto, gerahmt unter Glas/
photo, framed under glass,
67 x 57 cm

S./pp. 90/91
Block 7, 2012
12 Arbeiten 1984–1993,
gerahmt unter Glas/
12 works 1984–1993,
framed under glass,
206 x 294 cm

S./p. 92
W-90-06-07, Gießen 1990
Foto, gerahmt unter Glas/
photo, framed under glass,
57 x 67 cm

S./p. 93
W-84-02-13, Düsseldorf 1984
Foto, gerahmt unter Glas/
photo, framed under glass,
57 x 67 cm

S./pp. 94/95
Block 5, 2012
12 Arbeiten 1984–2011,
gerahmt unter Glas/
12 works 1984–2011,
framed under glass,
202 x 255 cm

Gregor Schneider

Andreas Schulze

Marcus Schwier

S./p. 147
*Rotes Kabel
(Serie Intérieurs)*, 2011
Chromogendruck auf Diasec,
Aludibond/chromogenic
print mounted on Diasec,
Aludibond, 120 x 90 cm

S./p. 148
*Barcelona Chair
(Serie Intérieurs)*, 2011
Chromogendruck auf Diasec,
Aludibond/chromogenic
print mounted on Diasec,
Aludibond, 120 x 90 cm

S./p. 149
*Kicker
(Serie Intérieurs)*, 2011
Chromogendruck auf Diasec,
Aludibond/chromogenic
print mounted on Diasec,
Aludibond, 120 x 90 cm

S./p. 150
*Blauer Hund
(Serie Intérieurs)*, 2011
Chromogendruck auf Diasec,
Aludibond/chromogenic
print mounted on Diasec,
Aludibond, 120 x 90 cm,
Courtesy Museum Ratingen

Alle Werke/all works:
© VG Bild-Kunst Bonn, 2015

Taryn Simon

S./p. 153
*American Index,
Cheyenne Mountain Directorate,
Recreational Basketball Court,
Chamber D, Colorado Springs,
Colorado*, 2007
Fotografie, Chromogendruck/
photograph, chromogenic
colour print, 94,6 x 113 cm,
Edition von/of 7 + 2 AP

S./p. 154
*American Index,
The Central Intelligence
Agency Main Entrance Hall,
CIA Original Headquarters
Building, Langley Virginia*,
2003/2007
Fotografie, Chromogendruck/
photograph, chromogenic
colour print, 94,6 x 113 cm,
Edition von/of 7 + 2 AP

Beide Werke/both works:
Courtesy Gagosian Gallery
und/and Sammlung von
Kelterborn, Frankfurt am Main
© Taryn Simon

Erik Steinbrecher

S./p. 157
Coyoten, 2015
Marktstand, Piloten-
schlafsäcke, Konserven,
Klopapierrolle/booth, pilot
sleeping bags, cans, toilet
tissue roll, Größe variabel/
dimension variable
Courtesy Erik Steinbrecher
und/and Galerie Zwinger,
Berlin

S./pp. 158/159
HALO ERIK, 2014
Verschiedene Materialien/
variable materials, Größe
variabel/dimension variable
Courtesy Erik Steinbrecher
und/and Galerie Stampa,
Basel

S./p. 161
Matratze, 2015
Matratze/mattress,
190 x 100 x 30 cm
Courtesy Erik Steinbrecher
und/and Galerie Zwinger,
Berlin

Alle Werke/all works:
© VG Bild-Kunst Bonn, 2015

Susa Templin

S./p. 4 (Detail)
Fenster, Türen, Berlin, 2013/14
Analoge Farbfotografie,
Mehrfachbelichtung,
Handabzug/analog colour
photograph, multiple
exposure, hand proof,
139 x 151 cm,
Edition von/of 3

S./p. 163
Fenster, Türen, Berlin, 2013/14
Analoge Farbfotografie,
Mehrfachbelichtung,
Handabzug/analog colour
photograph, multiple
exposure, hand proof,
139 x 151 cm,
Edition von/of 3

S./pp. 164/165
Ausst.-Ansicht/installation view
Room Service
Künstlerhaus Bethanien,
Berlin, 2015

S./pp. 166/167
Ausst.-Ansicht/installation view
Räume
Thomas Rehbein Galerie,
Köln/Cologne, 2015

S./pp. 168/169 (Details)
Gartenstrasse, 2014/15
Reihe von 24 analogen
Farbfotografien, Handabzüge/
series of 24 analog colour
photographs, hand proofs,
je/each 52,8 x 52,8 cm

Alle Werke/all works:
Courtesy Thomas Rehbein
Galerie Köln:Brüssel und/and
Galerie FeldbuschWiesner,
Berlin
© VG Bild-Kunst Bonn, 2015

Claudia Wieser

S./pp. 171, 177, 193
Ausst.-Ansicht/installation view
*She could steal but
she could not rob*
Galerie Kamm, Berlin, 2013
Foto/photo: Andrea Rossetti
Courtesy Claudia Wieser

S./pp. 172/173, 178
Ausst.-Ansicht/installation view
The Mirror
Marianne Boesky Gallery,
New York, 2013
Foto/photo: Jason Wyche
Courtesy Claudia Wieser
und/and Marianne Boesky
Gallery

S. /pp. 174/175
Ausst.-Ansicht/installation view
Furniture
Kiosk, Gent, 2012
Foto/photo: Achim Kukulies
Courtesy Claudia Wieser
und/and Sies + Höke

S./p. 176
Ohne Titel, 2015
Glasierte Keramikfliesen
auf MDF/glazed ceramic
tiles on MDF
Foto/photo: Achim Kukulies
Courtesy Claudia Wieser
und/and Sies + Höke

Liste der ausgestellten Werke
List of Works in the Exhibition

Laurenz Berges

Kaiser-Wilhelm-Str. I, 2011
C-Print, auf Aludibond kaschiert,
unter Passepartout, gerahmt/
C-print, mounted on Aludibond,
framed, 82 x 58 cm

Kaiser-Wilhelm-Str. III, 2011
C-Print, auf Aludibond kaschiert,
unter Passepartout, gerahmt/
C-print, mounted on Aludibond,
framed, 82 x 58 cm

Kaiser-Wilhelm-Str. IV, 2012
C-Print, auf Aludibond kaschiert,
unter Passepartout, gerahmt/
C-print, mounted on Aludibond,
framed, 82 x 58 cm

Etzweiler, 2001
C-Print, auf Aludibond kaschiert,
unter Passepartout, gerahmt/
C-print, mounted on Aludibond,
framed, 130 x 172 cm

Karlshorst VIII, 1995
C-Print, auf Aludibond kaschiert,
unter Passepartout, gerahmt/
C-print, mounted on Aludibond,
framed, 63 x 72 cm

Potsdam V, 1994
C-Print, auf Aludibond kaschiert
unter Passepartout, gerahmt/
C-print, mounted on Aludibond,
framed, 63 x 72 cm

Alle Werke/all works:
Courtesy Galerie Wilma Tolksdo
Frankfurt am Main

Franz Burkhardt

3 Zimmer, Küche, Diele, Bad, 201
Holz, Farbe, verschiedene
Materialien, Zeichnungen
und Glühbirnen/wood,
paint, various materials,
drawings and light bulbs,
Größe variabel/dimension
variable
Courtesy Galerie Rupert Pfab,
Düsseldorf

Francisca Gómez

Jeanette & her kids, 2011
C-Print auf/on Aludibond,
135 x 110 cm

Miss Valerie, 2011
C-Print auf/on Aludibond,
135 x 110 cm

Beide Werke/both works:
Courtesy Sammlung von
Kelterborn, Frankfurt am Main

Patricia Lambertus

hidden door, 2015
Digitaldruck, Camouflagenetz,
Efeu, Tisch, Kerzenständer,
T-Shirt, Schlüsselbund, Gürtel,
Klebeband, Geweihe, Vorhang,
Kette, 3 gerahmte Porträts,
Jagdtaschen mit Stroh/digital
print, camouflage net, ivy, table,
candlestick, T-shirt, bunch of
keys, belt, tape, antlers, curtain,
chain, 3 framed portraits,
game bags with straw,
Größe variabel/dimensions
variable
Courtesy Patricia Lambertus und/
and Galerie Hübner & Hübner

Zilla Leutenegger

FLAT Installation, 2015
Videoinstallation mit Paravent
aus Holz, weiß gestrichen,
Videoprojektion mit Ton, farbig/
video installation with wooden
room divider, white painted,
video projection with sound
Größe variabel/dimensions
variable
Courtesy Zilla Leutenegger
und/and Galerie Peter Kilchmann,
Zürich/Zurich

Marjetica Potrč

Dokumentarfoto/
documentary photo,
1997, 29,7 x 21 cm
Courtesy Housing Generator
Project, Rotterdamse
Academie van Bouwkunst

*The Citizens of Duncan
Village Speak Out,* 2012
7 gerahmte Zeichnungen,
Tusche auf Papier/7 framed
drawings, ink on paper,
29,7 x 21cm

Duncan Village Core Unit, 2002
Baumaterialien, Solarzellen/
building materials, solar cells,
294 x 185 x 200 cm

Alle Werke/all works:
Courtesy Marjetica Potrč,
Galerie Nordenhake, Berlin/
Stockholm und/and
Sammlung Schnetkamp,
Düsseldorf/Schnetkamp
Collection, Dusseldorf

Jörg Sasse

Block 7, 2012
12 Arbeiten 1984–1993,
gerahmt unter Glas/
12 works 1984–1993,
framed under glass, 206 x 294 cm

(nur/only Kunsthalle Nürnberg)

Block 5, 2012
12 Arbeiten 1984–2011,
gerahmt unter Glas/
12 works 1984–2011,
framed under glass, 202 x 255 cm

(nur/only KAI 10 | Arthena Foundation)

Alle Werke/all works:
Courtesy Galerie Wilma Tolksdorf
Frankfurt am Main

Gregor Schneider

ARBEITEN 1985–1996
16 Blätter mit 37 fotografischen
Arbeiten/16 sheets with 37 photographic works, 65 x 401,6 cm
Filme/films:
_1_
u r 10 KERZE 1
u r 10 KERZE 2
u r 10 KERZE 3
u r 10 KERZE 4
Haus u r, Rheydt 1993

_2_
u r 10 VORHANG 1
u r 10 VORHANG 2
u r 10 VORHANG 3
u r 10 VORHANG 4
Haus u r, Rheydt 1993

_3_
u r 1 u 14 RAUM
u r 1 u 14 SCHLAFEN
u r 1 u 14 SCHLAFZIMMER
Haus u r, Rheydt 1988

_4_
WHITE TORTURE, 2005–heute/today
Alle Werke/all works:
Courtesy Gregor Schneider und/
and Konrad Fischer Galerie

Andreas Schulze

Ohne Titel (Wohnanhänger), 2007
Verschiedene Textilien/
various textiles, 250 x 280 cm

Ohne Titel (oder Bauernhof), 2014
Acryl auf Nessel/acrylic on
nettle cloth, 200 x 400 cm
(2-teilig/2 parts)

Ohne Titel, 2012
Handgemalte Keramik/hand-
painted ceramic, 33 x 24 x 27 cm
(4 Objekte/4 objects)
Courtesy Sammlung
Schnetkamp, Düsseldorf/
Schnetkamp Collection,
Dusseldorf

Ohne Titel (3 Mauern), 2015
Acryl auf Nessel/acrylic on
nettle cloth, 200 x 600 cm
(3-teilig/3 parts)
Alle Werke/all works:
Courtesy Sprüth Magers
(nur/only Kunsthalle Nürnberg)

Marcus Schwier

Rotes Kabel
(Serie Intérieurs), 2011
Chromogendruck auf Diasec,
Aludibond/chromogenic
print mounted on Diasec,
Aludibond, 120 x 90 cm

Barcelona Chair
(Serie Intérieurs), 2011
Chromogendruck auf Diasec,
Aludibond/chromogenic
print mounted on Diasec,
Aludibond, 120 x 90 cm

Kicker
(Serie Intérieurs), 2011
Chromogendruck auf Diasec,
Aludibond/chromogenic
print mounted on Diasec,
Aludibond, 120 x 90 cm

Blauer Hund
(Serie Intérieurs), 2011
Chromogendruck auf Diasec,
Aludibond/chromogenic
print mounted on Diasec,
Aludibond, 120 x 90 cm
Courtesy Museum Ratingen

Alle Werke/all works:
Courtesy Marcus Schwier

Taryn Simon

American Index, Cheyenne
Mountain Directorate,
Recreational Basketball
Court, Chamber D, Colorado
Springs, Colorado, 2007
Fotografie, Chromogendruck/
photograph, chromogenic
colour print, 94,6 x 113 cm,
Edition 7/7 + 2 AP

American Index,
The Central Intelligence
Agency Main Entrance Hall,
CIA Original Headquarters
Building, Langley Virginia,
2003/2007
Fotografie, Chromogendruck/
photograph, chromogenic
colour print, 94,6 x 113 cm,
Edition 3/7 + 2 AP

Beide Werke/both works:
Courtesy Gagosian Gallery
und/and Sammlung von
Kelterborn, Frankfurt am Main

Erik Steinbrecher

Coyoten, 2015
Marktstand, Pilotenschlaf-
säcke, Konserven, Klopapier-
rolle/booth, pilot sleeping
bags, cans, toilet tissue roll,
Größe variabel/dimension
variable
Courtesy Erik Steinbrecher
und/and Galerie Zwinger, Berlin

(nur/only Kunsthalle Nürnberg)

HALO ERIK, 2014
Verschiedene Materialien/
variable materials, Größe
variabel/dimension variable
Courtesy Erik Steinbrecher
und/and Galerie Stampa, Basel

(nur/only KAI 10 | Arthena
Foundation)

Susa Templin

Fenster, Türen, Berlin, 2013/14
2 analoge Farbfotografien,
Mehrfachbelichtung,
Handabzüge/2 analog colour
photographs, multiple
exposure, hand proofs,
je/each 139 x 151 cm,
Edition 1/3

Zimmer, groß, 2013–15
Lackiertes Holz/lacquered
wood, je Modul/each
module ca. 260 x 120 cm
(20-teilig/20 parts)

Alle Werke/all works:
Courtesy Thomas Rehbein
Galerie Köln:Brüssel
und/and Galerie
FeldbuschWiesner, Berlin

Claudia Wieser

All That Is, 2015
Bedruckte Tapeten,
Sitzbänke mit glasierten
Keramikfliesen/printed
wallpaper, benches with
glazed ceramic tiles,
Größe variabel/dimension
variable

(nur/only Kunsthalle Nürnberg)

Ohne Titel, 2012
Glasierte Keramikfliesen
auf MDF/glazed ceramic
tiles on MDF,
240 x 195 x 45 cm

(nur/only KAI 10 | Arthena
Foundation)

Beide Werke/both works:
Courtesy Claudia Wieser
und/and Sies + Höke

Autoren/Authors

Marion Eisele / studierte Kunstgeschichte in Düsseldorf und arbeitete u. a. für die Günther-Peill-Stiftung am Leopold-Hoesch-Museum & Papiermuseum Düren. Sie ist Projektleiterin von KAI 10 | Arthena Foundation in Düsseldorf.

Susanne Kalf-Muhtaroglu / studierte Kunstgeschichte in Düsseldorf und Yokohama. Sie ist wissenschaftliche Mitarbeiterin von KAI 10 | Arthena Foundation in Düsseldorf.

Julia Schleis / studierte Kunstgeschichte und Curatorial Studies in Mainz, Lissabon und Leipzig und arbeitete anschließend am Kunstverein Bremerhaven von 1886 e.V. Sie ist Projektleiterin von KAI 10 | Arthena Foundation in Düsseldorf.

Daniel Schreiber / Kritiker, Übersetzer und Autor für Zeitungen und Magazine wie *Die Zeit*, *Weltkunst* und für *Deutschlandradio Kultur*. Er veröffentlichte diverse Essays in Katalogen und Anthologien, die Biografie *Susan Sontag. Geist und Glamour* sowie jüngst das viel beachtete Buch *Nüchtern. Über das Trinken und das Glück.*

Ludwig Seyfarth / Kunstkritiker und Kurator, schreibt regelmäßig für Zeitschriften und Ausstellungskataloge. Als Gastprofessor lehrte er an der HBK Braunschweig, an der HFBK Hamburg und an der Kunstakademie Münster. 2007 erhielt er den ADKV-ART COLOGNE Preis für Kunstkritik. Seit 2010 ist er freier Kurator von KAI 10 | Arthena Foundation in Düsseldorf.

Elena Zanichelli, Dr. / Kunsthistorikerin, im Wintersemester 2015/16 Mariann-Steegmann-Vertretungsprofessorin an der Universität Bremen, Mitglied des wissenschaftlichen Beirats Palazzo Magnani, Reggio Emilia, sowie von plug_in/archphoto, Genua. Zuletzt kuratierte Ausstellung: *Women in Fluxus & Other Experimental Tales. Eventi Partiture Performances*, Reggio Emilia, 2012. Aktuelle Publikation: *Privat – bitte eintreten! Rhetoriken des Privaten in der Kunst der 1990er Jahre*, Bielefeld 2015.

Harriet Zilch, Dr. / Kunsthistorikerin, Kuratorin an der Kunsthalle Nürnberg im KunstKulturQuartier der Stadt Nürnberg. Sie kuratierte diverse monografische wie thematische Ausstellungsprojekte, zuletzt *Off the Wall! Bildräume und Raumbilder* sowie *Alicja Kwade. Warten auf Gegenwart*. Zahlreiche Veröffentlichungen zur zeitgenössischen Kunst.

Marion Eisele / studied Art History in Düsseldorf. She has worked et. al. for the Günther Peill Foundation at the Leopold-Hoesch-Museum & Papiermuseum Düren. She is a project director for KAI 10 | Arthena Foundation in Düsseldorf.

Susanne Kalf-Muhtaroglu / studied Art History in Düsseldorf and Yokohama. She is an academic associate for KAI 10 | Arthena Foundation in Düsseldorf.

Julia Schleis / studied Art History and Curatorial Studies in Mainz, Lisbon and Leipzig, and subsequently worked at the Kunstverein Bremerhaven von 1886 e.V. She is project director for KAI 10 | Arthena Foundation in Düsseldorf.

Daniel Schreiber / Critic, translator and writer for newspapers and magazines such as *Die Zeit* and *Weltkunst*, and also for *Deutschlandradio Kultur*. He has published various essays in catalogues and anthologies, the biography *Susan Sontag. Geist und Glamour*, and most recently, the much acclaimed book *Nüchtern. Über das Trinken und das Glück*.

Ludwig Seyfarth / Art critic and curator, writes regularly for magazines and exhibition catalogues. As a guest professor, he has taught at the HBK (College of Fine Art) Brunswick, the HFBK Hamburg, and the Art Academy Münster. In 2007 he received the ADKV-ART COLOGNE Prize for Art Criticism. He has been a freelance curator for KAI 10 | Arthena Foundation in Düsseldorf since 2010.

Elena Zanichelli, Dr. / Art historian, stand-in Mariann-Steegmann professor at the University of Bremen through winter semester 2015/16, member of the academic council of Palazzo Magnani, Reggio Emilia, and plug_in/archphoto, Genua. Most recent curated exhibition: *Women in Fluxus & Other Experimental Tales. Eventi Partiture Performances*, Reggio Emilia, 2012. Current publication: *Privat – bitte eintreten! Rhetoriken des Privaten in der Kunst der 1990er Jahre*, Bielefeld 2015.

Harriet Zilch, Dr. / Art historian, curator at Kunsthalle Nürnberg im KunstKulturQuartier in the city of Nuremberg. She has been curator of various monographic and thematic exhibition projects, most recently *Off the Wall! Image Spaces and Spatial Images* and *Alicja Kwade. Waiting for the Present*. Numerous publications about contemporary art.

Impressum/Colophon

Diese Publikation erscheint anlässlich der Ausstellung *Homebase. Das Interieur in der Gegenwartskunst* in der Kunsthalle Nürnberg, 3. Dezember 2015 bis 21. Februar 2016 und in KAI 10 | Arthena Foundation, Düsseldorf, 8. April bis 23. Juli 2016./This catalogue is published on the occasion of the exhibition *Homebase. The Interior in Contemporary Art* at Kunsthalle Nürnberg, Nuremberg, December 3rd, 2015 to February 21st, 2016 and at KAI 10 | Arthena Foundation, Dusseldorf, April 8th to July 23rd, 2016.

Künstler/Artists

Laurenz Berges, Franz Burkhardt, Francisca Gómez, Patricia Lambertus, Zilla Leutenegger, Marjetica Potrč, Jörg Sasse, Gregor Schneider, Andreas Schulze, Marcus Schwier, Taryn Simon, Erik Steinbrecher, Susa Templin und/and Claudia Wieser

Kuratoren/Curators

Ludwig Seyfarth und/and Harriet Zilch

Katalog/Catalogue

Herausgeber/Editors: Kunsthalle Nürnberg im KunstKulturQuartier und/and KAI 10 | Arthena Foundation, Düsseldorf
Autoren/Authors: Marion Eisele, Susanne Kalf-Muhtaroglu, Julia Schleis, Daniel Schreiber, Ludwig Seyfarth, Elena Zanichelli und/and Harriet Zilch
Redaktion/Editorial staff: Harriet Zilch
Lektorat/Copy-editing: Ilka Backmeister-Collacott, Marion Eisele, Kate Ferry-Swainson, Angela Lohrey, Julia Schleis, Janina Schuler, Ludwig Seyfarth und/and Harriet Zilch
Übersetzungen (deutsch/englisch)/Translations (German/English): Heather Allen (Essay Ludwig Seyfarth), Samuel Dowd (Essay Daniel Schreiber) und/and Lucinda Rennison (Vorwort/Preface, Essays Elena Zanichelli und/and Harriet Zilch, Künstlertexte/artist texts)
Gestaltung/Design: Martin Küchle
Gesamtherstellung/Production: Kerber Verlag, Bielefeld und/and Berlin

Gesamtherstellung und Vertrieb/Printed and published by:

Kerber Verlag, Bielefeld
Windelsbleicher Str. 166–170
33659 Bielefeld, Germany
Tel. +49 (0) 5 21/9 50 08-10
Fax +49 (0) 5 21/9 50 08-88
info@kerberverlag.com

Kerber, US Distribution
D.A.P., Distributed Art Publishers, Inc.
155 Sixth Avenue, 2nd Floor
New York, NY 10013
Tel. +1 (212) 627-1999
Fax +1 (212) 627-9484

Bibliografische Information der Deutschen Nationalbibliothek

Die Deutsche Nationalbibliothek verzeichnet diese Publikation in der Deutschen Nationalbibliografie;
detaillierte bibliografische Daten sind über http://www.dnb.de abrufbar./
The Deutsche Nationalbibliothek lists this publication in the Deutsche Nationalbibliografie; detailed
bibliographic data are available on the Internet at http://www.dnb.de.

Printed in Germany, ISBN 978-3-7356-0149-0

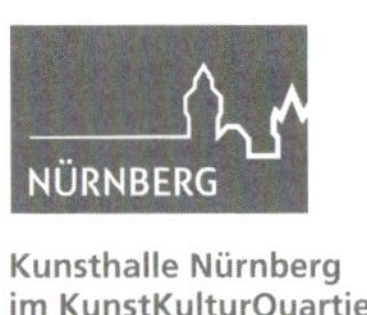

Kunsthalle Nürnberg im KunstKulturQuartier

Lorenzer Straße 32, 90402 Nürnberg/Nuremberg
Tel. +49 (0) 911 231 2853, Fax +49 (0) 911 231 3721
kunsthalle@stadt.nuernberg.de, www.kunsthalle.nuernberg.de

Leitung/Director: Ellen Seifermann
Kuratorin/Curator: Harriet Zilch
Projektassistenz/Project assistance: Janina Schuler
Logistik/Registrar: Wolfgang Schimmer
Öffentlichkeitsarbeit/Public relations: Angela Lohrey
Sekretariat/Administration: Nadia Bolzonaro, Jens Cornelsen und/and Irmgard Lin
Ausstellungstechnik/Technical support: Markus Adlhoch, Thomas Christochowitz,
Michael Erdmann, Jan Gemeinhardt, Philipp Kummer und/and Anders Möhl

KAI 10 | Arthena Foundation

Kaistraße 10, 40221 Düsseldorf
Tel. +49 (0) 211 99 434 130, Fax +49 (0) 211 99 434 131
info@kaistrasse10.de, www.kaistrasse10.de

Vorsitzende/Chairwoman Arthena Foundation: Monika Schnetkamp
Künstlerischer Direktor/Artistic director: Zdenek Felix
Kuratorin/Curator: Julia Höner
Projektleitung/Project managers: Julia Schleis, Marion Eisele
Wissenschaftliche Mitarbeiterin/Research assistant: Susanne Kalf-Muhtaroglu
Restauratorin/Conservator: Nora Krause

Die Kunsthalle Nürnberg und KAI 10 | Arthena Foundation danken für
die großzügige Unterstützung bei der Realisierung dieser Ausstellung/
The Kunsthalle Nürnberg and KAI 10 | Arthena Foundation express
their deepest gratitude for the generous support of this exhibition

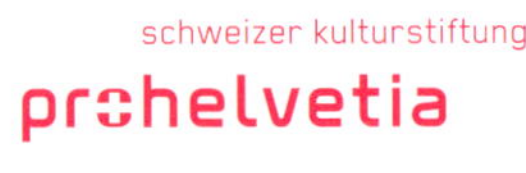

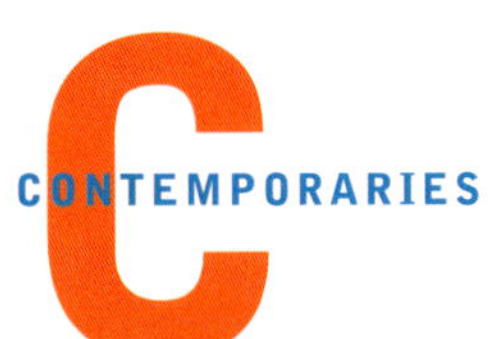

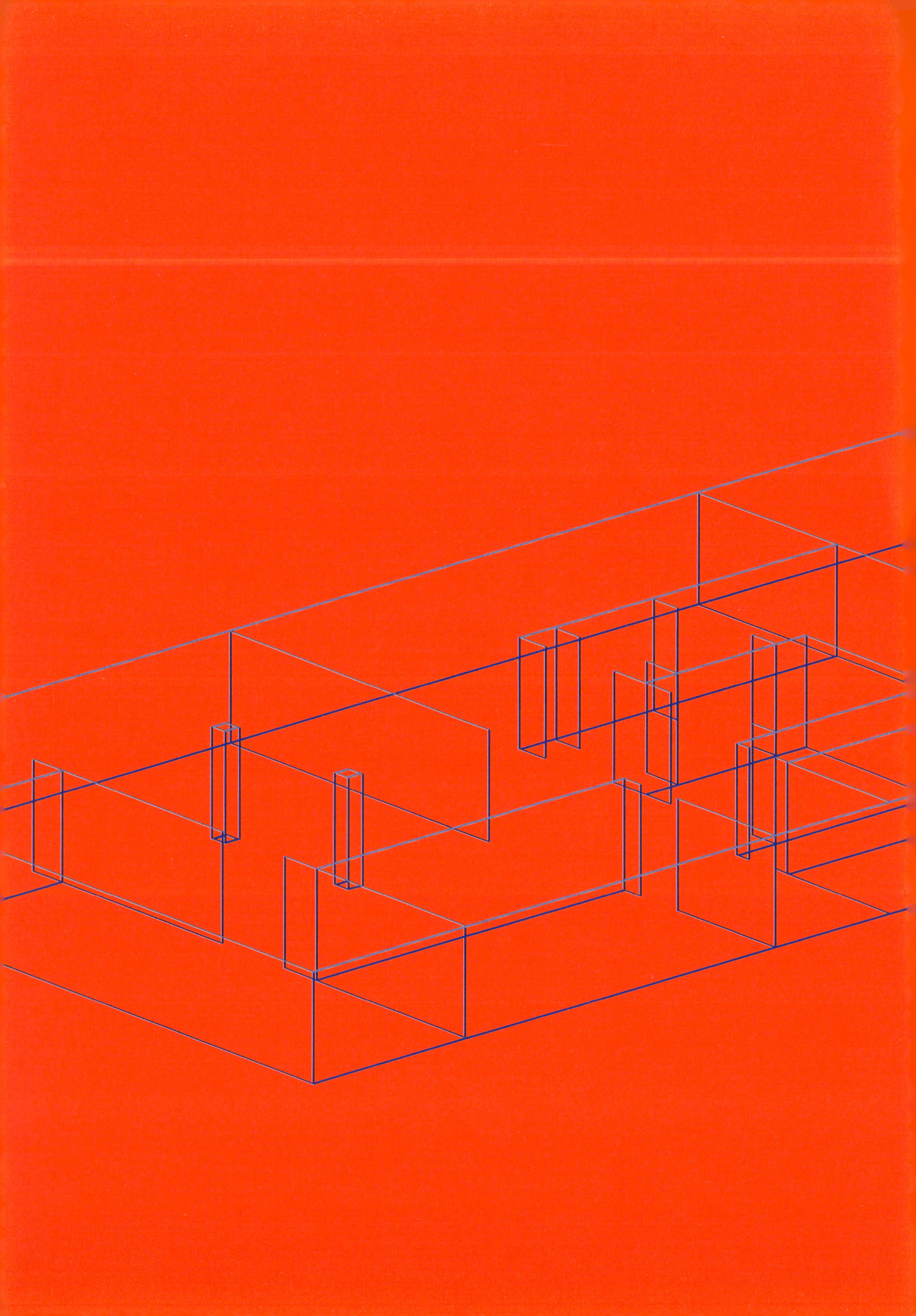